KB239336

IJS 서울대학교 일본연구소

현대일본생활세계총서 5

협조적 노사관계의 행방
: 전후 일본의 노동과 경영의 변용

임채성 엮음

박문사

발간사

　이번에 〈현대일본생활세계총서〉(전5권) 시리즈의 제5권을 발간하게 되었다. 〈현대일본생활세계총서〉는 'HK기획연구'의 성과를 단행본으로 묶은 것이다. HK기획연구는 일본연구소가 2008년 11월부터 한국연구재단의 지원을 받아 '현대일본 생활세계 연구의 세계적 거점 구축'이라는 어젠다를 내걸고 수행하고 있는 인문한국(Humanities Korea, 이하 HK)사업의 일환이다. HK기획연구는 상기의 HK사업 어젠다에 관하여 일본연구소가 HK사업단을 중심으로 조직한 기획공동연구를 가리킨다. 특히 HK사업 제1단계(2008.11.-2011.10.)의 HK기획연구에서는 '정체성과 경계의 변용과 재편'이라는 관점에서 현대일본의 생활세계에서 전개되는 다양한 차원의 역학을 조망하는 것을 과제로 설정하고, 2009년 7월부터 각각 '전후 일본과 동아시아', '일본의 사회변동과 지역사회', '전후 일본의 지식형성', '일본의 전통과 문화예술', '일본의 노사관계'를 주제로 하는 5개의 HK기획연구팀을 순차적으로 발족시켜 운영해왔다.

　HK기획연구팀은 HK사업단의 HK교원과 일반연구원을 중심으로 인문학과 사회과학의 다양한 분야 연구자들이 참여하는 학제적 연구를 통해 지역연구의 의의를 충분히 살릴 수 있도록 구성했다. 모든 HK기획연구팀은 매월 연구팀 세미나를 통해 국내외 연구동향 검토와 연구 참여자들의 연구 발표를 진행했고, 또한 세미나의 성과를 국내외에 워크숍과 같은 형태로 공개하면서 연구 성과의 완성도를 높여가는 작업을 거듭했다. 뿐만 아니라 2011년 3월에는 '현대일본 생활세계의 시간과 공간'이라는 주제하에 연합 학술회의를 개최하여 연구 팀별로 수행한 연구 활동을 '생활세계 연구'라는 관점에서 그 연관성을 총체적으로 짚어보는 기회를 갖기도 하였다. 그리고 이러한 연구 활동의 일부는 이미 〈현대일본생활세계총서〉 시리즈 제1권 『전후 일본, 그리고 낯선 동아시아』(2011.7.), 제2권 『도쿄 메트로폴리스: 시민사회·격차·에스닉 커뮤니티』(2012.6.), 제3권 『현대일본의 전통문화: 새로운 과거 오래된 현재』(2012.6.), 제4권 『전후 일본의 지식 풍경』(2013.6.)의 저서로 출판됐다. 이번에 출간된 『협조적 노사관계의 행방』(2013.12.)은 제5권에 해당한다.

서울대학교 일본연구소는 현대일본에 대한 종합적이고 입체적인 지식 생산을 추구하며, 인문학과 사회과학이 함께 참여하는 학제적 연구 방법을 중시한다. 그런 점에서 〈현대일본생활세계총서〉는 서울대학교 일본연구소가 수행하고 있는 HK사업의 핵심적인 연구 성과이자, 동시에 일본연구소의 연구 방향을 담은 출판물의 의미를 갖는다. 물론 이러한 발간의 의의와는 별개로 일본연구소의 출판 성과가 학술적으로 또 사회적으로 어떤 기여를 할 수 있는지에 대해서는 조심스러운 바이다. 2년에 가까운 연구 활동과 1년여의 출판 준비 작업을 거쳐 내놓는 결과물이지만, 연구의 완성도 면에서는 아직 보완되어야 할 부분이 적지 않다고 생각된다. 읽는 분들의 냉정한 비판과 조언을 부탁드리고 싶다.

〈현대일본생활세계총서〉는 앞서 밝혔듯이 한국연구재단이 주관하는 HK사업에 의해 태어났다. 10년간 장기적인 비전을 갖고 연구 활동을 체계적으로 운영할 수 있도록 지원 체계를 제공해 준 한국연구재단에 깊이 감사드린다. HK기획연구를 진행하는 동안 각종 세미나, 워크숍, 연합 학술 대회 등에서 여러 분야의 연구자들로부터 유익한 논평을 받아 연구 수준을 제고하는 데 큰 도움을 받았다. 지면을 빌려 그 모든 분들께 감사를 드린다. 학술 저서의 출판 환경이 녹록지 않은 가운데서도 기꺼이 〈현대일본생활세계총서〉의 출판을 맡아주신 박문사에 감사드린다. 끝으로 HK기획연구에 참여해 주신 많은 동료 연구자들, 각 연구 팀의 조교로 참여하여 실무를 뒷받침해준 대학원생들, 연구 활동의 원활한 수행을 행정적으로 지원해준 행정실 등, 서울대학교 일본연구소 HK사업단 여러분께도 그간의 노고에 진심 어린 감사를 드리고 싶다.

2013년 12월 1일
서울대학교 일본연구소장 · HK사업단장
박 철 희

협조적 노사관계의 행방
: 전후 일본의 노동과 경영의 변용

서 장
일본 경제와 노사관계의 전개

임채성

1. 과제 설정

본서는 비정규직의 급증, 과로사의 다발, 워킹 푸어(The Working Poor)[1] 등 과거의 노동 현장에서는 볼 수 없었던 다양한 문제가 일어나는 가운데, 일본 노사관계가 그 내외적 충격으로 인해 어떠한 변용 과정을 경험하고 있는가에 대한 문제를 역사적 관점에서 파악하고자 한다. 이를 위하여 우선 다음과 같은 질문을 던지지 않을 수 없다. 연공서열(Seniority-wage System), 종신고용(Permanent Employment), 기업별 노동조합(Company Union)이라는 '일본적' 노사관계의 특징은 전전부터 전후 고도성장기에 이르는 역사적 맥락(Historical Context) 속에서 어떻게 형

---

1) 워킹 푸어란 정규직 혹은 정규직 수준으로 풀타임 일을 해도 빈곤에서 벗어날 수 없는 사회층을 의미한다(NHKスペシャル「ワーキングプア」取材班編, 2010).

성됐는가? 또한 1980년대 후반 거품경제의 발생과 이의 붕괴로 일본적 노사관계가 어떠한 프로세스를 거쳐 변용됐는가? 나아가 2000년대에 접어들면서 나타난 시장주의 경제정책의 영향으로 인한 노동 개혁이 실제로 일본 노사관계에 어떠한 영향을 주었는가? 이러한 고찰은 한국 사회에 대해 반면교사로 등장하고 있는 젠더 규범, 파트타이머의 일상화, 격차사회(=양극화) 등 일본 사회의 제반 문제가 일본 사회를 어떻게 얽매고 있는가에 관해서 대답하는 과정이기도 하다. 이를 통해 현재 일본 노동계가 직면하고 있는 화두가 일시적인 문제의 표상이 아니라 근대화 이후 일본 사회의 역사적 과정에서 나타난 구조적인 변화임을 확인할 수 있을 것이다. 그리고 이것은 시장주의적 제도 개혁만으로는 완전히 뒤바꿀 수 없는, 일본 노사관계의 특징이 잠재하고 있음을 나타낸다.

이 글에서는 이러한 과제 설정이 일본 노사관계의 역사와 이를 해석하기 위한 기존 연구에 어떻게 접목될 수 있는지를 생각해 보고자 한다. 일본 노사관계의 전개 과정을 이해하기 위해서는 우선 일본 경제의 큰 흐름을 파악하고, 그것이 노사관계에 미치는 영향을 염두에 둘 필요가 있다. 일본은 제2차 세계대전의 패전을 기준으로 전전(戰前)과 전후(戰後)로 나뉘며, 전전은 다시 중일전쟁의 발발을 기준으로 전전기(戰前期)와 전시기(戰時期)로 구분된다. 이에 본고는 시대별 노동운동과 노사관계를 개관하면서, 제한된 지면 관계로 모든 연구를 담을 수는 없으나 일본의 대표적인 선행 연구를 제시하여, 본서 각 장의 연구주제가 갖고 있는 연구사적 의의를 논하고자 한다. 이를 통해 전후 일본의 협조적 노사관계가 전전 노사관계의 경험을 전제로 미점령하의 노동 개혁과 격렬한 노사투쟁을 거쳐 고도경제성장기에 형성되고 저성장기를 통해 공고해졌지만, '잃어버린 20년'에 이르러 크게 변용되고 있음을 밝히고자 한다. 또한 이러한 일본의 경험은 1987년 노동자대투쟁을 통해 형성된 한국의 산업민주주의가 세계화의 거센 물결과 한국 경제의 저성장 속에서 크게 흔들리고 있는 한국의 노사관계에도 중요한 시사점을 제공해 줄 것이다.

2. 전전 일본 노사관계의 전개와 이를 둘러싼 논점

2.1. 제1차 세계대전 이후 노동운동의 고양과 전전 노사관계의 형성

〈그림 1〉 일본의 경제성장률(단위: %)

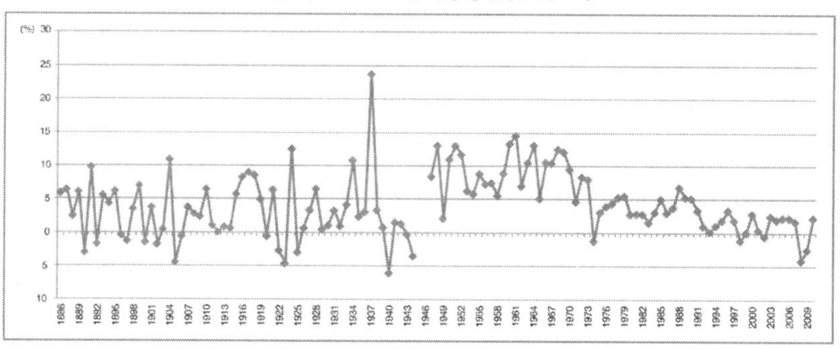

자료: 日本統計協会 『日本長期統計総覧』, 2006; 総務省統計研修所 各年度版.
주: 실질경제성장률.

전전에는 재정금융정책을 통한 케인지언(Keynesian)적인 경기관리가 본격화되지 않았기 때문에, 경기순환은 호황과 공황을 반복하였다. 〈그림 1〉에서 보듯, 경제성장률은 주기적으로 플러스와 마이너스를 반복하고 있는데, 이는 경제가 급격히 팽창하고 축소해왔음을 보여주는 것이다. 이러한 경기순환은 전쟁과 밀접하게 연관되어 있다. 근대화를 달성하고 제국주의 국가로 부상하는 과정에서 일본은 청일전쟁과 러일전쟁을 거치고, 이후 제1차 세계대전을 통해서 '벼락부자 시대'[2]를 경험한다. 여기에 멈추지 않고 영미와의 관계를 손상시키면서까지 만주사변과 중일전쟁을 일으켜 중국에서의 이권을 확장하고 결국에는 태평양전쟁을 통해 당시 동남아시아(남방)까지 전선을 확장하고자 했다. 즉 전쟁이 발발하면 전쟁 특수로 인해 경기가 급속히 확장하지만, 전쟁이 종식되거나 장기화되면 경기 수축이 불가피하였던 것이다.[3]

특히 제1차 세계대전기에 일본은 영일동맹 하에 연합군의 일원으로 참전하였음에도 불구하고 전쟁의 피해는 입지 않았다. 오히려 동아시아에서는 유럽 식민지 종주국을 대신하여 수출을 늘리고 국내에서는 서구로부터의 수입 감소로 인해 수입대체적인 중화학공업화를 추진하였다.[4] 이 시기에는 〈그림 1〉에서 확인할 수 있듯이 장기간에 걸친 경기호황이 이어져 인플레이션이 발생했음에도 불구하고 임금 인상이 뒤쳐져 노동자들의 생활고가 심각해졌으며, 국제적으로는 러시아혁명의 성공으로 '노동자의 나라'가 출현하면서, 일본 국내의 노동운동이 큰 자극을 받게 되었다.

---

2) 武田晴人, 『日本経済の事件簿』, 日本経済評論社, 2009, 128-130쪽.
3) 中村隆英, 『日本経済: その成長と構造』, 東京大学出版会, 1993, 16-19쪽.
4) 橋本寿朗, 『大恐慌期の日本資本主義』, 東京大学出版会, 1984.

〈그림 2〉 일본 노동조합과 노사분규(단위: 조합, 명, 건)

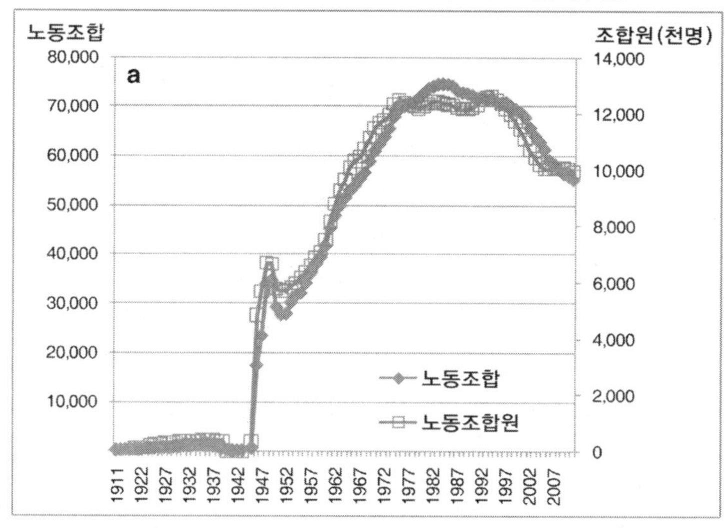
노동조합
조합원(천명)
80,000
14,000
70,000
12,000
60,000
10,000
50,000
8,000
40,000
6,000
30,000
20,000
4,000
10,000
2,000
0
a
노동조합
노동조합원
1911 1922 1927 1932 1937 1942 1947 1952 1957 1962 1967 1972 1977 1982 1987 1992 1997 2002 2007

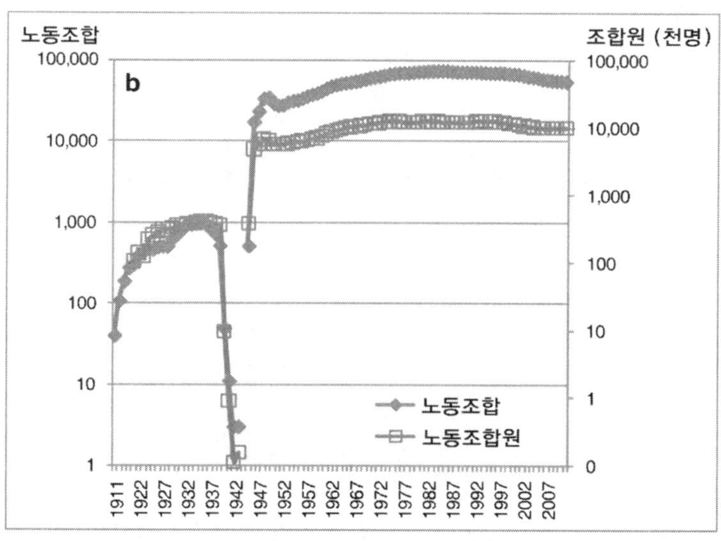
노동조합
조합원 (천명)
100,000
100,000
10,000
10,000
1,000
1,000
100
100
10
10
1
0
b
노동조합
노동조합원
1911 1922 1927 1932 1937 1942 1947 1952 1957 1962 1967 1972 1977 1982 1987 1992 1997 2002 2007

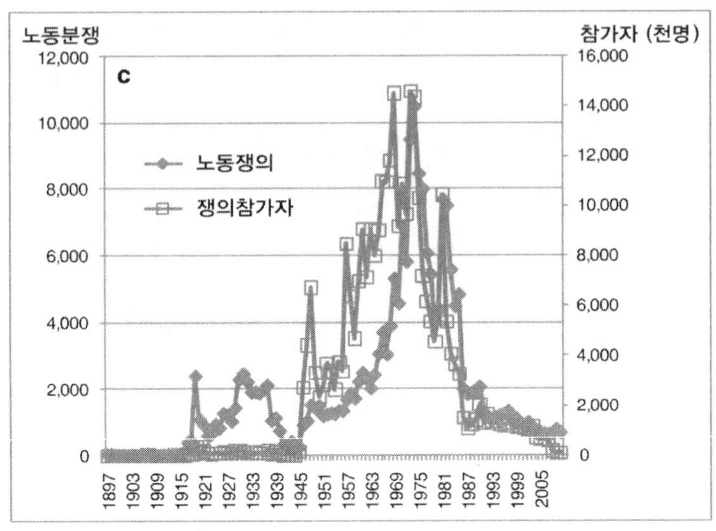

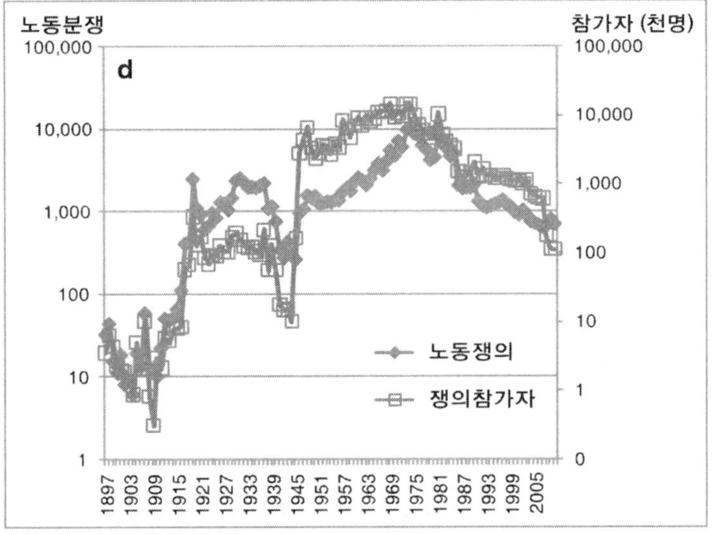

자료: 協調會, 『勞動組合及勞動爭議統計』, 1935 ; 동 1940; 村山重忠, 『日本勞動爭議史』, 1946,
　　　46, 182, 215-218쪽; 厚生勞働省 各年度版.
주: 1. 1926년 노동쟁의에는 공장폐쇄를 포함하지 않는다.
　　2. 전후의 수치가 커서 전전의 동향을 읽어내기 어렵기 때문에, 그림 2의 b와 d에서는
　　　　로그 눈금으로 표시하였다.

　협조적 노사관계의 행방 : 전후 일본의 노동과 경영의 변용

이로 인해 노동조합의 결성이 활발해지고 노동쟁의가 증가하였다. 〈그림 2〉에 의하면, 전전인 1911년에는 조합 수가 40조합에 지나지 않았지만, 제1차 세계대전 이후 급격하게 증가하기 시작하여 1925년경에는 457조합에 달했고 조합원 수는 25만 4천 명을 넘어섰다. 쟁의건수 및 쟁의 참가자 수는 보다 극적인 변화를 보였다. 쟁의 건수와 참가자는 수십 건, 수천 명에 불과했던 것이 제1차 세계대전이 발발한 이후에는 급속히 증가해 1917년 398건, 57,309명을 기록했다. 이후 전쟁이 종식된 1919년에는 2,388건, 335,225명으로 증가했다. 이후 전후 공황을 경험하면서 축소되기는 했지만, 매년 수백 건, 수만 명의 규모를 유지하였다.

이 시기의 노사관계를 논한 대표적인 연구로 효도 스토무가 있다.[5] 효도는 1890년대에서 1900년대에 걸쳐 일반적으로 나타났던 기업의 간접적인 노무관리 관행이 회사 주도의 직접적 노무관리로 전환됐다고 보았다. 이후, 제1차 세계대전기에 고양된 노동운동이 1920년대 전반에 걸쳐 크게 발전함에 따라, 노동조합의 대치물로서 경영진 주도의 '공장위원회'가 주요 산업부문에서 확립되었다는 점을 지적하였다.

이에 대해 니시나리타 유타카는 독점자본 확립기에 들어와서 대기업과 중소기업 간에 노동력 구성과 더불어 노동조건의 차이로 인한 격차 구조가 형성되었다고 파악하였다.[6] 또한, 1920년대에는 이러한 자본축적 구조의 격차에 근거하여, 민간의 대규모 중공업 사업장에서 공장위원회에 기반한 노사관계가 편성되었지만, 육해군 무기 제조 부문 등 국영 중

---

5) 兵藤釗, 『日本における労資関係の展開』, 東京大学出版会, 1971.
6) 西成田豊, 『近代日本労資関係史の研究』, 東京大学出版会, 1988.

공업 사업장에서 법인(法認)되지는 않았으나 사실상 존재하는 노동조합을 전제로 성립된 교섭 기구에 기반하여 노사관계가 편성되었다고 파악하였다. 반면, 중소기업 사업장에서는 노사 대결적 구도가 확대되어 노사관계에 대한 국가 개입이 불가피했다는 점을 중시하였다.

이와 관련하여 야스다 히로시는 전전 노동정책을 주도한 내무성 사회국의 정책 전개 과정에서 나타난 사상적 배경을 검토하고 있다. 그는 1920년대 중반에 대규모 중공업 사업장을 기반으로 개량주의적 노동조합운동이 전개됨에 따라 공장위원회 체제와는 구별되는 노동조합을 전제로 노사관계가 성립하였음을 밝히고 있다.[7] 이를 통해 횡단적 조합만으로는 포섭되지 않는 직장 조직을 중심으로 노동자들의 응집력이 강하게 나타난다고 보고, 이러한 점에서 일본 노동조합의 특징인 기업주의적인 성격이 이미 전전부터 보인다고 지적하였다.

이와 같은 노사관계의 제도화는 노동운동의 고양에 대한 국가기구와 개별 기업의 대응 결과와 다름이 없다. 이를 통해 노동자 측이 얻을 수 있었던 것은 무엇인가? 이는 뒤에 나오는 〈그림 4〉에서 볼 수 있듯이 장기간에 걸친 실질노동임금의 상승이었다. 노동임금은 노동시장에서의 수급 관계와 노사 간의 역학 관계에 의해 결정된다. 제1차 세계대전을 거치면서 인플레이션의 발생, 노동 수요의 증가, 이에 더하여 노동운동이 활발해짐에 따라 실질노동임금이 상승하였다. 이후 1920년대에 접어들어 인플레이션이 진정되고 노동력 수요가 감소하였음에도 불구하고 높

---

7) 安田浩, 『大正デモクラシー史論』, 校倉書房, 1994.

은 임금수준을 유지한 것은 노동운동의 활성화 및 이에 대한 기업의 노무관리 제도와 무관하지 않다.

2.2. 노동운동의 '전향'과 전전의 '협조적' 노사관계

〈그림 3〉 유효구인배율

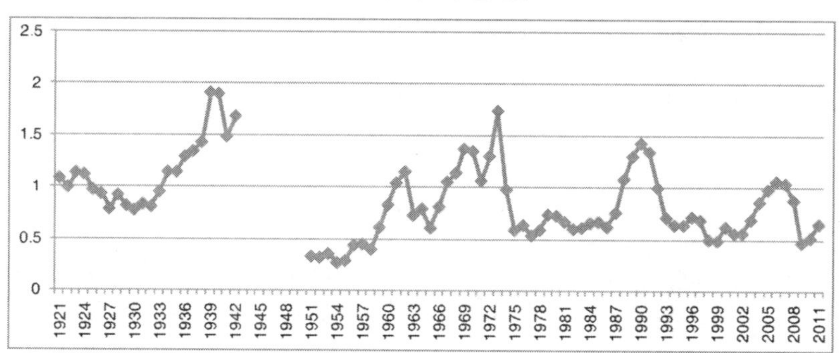

자료: 中央職業紹介事務局 各年度版; 厚生省労務調整課 各年度版; 職業紹介事業協會 各月号; 南亮進·尾高煌之助, 『賃金変動: 数量的接近』, 岩波書店, 1972; 日本統計協会, 『日本長期統計総覧』, 2006; 総務省統計研修所 各年度版; 厚生労働省 各年度版.
주: 유효구인배율 = 유효구인 수/유효구직자 수.
　전전과 전후는 다른 계통의 자료이므로 직접적으로 비교할 수 없음.

　　이러한 상황은 1920년대 불황기가 계속되고 급기야 세계대공황과 연동되어 일본에서 쇼와공황(昭和恐慌)이 발생하면서 크게 변하게 되었다. 노동시장의 지표로 유효구인배율(〈그림 3〉)을 주목해보면, 전전에는 쇼와공황기에 저점을 기록했음을 알 수 있다. 즉, 기업의 도산과 인건비 절감을 목적으로 대대적인 고용 정리가 이루어지고 신규 채용이 억제된 것이다. 그 결과, 노동운동에서는 고용 유지, 임금 삭감 및 임금 억제 등 소극적 내지 방어적 입장이 강해졌다. 노동조합 수는 1930년에 712

조합이 되었고, 조합원 수는 35만 4천 명에 달하였으며, 노동쟁의는 2,289건, 참가 인원수 19만 2천 명이었다. 이후 경기회복의 영향으로 노동시장에서 노동수요가 다시 증가했음에도 불구하고 노동쟁의는 꾸준히 천 건 이상의 일정한 수준을 유지했으며 노동조합 또한 늘어나 1935년에는 993조합, 40만 4천 명의 조합원에 달하였다. 그러나 이러한 가운데서도 실질임금은 오히려 저하되었다. 이러한 현상은 어떠한 배경 속에서 발생한 것인가?

〈표 1〉 전전 공장위원회와 전후 노사협의회의 종업원 규모별 구성 비율 (단위: %)

인원규모	1933		1972
	국영	민영	
49명 미만	0.4	0.03	
50 - 99명		0.6	
100 - 499명	17.2	2.4	60-70
500 - 999명	39.1	10.2	80.6
1000명 이상	90.5	15.5	90.0

자료: 産業福利協會, 『我國に於ける勞動委員會の槪況』, 1934; 勞働省 各年度版.

1930년에 들어서면서 일본 사회는 전반적으로 보수화 경향을 띠게 되었다. 일본 관동군이 중국 동북부에서 만주사변을 일으키자, 군국주의적 성향이 일본 사회 전반에 확산되었고 그것은 노사관계에 대해서도 강한 영향력을 갖게 되었다. 일본 국가주의적 노동운동의 등장, 노사일체 주창 등에서 알 수 있듯이 노동조합의 성격이 변하고 이와 더불어 공장위원회 체제의 역할도 변하게 되었다. 오히려 이러한 노사관계가 정착되지 못한 소규모 사업장에서 노동쟁의가 활발하게 전개되었다. 〈표 1〉

에서 알 수 있듯이 공장위원회 제도는 대규모 사업장, 그 중에서도 국영 사업장을 중심으로 정착되었다. 중요한 사실은 이러한 경향이 전후 고도 성장기에도 나타난다는 것이다. 이에 관해서는 제3장에서 논의될 예정이다. 1930년대 변질된 노동운동 주체는 노동 수요의 증가에도 불구하고, 실질임금의 저하에 제대로 대응하지 못하였다.

니시나리타 유타카는 만주사변 이후 일본 노사관계에는 바이마르 뉴딜적 방향과 파시즘적 방향이 양존했는데, 주지하다시피 1930년대 중반 이후 대기업노사관계가 파시즘적인 방향으로 전환되었고, 이는 전시기에 들어 더욱 강해져 산업보국회로 일원화되기에 이르렀다고 지적하고 있다.[8] 이러한 과정 속에서 과연 공장위원회는 어떠한 성격을 갖게된 것일까? 노동조합의 대립물 내지 대치물로만 기능하였던 것일까? 니시나리타 유타카[9]와 이치하라 히로시[10]는 각각 중공업부문과 탄광업부문에 관한 분석을 통해서 공장위원회의 성격이 30년대에 접어들어 변질되었다고 보고 있다. 하지만 거시적인 관점에서 공장위원회 전체를 분석하고 있지는 못하다. 이에 관해서는 제1장에서 고찰할 기회를 갖고자한다.

임채성은 전후 노사관계의 역사적 전제가 되는 전전의 '협조적' 노사관계의 경험을 밝히고자 공장위원회에 관한 거시적 통계를 수집하여 공장위원회의 조직과 운영을 검토하였다. 1920년대 초에는 공장위원회

---

8) 西成田豊, 『近代日本労資関係史の研究』.
9) 西成田豊, 『近代日本労資関係史の研究』.
10) 市原博, 『炭鉱の労働社会史』, 多賀出版, 1997.

가 주로 간사이, 관영사업, 대규모 사업장을 중심으로 설치되어 그 유용
성이 부분적으로 인정되었다고는 하나, 노동조합의 대립물로서의 인식
이 강했다. 그러나 1930년대에 접어들어서는 이러했던 공장위원회가 민
간기업을 중심으로 노동조합에 대한 보완적인 성격을 갖게 되었다는 점
을 밝히고자 한다. 즉 노동운동의 전반적인 성격이 우경화되자, 이에 대
한 평가가 노사 양측에 의해 재인식된 것이다.

　　노사관계의 변질은 전시기에 접어들어 더욱 뚜렷해졌다. 유효구인
배율(〈그림 3〉)이 전시기에 급격히 상승하여 노동력 부족이 심각해지고
있던 반면, 실질임금은 오히려 감소세를 이어갔다. 경제신체제의 확립
을 전후로 하여 산업보국 운동이 진전됨에 따라 노동조합은 급속히 감소
하여 1937년 837조합, 359,290명에서 1940년 49조합 9,455명으로 감소했
으며, 1943년 3조합, 155명을 끝으로 1944년에는 노동조합의 모습을 더
이상 찾아보기 어렵게 되었다. 또한 노동쟁의도 〈그림 2〉와 같이 중일전
쟁이 발발한 이후에는 줄어들어 1940년대 전반에는 수백 건, 2만 명에도
미치지 못하는 규모로 감소했다.

　　이 시기를 그람시(Antonio Gramsci)의 헤게모니론[11]을 원용하여 전
후 일본의 산업민주주의가 형성되는 역사적 전제로 파악한 연구가 사구

---

11) 그람시는 노동자계급에 대한 부르주아계급의 통제 방식을 이해하기 위해 헤
　　게모니론을 도입하였다. 즉, 부르주아계급은 단순한 물리력뿐만 아니라 다
　　양한 제도, 사회관계, 관념으로 구성되는 헤게모니를 통해 노동자계급에 대
　　한 지배를 정당화할 수 있다는 것이다. 이러한 점에서 볼 때, 헤게모니가 성
　　공적으로 유지되기 위해서는 노동자계급이 이를 자연스럽고 당연한 것으로
　　받아들일 필요가 있다. 헤게모니는 정치, 경제를 포함할 뿐만 아니라 나아가
　　문화생활 속에 존재하는 통합적 조직망으로 이해된다.

치 가즈로의 연구이다.[12] 그는 노동자들이 경영진에게 제시한 '인격 승인 요구'에 착안하여, '인격주의'가 노사 간담회 제도를 통해 서구에서 나타나는 바와 같은 산업민주주의를 대체하는 헤게모니로 1920년대 중반에 형성되었다고 한다면, 전시기에는 총력전을 수행하기 위한 노동자들의 협력이 요청되는 가운데 '근로 이데올로기'가 재편, 산업보국회, 생활급 원칙과 더불어 등장했다고 보았다. 그리고 전후 형성된 산업민주주의는 이러한 이데올로기로에서 자유롭지 못하다고 파악하였다. 이는 서구적 노사관계에 대한 일본적 특징을 논하고자 하는 문제의식의 산물이다.

3. 전후 일본 노사관계의 전개와 이를 둘러싼 논점

3.1. 전후 노동 개혁과 노사관계의 재편

전전의 노사관계에 근본적인 변화를 가져온 것이 전후 개혁이다. 패전 후 연합군 점령하에서 재벌 해체, 농지개혁과 더불어 3대 경제개혁의 하나로 노동 개혁이 실현되었고 노동조합의 법인(法認)과 노동자의 3대 권리가 인정되었다. 이는 전전 일본의 경제체제에 대해 비판적 시각을 갖고 있던 미 점령당국(GHQ/SCAP)에 의해 실현된 것으로, 미국의 대일 정책이 민주화에서 부흥으로 선회하기 전이었기 때문에 과감한 개혁이 가능했다. 또한 이 당시 일본 경제 전반의 생산 축소와 이에 따른 물자

---

12) 佐口和郎, 『日本における産業民主主義の前提』, 東京大学出版会, 1991.

부족은 심각한 수준으로, 노동자들은 식량 부족 등 전시기 이상으로 낮은 생활수준을 경험하게 되었다. 이로 인해, 노동조합은 일거에 1946년 17,265조합이 설립되어 조합원 4,849,329명을 보유하기에 이르렀다. 노동운동이 다시 한 번 폭발적인 증가세를 보이게 된 것이다.

이러한 전시기 노사관계의 변화 및 전후 노사관계의 연속과 단절을 둘러싸고 오랫동안 논쟁이 이루어져 왔다.[13] 급기야 현대 일본 경제 시스템의 원류가 전시기에 있었다는 주장이 제기되기도 하였다.[14] 물론 이에 대한 강한 반론도 제기되었다.[15] 이를 분석하는 것이 본서의 목적은 아니지만, 미야케 아키마사가 지적한 대로 공원(工員)과 직원이 더불어 구성된 하나의 조직이 바로 산업보국회에서 비롯되었다는 점에 유의할 필요가 있다.[16] 이러한 점에서 전후 노동조합은 경영기관이 아님에도 불구하고 생산관리투쟁을 전개한 것이 아니었을까?

구리타 다케시는, 이러한 생산관리투쟁은 경영 민주화로 이어져 경영자와 종업원이 기업이라는 영역 가운데 동권화(同權化)되었기 때문

---

13) 이는 단순히 노사관계에 국한되지 않는, 일본 경제사학계의 역사 인식과 관련된 것으로, 전전부터 노동파와 강좌파 간에 논쟁이 있어 왔다. 이의 대표적인 논자인 오우치 쓰토무(大內力)는 전후 경제개혁이 전전의 국가독점자본주의를 잇는 것으로 인식한 반면, 오시이 가이치로(大石嘉一郞)는 이러한 연속설에 대해 전전의 국가독점자본주의와 전후의 국가독점자본주의는 본질적으로 다르다는 단절설을 주장하였다.(大內力, 「戰後改革と国家独占資本主義」, 東京大学社会科学研究所編, 『戰後改革 1 課題と視角』, 東京大学出版会, 1974 ; 大石嘉一郞, 「戰後改革と日本資本主義の構造変化」, 『戰後改革1課題と視角』.
14) 岡崎哲二・奥野正寛, 「現代日本の経済システムとその歴史的源流」, 『現代日本経済システムの源流』, 日本経済新聞社, 1993.
15) 橋本寿朗編, 『日本企業システムの戦後史』, 東京大学出版会, 1996.
16) 三宅明正, 「戰後改革期の労資関係」『土地制度史学』, No.131, 1991.

에 가능했으며, 공동의 목적이었던 경제부흥이 달성된 이후 양자가 대립하게 되었다고 보고 있다.[17] 그렇다고 해도 본서가 총력전하의 노동 동원을 위해 구성된 산업보국회를 노동자의 권리를 위한 자발적 조직인 전후 노동조합과 일직선상에 있다고 보는 것은 물론 아니다. 왜냐하면 전후 노동 개혁은 노사관계를 둘러싼 제반 제도 그 자체가 크게 바뀌는 것이었기 때문이다.

이 시기 GHQ/SCAP 문서를 적극적으로 발굴해서 미국의 대일 노동정책이 구현되는 과정을 자세하게 지적한 것이 다케마에 에이지의 연구이다.[18] 또한 이것을 일본 정부의 이니셔티브라는 관점에서 더욱 진전시킨 연구가 엔도 고시의 연구이다.[19] 이들의 논의를 정리하면, 노동조합의 장려가 미국의 대일 정책 속에 있기는 했지만, 점령 초기 단계에서는 아직 구체화되지 못하였기 때문에 이 과정에서 일본 정부가 노동 관련 법률 제정에 영향력을 행사할 여지가 있었다는 것이다. 노동조합법, 노동관계조정법, 노동기준법이라는 노동 3법이 성립했다는 사실은 전전과는 전혀 다른 전후 노사관계를 규정하는 제도적 기반이 되었다. 이를 토대로 전후 안정적 노사관계가 성립할 수 있었다.

이런 제도적 변화를 바탕으로 전국 곳곳의 사업장에서 공원과 직원의 신분 차별 철폐 운동이 전개되었다. 이것이 블루칼라와 화이트칼라의 혼합조합을 낳았고, 나아가 기업별조합의 성립을 이루게 되었다. 이와

---

17) 栗田健, 『日本の労働社会』, 東京大学出版会, 1994.
18) 竹前栄治, 『戦後労働改革』, 東京大学出版会. 1982.
19) 遠藤公嗣, 『日本占領と労資関係政策の成立』, 東京大学出版会, 1989.

같이 전전에 비해 실제적으로 비대화된 노동권으로 인해, 야마모토 키요시가 지적한 바와 같이[20] 경제안정 9원칙(일명 도지 라인)[21]이 실시되기 전까지 많은 사업장에서 '구속(拘束)된 경영권' 현상을 볼 수 있었다. 그러나 미국이 일본 경제의 부흥을 위해 1949년에 도지 라인을 실시하자, 이로 인해 일본 경제는 급격한 디플레이션을 경험하게 되었다.

　　과연 전후 부흥기 중 일본 기업의 구조조정 가운데 노사관계는 실제적으로 어떠한 과정을 겪게 되었고 노사 쌍방은 무엇을 얻게 되었을까? 제2장에서는 이에 관한 답을 찾고자 쇼와전공(昭和電工) 사례를 고찰하고자 한다. 선재원은 전후 부흥기 정부의 기업 재건정비 정책이 추진되는 가운데 각 기업과 노동조합이 각각의 전략에 기초하여 구조조정에 대응하고자 하였다는 점을 지적하였다. 노동조합이 기업 재건정비 계획의 인가 과정에서 이의 제기를 할 수 있는 권한을 보장받았다는 점에서, 기업 재건정비 정책이 구조조정을 통해 기업의 재무구조를 개선했을 뿐만 아니라 그 과정에서 노동자의 권익도 보호하는 복합적인 정책 효과를 발휘하였다는 것을 밝혔다. 이는 부흥기 구조조정과정에서 노동조합이 경영자에게 있어 실질적인 협의 상대로 인정받는 과정이기도 하였다. 이러한 사실은 일본의 협조적 노사관계가, 전전과는 달리 노동조합이 단체교섭의 대상으로 등장하면서 비로소 가능하게 되었다는 점을 가르쳐준다.

---

20) 山本潔, 『東芝争議(1949年)』, 御茶の水書房, 1983.
21) 도지 라인(Dodge Line)이란 일본 경제의 부흥을 목적으로 보조금 지급과 복수환율제를 철폐하고 물가 등 일본 경제를 선행적으로 안정시키기 위해 1949년 디트로이트은행 총재였던 조지 도지가 실시한 경제운영 가이드라인을 말한다.

이와 관련하여 전전에서 전후 1950년대에 걸쳐 일본국유철도를 대상으로 '임금, 노동조건의 거래'가 아닌 '신분의 거래'를 키 콘셉트(key concept)로 삼아, 일본적 노사관계가 어떻게 정착되었는지를 분석한 우종원(2003)의 연구에 주목할 필요가 있다.[22] 우종원은 국철 노동자들이 총력전하 '국민의 일원'의 경험에 입각해 전후 민주화 공간에서 '경영체의 일원'으로 인정받았다고 보았다. 또한 그는 국철 노동자들은 화이트칼라에 비해 '학식'은 부족하지만, 그들이 갖고 있는 작업 현장에서의 '능력'과 '공헌'을 통해, 1949년 국철의 공사화 과정을 전후한 노사관계의 재편을 거쳐 1950년대 고도성장기에 들어서는 연공임금과 장기 고용을 폭넓게 향유하는 안정적인 노사관계를 만들어 나갔다고 보았다. '위'로부터의 시선에 국한되지 않고 '아래'로부터의 시선에서 노사관계의 형성을 논하고 있어 시사하는 바가 많다.

3.2. 고도성장기 협조적 노사관계의 형성

디플레이션 속에서 허덕이던 일본 경제는 1950년 6월 25일 한국전쟁이 발발하자, '가미카제'라고 불린 전쟁 특수를 누리게 되었다. 이는 군수품을 미국 본토에서 조달하기보다는 일본에서 조달함으로써 전장으로의 신속한 로지스틱스(logistics)를 꾀하기 위함이었다. 이는 전후 일본의 고질적인 문제였던 외화 부족을 해결하여 일본 경제를 회생시키는 효과를 가져왔다.[23] 이와 더불어 한국전쟁은 미국의 대일 점령 정책에서

---

22) 禹宗杭, 『「身分の取引」と日本の雇用慣行 : 国鉄の事例分析』, 日本経済評論社, 2003.
23) 有田富美子・中村隆英, 「戦後兵器産業の再建過程」, 中村隆英・宮崎正康編, 『日

냉전 구도를 전면화시켜 레드 퍼지(red purge)[24] 등 일본 사회 전반의 우경화를 낳았다. 이러한 가운데 발생한 노사분규는 반드시 노동 측에만 유리하게 작용했던 것은 아니었다.

효도는 직장 질서를 둘러싼 직장투쟁이 전개되었지만 이는 노조 측의 패배로 이어졌고, 총평(総評: 일본노동조합총평의회)은 노조 측의 취약성을 자각하여 새로운 연대 방안으로 '춘기 임금 인상 투쟁'을 모색, 1955년 봄부터 개시하였다고 말한다.[25] 이로써 각 산업의 노동조합은 매년 봄 일제히 임금 인상안 등을 기업 측에 제출하고, 전국 중앙 노동단체와 산업별 조직의 지도와 조정을 받으면서 단체교섭을 실시하는 춘투(春闘)가 정착되었다.[26] 이것이 결과적으로 안정적인 노사관계를 가져오는 제도적 기반이 되었음은 주지의 사실이다.

일본 경제는 1955년부터 미국의 경기회복에 따른 대미 수출 증가에 힘입어 경기상승 국면에 접어들었다. 소위 진무 경기(神武景気 1954. 11-1958.6)를 시작으로, 이후 이와토 경기(岩戸景気 1958.6-1962.10), 올림픽 경기(オリンピック景気 1962.10-1965.10), 이자나기 경기(いざなぎ景気 1965.10-1971.12) 등 18년 간 이어지는, 연 평균 성장률 10%에 가까운 고성장 국면에 접어들어 미국 다음의 경제 대국으로 부상하게 되었다.[27] 전후에는 전전과는 달리 금융·재정정책을 통해 경기 팽창과 수축

本経済: その成長と構造』, 東洋経済新報社, 2003.
24) 레드퍼지(red purge)란 한국전쟁 발발 이후 연합국최고사령관 총사령부(GHQ/SCAP) 총사령관 더글러스 맥아더의 지령에 의해 1만 명이 넘는 일본 공산당원과 동조자가 공직에서 추방된 사건을 말한다.
25) 兵藤釗, 『労働の戦後史』上·下, 東京大学出版会, 1997.
26) 춘투에 관한 자세한 설명은 본서 제3장을 참조하기 바란다.

을 조정함으로써 매우 안정적인 경제성장을 달성했다.

<그림 4> 실질임금지수 (1935년=100)

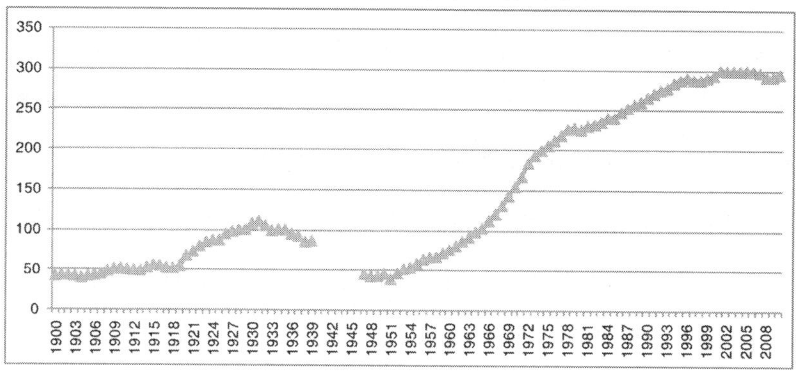

자료: 日本統計協会 2006; 総務省統計研修所 各年度版.

고도성장기 중 일본의 노동조합운동은 크게 성장하였다. 고도경제 성장이 시작된 1955년에 노동조합은 이미 3만 2,012조합, 616만 6천 조합 원 규모에 달하였는데, 그 후 10년 뒤인 1965년에는 조합 수와 조합원 수 가 각각 5만 조합, 천만 명을 넘어섰다. 이 시기 대기업을 중심으로 일본 노사관계를 지탱하는 3대 제도적 축은 주지하다시피 연공서열, 종신고 용, 기업별 노동조합이었다.[28] 그렇다고 해서 고도성장기 초기에 이미 안정적이고 협조적인 노사관계가 뿌리를 내린 것은 아니었다. 노동쟁의 는 패전 직후부터 발생하기 시작, 부흥기를 지나 고도성장기에 접어들면 서 급격하게 증가하여 1965년에는 3,051건, 897만 5천명에 달하였다. <그

---

27) 林采成, 「景気循環と景気対策」, 武田晴人編, 『高度成長期の日本経済: 高成長実 現の条件は何か』, 有斐閣, 2011.
28) 小池和男, 『仕事の経済学』, 東洋経済新報社, 1999.

림 2〉에 의하면, 그 후 제1차 석유 위기에 즈음하여 노동쟁의는 더욱 늘어났다.

이렇게 활발한 노동운동이 고양되는 가운데 대체 어떻게 안정적이고 협조적인 노사관계가 정립 가능했던 것일까? 이것을 김삼수는 제3장에서 기업별 노동조합에 초점을 맞추어 노동조합운동의 틀 속에서 설명하였다. 즉, 기업별조합 체제를 중심으로 고도성장기 일본의 노사관계가 성립하는 과정을 분석함으로써, 부흥기의 불안정하고 심지어 적대적이었던 노사관계가 어떻게 '안정적이고 협조적인' 노사관계로 전환되었는가를 밝히고자 하였다. 이를 위해 1950년대에서 60년대에 걸쳐 횡단적 산업별 노동조합운동과 직장투쟁의 붕괴에서 직접적으로 유래된 전후 기업별 노동조합의 형성 과정과 기능상의 특징을 검토하였다. 특히 기업별조합의 기능과 그 변화에 관하여 노사협의제가 단체교섭과는 다르다는 것을 이론적 틀에서 밝혀냈다.

4장에서는 에너지 혁명으로 사양산업 위기에 처해 있던 탄광업의 노사관계 전개를 노동운동의 관점에서 고찰하고자 했다. 정진성은 에너지 혁명기 일본 석탄산업의 노동운동을 검토하고 석탄정책전환투쟁이 가져온 결과에 주목하였다. 전후 가장 큰 분규였던 미쓰이·미이케쟁의에서는 완전고용이 가장 중요한 이슈였던 반면, 이후의 정책전환투쟁에서는 새로운 에너지자원인 석유와의 경쟁에서 탄광업을 보호하고, 실업 석탄광부와 지역사회를 지원하는 것이 중요한 이슈였다. 투쟁은 결과적으로 실업 광부와 지역사회를 지원하는 대책을 마련하기는 하였지만, 이러한 변화는 의도하지 않게 광부의 퇴직과 다른 산업으로의 전직을 가속

화시켜 노동운동을 약화시키는 결과를 낳았다. 협조적 노사관계의 형성
이라는 관점에서 보면, 미이케쟁의에서 노동조합의 패배는 역설적으로
일본 사회 전반에 노사관계의 안정화를 가져오는 데 일조하였다.

이와 함께, 제7장에서 에노키 가즈에(榎一江)는 고도성장기 이후
여성의 '결혼퇴직 제도'라는 젠더 규범이 남성 중심의 일본 노사관계와
밀접하게 연관되었음을 고찰하였다. 결혼퇴직의 제도화는 고도성장기
에 노동력 부족이 심각화되는 가운데 실시되었다. 그것은 정규 종업원을
대상으로 고용의 보장을 전제로 하는 장기 고용 시스템이 형성되는 과정
에서 생긴 것이며, 내부 노동시장을 제도화하고 있던 기업은 결혼을 이
유로 조기 퇴직할 우려가 있는 여성을 미리 배제할 필요가 있었던 것이
다. 남성 중심의 협조적이고 안정적인 노사관계를 네거티브하게 지탱했
던 셈이다. 이것은 법적인 근거를 잃은 후에도 직장의 불문율로 잔존해
왔으며, 일본의 고용 관행에 의해 규정된 젠더 규범은 앞으로도 계속 강
고하게 작용할 것이다.

중요한 사실은 이렇게 만들어진 '일본적' 노사관계가 역사적 산물
로, 일정한 역사적 문맥 속에서 성립하였다는 점이다. 이는 경제성장이
라는 '파이의 성장'이 지속적으로 확대되는 가운데 노사관계도 더불어
이를 향유할 수 있었던 것이다.[29] 〈그림 1〉의 높은 경제성장률에서 알 수
있듯이 파이가 급속히 커지고 노동력 부족(〈그림 3〉 유효구인배율의 상
승)이 심각해지기 시작했던 1960년대 후반 이자나기 경기 때 실질임금은

---

29) 山垣眞浩, 「日本型《労働組合主義》運動とその帰結」, 『大原社会問題研究所雜誌』,
   No.498, 2000.

<그림 4>와 같이 급격한 상승세를 보였다. 노동조합이 단체교섭의 대상으로 법적 인정을 받지 못하고 실질임금의 하락을 경험할 수밖에 없었던 1930년대 노사관계와는 본질적으로 다른 특징이 바로 이것이라 할 수 있다.

3.3. 저성장기 협조적 노사관계의 변용

한편, 일본 경제는 제1차 석유 위기의 충격으로 <그림 1>과 같이 전후 처음으로 마이너스 성장을 기록한 다음, 연평균 경제성장률 4-5% 대의 안정성장기에 접어들었다. 이를 통해 일본의 경제적 지위는 상승한 반면 미국 경제는 '쌍둥이 적자'로 인해 어려움에 봉착하였고, 이에 1985년 역사적인 플라자 합의가 이루어졌다.[30] 이 합의를 통해 일본은 엔화 절상을 용인하였고 이를 염려하여 금융·재정 정책을 통해 유동성을 증가시킨 결과, 실물경제의 견실한 성장보다는 자산가격이 급등하는 버블경제가 발생하여 그 추세가 1990년대 초까지 이어지게 되었다.[31]

이 기간 중 노동조합은 더욱 증가하여, 1984년에 74,579조합으로 정점에 달했고, 조합원 수도 1970년대 중반부터 1990년대에 걸쳐 1,200만 명 수준을 유지했다. 노동쟁의는 제1차 석유 위기가 발생한 1973년(9,459건, 1,454만 9천 명)과 그 직후인 1974년(10,462건, 1,431만 9천 명)에 정점을 기록한 이후 급격하게 낮아졌다. 그 후, 1981년 세계 불황기에 7,660건,

---

30) 1985년 9월 22일에 선진국 5개국 재무부장관·중앙은행총재회의인 G5에서 환율안정화에 관해 이루어진 합의를 말한다. 미국 뉴욕시의 플라자 호텔에서 합의가 이루어졌기 때문에 이를 플라자 합의라 부르고 있다.
31) 東京大学社会科学研究所編, 『経済危機の教訓』, 東京大学出版会, 2005.

1,041만 4천 명을 넘은 이후 다시 급격히 낮아졌고, 버블경제기에는 더욱 줄어들었다. 〈그림 4〉의 실질임금 증가율을 나타내는 기울기를 보면, '파이의 성장'에 대한 노동자의 향유가 줄어듦에도 불구하고, 노사관계는 안정화 일로를 걸어갔다. 저성장기의 노사관계 안정화는, 기업별조합의 주된 기능 중 하나인 노사협의 기능이 대폭 강화된 데 기인한 바 크다. 이 시기 '기업주의적' 노사협조주의가 어떻게 일본기업에 정착되었는지에 관해서는 제5장에서 고찰하였다.

5장에서 김양태는 저성장기 일본 노사관계의 재편 과정을 고찰함으로써, 이 시기의 노사관계가 고도성장기의 '분쟁적 안정 구조'에서 '비분쟁적 협조주의'로 전환되었다고 말한다. 비분쟁적 협조주의가 진행된 배경은 다음과 같다. 거시적으로는 고도경제성장의 종식과 춘투 체제의 정체 과정에서 고도성장기 노동운동을 주도했던 총평 운동이 해체되고 협조주의를 지향하는 렌고로 재편 과정을 거치면서 나타난 현상이다. 한편 직장·기업이라는 미시적 수준에서는 집단적 노사관계의 후퇴와 개별적 인사관리의 진전, 즉 노동조합 기능의 축소와 인사·노무관리 기능의 확대가 그 배경에 있다.

구체적으로는 노사협의제, 임금체계, 생산 시스템, 기업별조합, 기업 커뮤니티 등 노사관계의 다양한 측면에서 확인된다. 효도 스토무는 1950년대의 직장 질서를 둘러싼 노사 대항에서 노동조합 측이 패배하였지만, 1960년대에는 춘투 체제가 확립되고 능력주의 관리가 등장했으며, 또한 그 배후에서 JC·동맹형 운동이 발전한 대신 총평 운동이 정체했다고 보는 등 석유 위기 이전의 노사관계를 역동적 관점에서 파악하고 있다.[32] 석유 위기 이후에는 관리 춘투의 정착과 경영참가의 진전, 능력주의 관리의 재편과 렌고의 성립 등을 통해 집단적 노사관계의 후퇴와 개별적 인사관리의 진전을 논하고 있다.

석유 위기에 대응해서 민간 대기업은 감량경영이라는 합리화 정책을 추진했다. 노동조합은, 고용 정세가 악화되는 상황에서 노동자의 생활은 기업의 경쟁력에 의존할 수밖에 없다고 자각하고, 지금까지 임금 및 노동시간 등, 소위 파이의 분배에 관한 영역에만 머물렀던 노동조합의 발언권을 경영계획 및 생산계획 등 파이의 증대로까지 적극적으로 높여갔다. 즉, 노사협의제를 중심으로 하는 경영참가의 움직임이 현저하게 나타난 것이다. 중소기업 노동조합의 경우도 지금까지의 대항적인 운동 스타일에서 민간 대기업이 선택한 협조적인 운동 기조로 전환하면서 노동조건의 수준을 완화하는 조건으로 경영의 의사 결정 부분까지 발언권을 높이는 움직임이 나타났다.

닛다 미치오는 기업 수준에서의 노사관계 제도를 분석함으로써 노동자 및 노동조합이 기업의 의사 결정·실행 과정에 어떻게 발언하고 영향을 미치고 있는지에 대해 안정적 노사관계를 구축하고 있는 철강업을 대상으로 알아보았다.[33] 특히 경영 환경의 변화에 대해서 경영 측이 제안한 '요원 합리화', '배치전환', '생산구조조정'에 대한 노사협의제도(노사위원회, 경영심의회 등)의 실태를 면밀히 검토한 후에 노동조합이 경영·생산에 관한 사항에 대해서 적극적으로 발언·관여하고 있음을 주

---

32) 兵藤釗, 『労働の戦後史』下, 1997.
33) 仁田道夫, 『日本の労働者参加』, 東京大学出版会, 1998.

목하고 있다. 또한 이러한 노사협의제도의 배경에는 노사가 대립을 회피하고 서로의 관행을 존중하는 신뢰 관계를 형성했기 때문이라고 파악하고 있다.

이시다 미쓰오는 일본의 노사관계를 노동자의 공평관을 반영한 민주적인 제도로 파악하고 있다.[34] 즉, 전후 일본에서 노동자 간의 경쟁을 규제하는 서구식 노동조합주의가 성립하지 못한 것은 기업별 노동조합이 경영자에 의해 지배되었기 때문이 아니라, 노동자가 능력주의를 공평한 제도로 인정하여, 경쟁을 규제하는 노동조합주의를 수용하지 않았기 때문이라고 주장하고 있다. 따라서 민간 대기업에서 채용한 능력주의적 임금체계는 노동자가 능력에 따른 처우 격차를 정당하다고 인식하는, 노동자의 능력주의 지향을 반영한 결과라고 말하고 있다. 이시다는 이렇듯 1970년대 초반에 노동자의 공평관에 기초한 능력주의가 확립했기 때문에 일본 기업은 두 번의 석유 위기를 노사관계의 갈등을 동반하지 않은 채 감량경영을 통해 극복했으며, 이러한 임금제도에 기초한 노사관계는 국제적 우위성이 있다고 말하고 있다.

1980년대에 접어들어, 일본의 제조업은 경쟁 우위를 확보하면서 시장의 변화에 유연하게 대응하고자, ME기기의 도입을 축으로 하는 생산 시스템을 혁신하고, 작업 편성, 작업 조직, 요원, 임금, 노동시간 등 지금까지의 고용·노사관계를 구성해온 제도와 관행을 개혁했다. 자동차 산업으로 대표되는 일본의 제조업은 이러한 시장 대응적인 유연한 생산·

---

34) 石田光男, 『賃金の社会科学』, 中央経済社, 1990.

노동 시스템을 구축해 두 번의 석유 위기와 80년대 중반의 엔고 불황을
극복했다.

민간 대기업의 효율적인 생산 시스템은 노동 현장 실무에 숙련된 현
장 노동자가 이상(異常)에 대한 대응뿐만 아니라 생산관리 및 제품 개발
등에 관여한 결과라 분석된다. 나카무라 게이스케는 1980년 이후 민간
대기업의 효율적인 생산 시스템이 테일러주의(사고와 실행의 분리)와
달리 '사고(思考) 부분에 대한 노동자의 통합'이라는 원칙에 기초한 작업
조직에 의거하고 있으며, 이러한 작업 조직은 현장 노동자가 배치전환에
서 습득한 폭넓은 숙련에 의해 가능하다고 말한다.[35] 또한 노동조합은
노사협의제도를 통해서 생산과 노무에 관한 결정 사항에 적극적으로 발
언·참가하고 있다고 주장한다. 즉, 노동조합이 생산계획의 변경에 따른
생산량 증대 요구에 대해서 '생산계획의 수정' 및 '예방책'의 조치를 요구
하고 '엄격한 시간 외 노동 규제'를 실시하고 있으며, 노무에 대해서는 노
동조합이 노사 동수로 구성된 직능 자격등급위원회에 직접 참여하여 노
동자의 직능 자격 변경에 간여하고 있다는 사실을 밝히고 있다.

히사모토 노리오는 민간 대기업의 상호 신뢰적 노사관계의 형성과
그에 따른 인재 형성 시스템의 변용을 주목한다.[36] 그는 일본의 노동자
들이 엄격한 인원 관리 및 다능공화를 수용하고 상호 신뢰적인 노사관계
를 확립한 배경은 기업별 노동조합의 사원 조합화, 즉 공직 신분 격차(工
職身分格差) 철폐를 전제로 경영자 측이 노동자를 기업의 구성원인 사

---

35) 中村圭介, 『日本の職場と生産システム』, 東京大学出版会, 1996.
36) 久本憲夫, 『企業内労使関係と人材形成』, 有斐閣, 1998.

원으로서 처우했기 때문이라고 분석한다. 그는 노사 간의 상호 신뢰는 사원화(고용 안정, 임금 상승 등)를 요구하는 현장 노동자와 소수정예주의(이동의 유연화, 요원 관리의 엄격화, 고숙련 등)를 요구하는 경영자의 타협의 결과라고 말한다. 또한 이는 노동조합 간부의 일상적인 활동에 의해서 유지된다고 밝히며 조합 간부가 조합원의 이익을 위해 담당하는 역할을 높게 평가하고 있다.

3.4. '잃어버린 20년'의 일본 노사관계

결국 일본 경제는 부동산 시장과 주식시장의 버블이 붕괴되면서 대규모 부실채권이 발생하고 디플레이션이 심화되면서 '잃어버린 10년(the lost decade)' 혹은 '잃어버린 20년(the lost two decades)'을 경험하게 되었다.[37] 노동시장의 수요는 버블 붕괴와 함께 하락하고, 이후 경기팽창에 따라 다소 증가하였으나, 2007년 말 이후 심각해진 금융 위기로 인해 다시 하락하게 되었다. 실질임금 추이를 나타내는 그래프의 기울기는 거의 정체를 보이고 있다. '파이의 성장'이 둔화되고 있던 이 시점에 노동운동 또한 정체되었으며, 장기 불황 속에서 노동운동의 몰락이라고 할 정도로 노동쟁의가 현저하게 줄어들었다. 노동조합의 조직률은 이전보다 낮아져 2000년대에 6만 조합, 1,000만 조합원 규모를 보였고, 노동쟁

---

37) 中嶋智之,「DSGEモデルを用いた資産価格の分析」, 橘木俊詔編,『日本経済の実証分析: 失われた10年を乗り超えて』, 東洋経済新報社, 2007; 金榮愨・深尾京司・牧野達治「『失われた20年』の構造的原因」, RIETI, Policy Discussion Paper Series 10-P-004, 2010.

의는 더욱 줄어들어 2000년대 중반 이후에는 연간 1천 건 이하, 참가자 백만 명 이하로 나타났다. 2010년에는 682건, 11만 1천 명을 기록하였다. 숫자상으로는 전전의 수준으로 회귀하였다는 느낌을 불식시킬 수 없다.

이제 기업별 노동조합은 기업 측에 대항하는 요구를 제시하기보다는 임금동결에 동참하거나 노동조합 스스로가 임금 삭감을 제안하는 사례가 늘고 있다. 회사 경영이 급속하게 악화되는 상황에서 고용 보장을 위해 불가피하다는 측면이 있기는 하지만, 이는 협조적 노사관계를 뛰어넘어 노사일체를 보여주는 것이 아닐까? 또한 이는 기업별 노동조합으로서의 한계나 그 도달점을 보여주고 있는 것은 아닐까? 또한 '파이의 성장'이 둔화되면서 노동 현장에 나타난 '새로운' 관행은 무엇일까? 이와 관련된 물음에 답하고자 한 것이 제6장의 고찰이다.

6장에서 우종원은 세계화에 대한 일본 기업별조합의 대응을 분석하고, 기업별조합이 양극화를 저지하지 못한 이유와 함께 양극화를 저지하지 못한 행동이 조합 자신에 초래한 귀결에 대해 문제를 제기하였다. 세계화에 대해 일본 기업은 투자 확대나 이노베이션 강화를 지향하기보다는 비용 절감을 가속시키는 방향으로 대응했고, 이는 결과적으로 사회의 양극화를 초래했다. 기업별조합은 스스로 기업 통치의 한 축을 담당하였기 때문에 이런 기업행동을 용인하고, 비정규직 문제에 대해서도 적극적으로 대응하지 않았다. 그러나 경영 및 조합의 이런 행동은 역설적으로 일본 기업의 강점이었던 '현장력'을 약화시켰을 가능성이 있다. 이는 '종업원 주권'의 패러독스(paradox)와 다름이 없다.

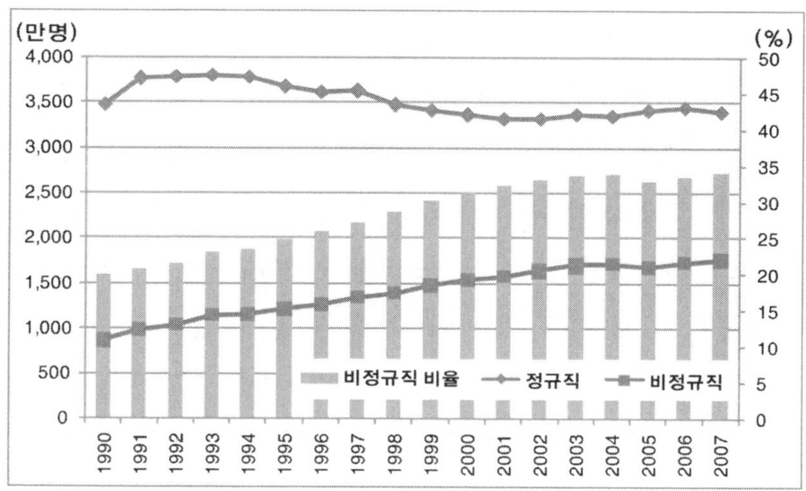

자료: 厚生労働省 各年度版.

이와 관련하여 정규직과 비정규직 추이(〈그림 5〉)를 보면, 정규직은 정체 내지 감소한 반면, 비정규직은 지속적으로 증가하는 추세를 보이고 있다. 특히 2000년대에 들어오면서 파견, 파트타임 등 비정규직이 차지하는 비율이 전체 고용의 30%를 넘어서게 되었다. 비정규직의 일상화는 이미 이루어졌으며, 이것이 전체적인 실질임금의 정체를 가져오고 있는 것이다. 그 반면, 정규직은 비정규직에 비해 상대적으로 안정적인 노동조건하에서 '일본식' 노사관계를 '향유'하고 있다.[38] 이러한 상황이 우종원이 지적한 노동 현장에서 발견되는 격차사회(양극화)의 실태이다. 바로 이것이 노동조합운동을 약화시키는 요인이 아닐까? 일본의 노

---

38) 橘木俊詔, 『格差社会』, 岩波書店, 2006; 中野麻美, 『労働ダンピング: 雇用の多様化の果てに』, 岩波書店, 2006.

동자들은 해고당하기보다는 글로벌 경쟁과 장기 불황에 지쳐 있는 일본 회사의 요구에 따라 어쩔 수 없이 순응하고 있다. 일본적 노사관계가 일본적 경영의 핵심적인 경쟁력이었다면, 지금은 그것이 남겨놓은 잔영을 보고 있는 것이 아닐까? 즉, '파이의 성장'이 멈추면서, 일본 노동자들은 남은 파이를 안정적으로 확보하기 위해, 일부 노동자들에게 '비정규직'이라는 라벨을 붙여 가능한 한 적은 파이를 떼어주고자 하는 기업의 인사관리 전략을 용인하고 있는 것은 아닐까?

이러한 물음은 일본에만 국한되는 것이 아니다. 1997년 경제 위기 이후 잠재성장률이 급격히 저하되고 있는 한국도 양극화 문제와 비정규직 문제가 이미 심각한 수준에 달하여 사회적 불안 요인으로 자리잡고 있다.[39] 특히 상대적으로 높은 청년 실업률은 한국 사회의 미래를 어둡게 하고 있으며 대학은 학문의 전당이라기보다는 좋은 일자리를 잡기 위한 스펙 쌓기의 일부분이 되어버렸다. 이러한 상황을 고려해 역사적 관점에서 일본적 노사관계를 고찰하는 것은 한국의 노동문제를 재고하는 데에도 유의미한 비교시점을 제시해 줄 것이라 믿는다.

---

39) 전병유·신동균·신관호·이성균·남기곤, 『노동시장 양극화의 경제적 분석』, 한국노동연구원, 2007.

I 전전기(戰前期) 일본 노사관계의 전개와 공장위원회*

임채성

1. 공장위원회의 역사적 위용과 문제의식

본고의 목적은 전후 노사관계를 역사적으로 이해하기 위해 전전기 일본의 공장위원회에 관한 거시적 통계를 바탕으로 일본 노사관계의 전개 과정에서 공장위원회가 어떻게 형성·발전되고 어떠한 역할을 수행하였는가를 밝히는 것이다.

전후 일본 경제가 고도성장을 달성할 수 있었던 요인 중 하나로 협조적 노사관계를 들 수 있다. 그러나 역사적으로 노사관계는 결코 협조적인 것이 아니었다. 협조적 노사관계는 전전의 격렬한 노동쟁의가 발생하는 가운데, 정책적 과제로 제시된 것이다. 전전에는 노동조합법이 성

---

* 이 글은『경영사학』제27권 제2호(2011)에「전전기(戰前期) 일본 노사관계의 전개와 공장위원회의 형성 및 발전」이라는 제목으로 게재된 것을 본 단행본의 취지에 맞게 수정·보완한 것이다.

립되지 않았으며, 오히려 시기에 따라 그 정치성이 문제 되어 노동조합이 위법적으로 취급되기도 하였다. 또한 서구 선진국으로부터 굴절된 형태로 도입된 공장위원회가 노동조합과 함께 노사관계의 기반이 되었다.

여기서 주의해야 할 것은 공장위원회는 당시 노동위원회, 현업위원회, 생산위원회, 공장협의회 등 다양한 명칭으로 사업장 내에 설치되었다는 점에서, 현재 노사문제를 공정하고 합목적적으로 처리하기 위하여 설치된 합의제 행정기관인 노동위원회와는 다르다는 것이다. 회사 내에서 사업주와 노동자가 노동조건을 비롯해 다양한 사안에 걸쳐 광범위한 논의를 한다는 점에서 현재의 노동위원회보다는 노사협의회에 가까운 것이지만, 반드시 노동조합을 전제로 한 것이 아니었기 때문에 현재의 노사협의회와도 성격을 달리한다는 점에 유의해야 한다.

노동조합이 부재한 상태에서 일정한 기능을 수행했던 공장위원회는 전전 노사관계에서 중요한 위치를 차지했기 때문에, 전후 노사관계에도 영향을 미쳤다고 판단된다.[1] 또한 한국이 일본의 식민지 지배를 경험하였다는 점에서, 식민지 시기 한국의 노사관계를 이해하는 데 있어서도 중요한 시사점을 제공해준다.

그러면 기존 연구에서 공장위원회는 어떻게 이해되었는가? 오코치 가즈오는 노사 간 대등한 관계를 전제로 한 노동조합이 '주종의 정의(主從の情誼)'라는 전통적인 관점과 매치되지 못하고, 고용주의 시각에서

---

1) 물론 전전의 노사관계가 전후와 바로 연결된다고 보기에는 고려해야 할 사항이 많다. 전시의 산업보국 운동과 전후 미군점령하의 노동 개혁을 거쳐 전후 노사관계가 성립되었기 때문이다.

착안된 공장위원회 제도가 도입되었다고 보았다.[2] 이에 대해 효도 스토무는 공장위원회 제도가 표면적으로는 '주종의 정의'로 환원될 수 없는 '인격 존중'이라는 측면을 가지면서도 "본질적으로 본래 노동조합이 담당해야만 하는 기능을 일정 한도 내에서 공장위원회를 통해 해소함으로써, 노동조합을 무용화(無用化)시키는" 존재라고 파악하였다.[3] 한편, 니시나리타 유타카는 전전 노사관계를 공장위원회 체제라는 하나의 개념만으로 파악하는 것을 거부하고, 자본의 종류와 계층의 차이에 주목하였다.[4] 그는 1920년대 후반 재벌계 기업에서는 공장위원회의 활동이 강화되었지만, 군공창(軍工廠)계 기업에서는 이것이 소멸되고 노동조합이 노사관계의 주력으로 부상하였음을 지적하였다. 이에 대해서 사사키 사토시는 공장위원회가 "경영 측의 이니시어티브(initiative)에 의한 것이라 해도 어느 정도는 직공의 주체적인 생산관리개선 자세를 유도하는 시스템으로 형성되고 있었다."고 분석하였다.[5] 이는 반도 사토시가 생산관리개선이 공장위원회에 도입되었다는 점에서 "일본의 공장위원회는 서구의 공장위원회와 노동조합의 양 기능이 절충적으로 결합된 것"이라고 주장한 바와 일맥상통한다.[6]

---

2) 大河內一男,「「主從の情誼」と勞動組合運動」,『大河內一男集　第3巻 労使関係論』, 勞動旬報社, 1980, 45쪽; ──,「本的労使関係の原理」,『大河內一男集　第3巻　労使関係論』, 50쪽.

3) 兵藤釗,『日本における労資関係の展開』, 東京大學大出版會, 1980.

4) 西成田豊,『近代日本労資関係史の研究』, 東京大学出版會, 1988, 198쪽.

5) 佐々木聡,『科学的管理法の日本的展開』, 有斐閣, 1988, 제1장 제2절.

6) 板東慧,「職場における勞動組合と工場委員會機能」, 前川嘉一編,『労資関係の論理と展開』, 有斐閣, 1975.

따라서 지금까지의 연구는 주로 공장위원회를 노동조합과 상반된 것으로 파악하였다고 볼 수 있다. 그러나 노동조합의 성격 변화가 결부되어 공장위원회의 정책적 위치가 변하였다는 점에 관해서는 그다지 주목하지 못하였다. 1920년대에서 30년대에 걸쳐 노동조합의 성격이 크게 변하여, 공장위원회는 더 이상 노동조합의 대립적 존재였다고 볼 수 없기 때문이다. 노동자에게 공장위원회는 노동자의 자기주장과 기업 체제에 대한 순응이라는 두 측면을 동시에 갖고 있는 양면적 존재였다. 시기에 따라서는 이러한 양면성 내부의 우열 관계가 변화할 가능성이 있었고, 이를 둘러싼 환경 자체가 변할 가능성도 있었다.

이러한 점에서 후쿠모토 시게오는 스미토모(住友) 공장협의회를 분석하여 "공장협의회의 성격을 좌우하는 것은 이를 둘러싼 노사의 계급 투쟁에 직접적으로 의존한다."고 보았다.[7] 그렇지만 후쿠모토의 분석은 주로 1920년대 간사이 지방에 한정된 것이었다. 한편 니시나리타 유타카는 1920년대 분절적이었던 대기업의 노사관계가 1930년대에 변용되고 있는 공장위원회 제도 내지 산업보국회 운동 추진 세력에 의해 일원적으로 편성되었다고 보았다.[8] 이치하라 히로시 또한 탄광업 부문에 관한 분석을 통해서, 탄광 기업 내 공장위원회에 해당하는 "종업원단체"가 설치되고 1930년대에 들어서는 본사 체제하에서 "종업원단체"의 획일화가 진전되었다고 파악하였다.[9]

---

7) 福本茂雄,「同盟大阪連合會と勞働委員會 : 住友工場協議會の成立と展開1、2」, 大阪府立大学歷史研究會,『大阪百年史紀要』2号・3号, 大阪府史編集資料室, 1966.
8) 西成田豊,『近代日本労資関係史の研究』, 348쪽.
9) 市原博,『炭鉱の労働社会史』, 多賀出版, 1997.

그러나 공장위원회의 개별 사례는 편차가 심하고 공장위원회의 성격 또한 일치하지 않기 때문에, 이를 종합적으로 조감함으로써 그 조직과 운영 및 성격을 규명하지 않으면 안 된다. 따라서 본고는 현존하는 매크로 데이터를 수집하여, 1920년대에서 30년대에 걸친 공장위원회의 역할과 기능을 살피고자 한다.[10]

이하, 본고는 다음과 같은 구성을 갖는다. 제1절에서는 제1차 세계대전기 이후 노동운동이 고양되면서 정책 당국이 어떠한 노사관계를 모색하였는지 검토하고, 그 결과 설치된 공장위원회가 어떠한 기능을 수행하였는가를 밝힌다. 제2절에서는 1930년대 노동운동의 변질을 고찰한 다음, 그것이 공장위원회에 어떠한 영향을 미쳤으며, 나아가 노동조합과의 관계가 어떻게 변화하였는가를 분석하였다. 그리고 이러한 사실들의 역사적 의미를 고찰하였다.

2. 1920년대 공장위원회의 설치와 운영

2.1. 노동운동의 고양

제1차 세계대전은 일본 경제에 전례 없는 경제 호황을 가져왔다. 일찍부터 경쟁력을 갖고 있던 섬유산업뿐만 아니라 중화학공업 부문에까

---

10) 매크로 데이터의 성격상 공장위원회에 관한 이론적 모델을 설정하고 계량분석을 통해 이를 검증하기는 어렵기 때문에, 집계된 통계를 해석하는 데 분석의 초점을 두고자 한다.

지 생산 확대가 이어졌다. 이러한 호황은 '벼락부자 시대(成金時代)'라고 불릴 정도로 급속한 것이어서 사회 전반에 크나큰 변화를 가져왔다. 그러나 물가 상승에도 불구하고 임금 인상이 지체되어 노동자의 생활난이 불가피해졌다. 여기에 러시아혁명의 영향이 더해져, 노동쟁의는 〈그림 1〉과 같이 1913년 47건, 5,242명에서 1918년 417건, 6만 6,457명으로 폭발적인 증가세를 보였다.[11]

〈그림 1〉 전전 일본의 노동쟁의 건수와 참가인원

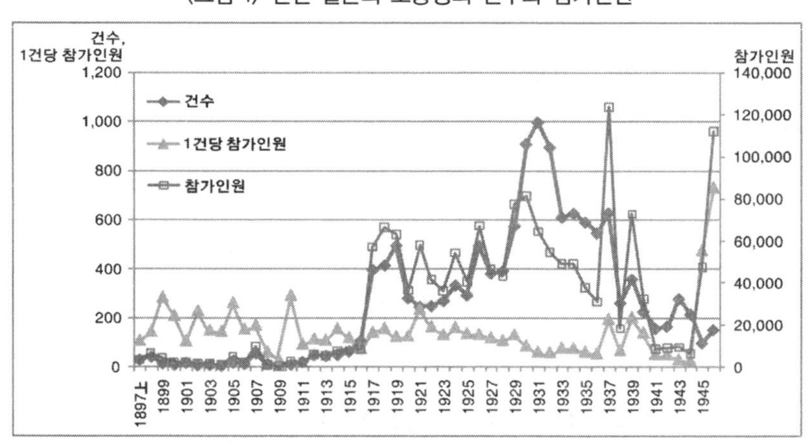

자료: 村山重忠, 『日本勞動争議史』, 霞ヶ関書房, 1946, 215–218쪽.
주: 1926년 이전은 공장폐쇄를 포함하지 않음.

이에 대한 정책을 마련하고자, 내각은 임시산업조사회(1920년 2월)에 노동조합 법안에 관한 기초답신(起草答申)을 요청하였다.[12] 그러나 노동조합 법안을 둘러싸고, 산업 진흥을 중시하는 농상무성과 법안 그

---

11) 村山重忠, 『日本勞動争議史』, 霞ヶ関書房, 1946, 216쪽.
12) 鉄道大臣官房現業調査課, 「國有鐵道部内勞動問題日誌」, 『國鉄勞動問題資料第一編』, 1942.9.1.

 협조적 노사관계의 행방 : 전후 일본의 노동과 경영의 변용

자체에 역점을 둔 내무성이 대립하여 법안 작성이 진척되지 못하는 가운데, 하라 수상이 '시기상조'라는 판단을 내리자 조사회의 활동은 중지될 수밖에 없었다.

그러나 〈그림 2〉와 같이 노동조합은 급속히 증가하였다. 조합 수는 1935년에 993개로 정점에 달하였고, 조합원 수는 36년에 42만 589명을 기록하였다. 노동인구를 고려한 조직률(=조합원 수/노동인구)을 보면, 1923년 3.2%였던 것이 24년 5.4%로 증가한 다음, 매년 서서히 늘어 1931년에는 7.9%를 기록하였고 이후, 중일전쟁이 발발하기까지 7% 전후의 수준을 유지하였다. 산업별 분포를 살펴보면 노동조합 수는 '기타' 산업과 잡공업에서 가장 많았고, 그 다음으로는 기계 기구와 화학이었다. 반면 조합원 수에서는 운수 교통이 가장 많았고 기계 기구가 그 다음이었다.[13] '기타'와 잡공업에서는 1조합 평균 인원수가 적었기 때문이다. 그리고 지역별로는 오사카, 도쿄, 아이치, 가나가와, 효고 등 대도시를 중심으로 노동조합이 많이 설치되었다. 규모별로는 1조합 300명 미만의 소규모 조합(1930년)이 전체의 71%를 점하였다.[14] 그러나 319조합이 55개 연합체에 가맹되어 있어 일정한 조직력을 보유하고 있었다. 또한 1조합 3천명 이상의 단일조합도 상당히 많이 존재했다. 이것은 전후와 달리 초기업 노동조합이나 노조 연합 조직이 차지하는 비율이 높았다는 특징을 보여준다.

---

13) 協調會, 『勞動組合及勞動爭議統計』, 1935.
14) 勞動事情調査所編, 『最近の我國社會運動』, 勞動事情調査所出版部, 1932, 152-155쪽.

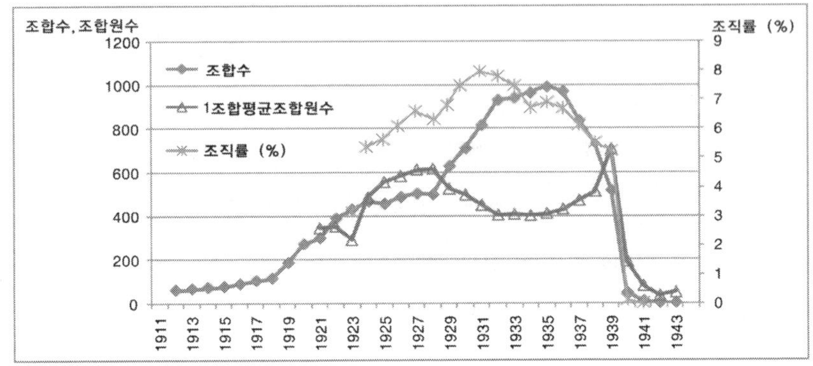

자료: 協調會, 『勞動組合及勞動爭議統計』, 1935 ; 協調會調査部, 『我國に於ける勞資調整機関の変遷』, 1940 ; 村山重忠, 『日本勞動爭議史』, 霞ヶ関書房, 1946, 46, 182쪽.

이러한 산업별 조직화는 여러 노동조합들이 1920년대에 걸쳐 자신의 정치적 성격을 명확히 해나가는 과정이기도 하였다.[15] 간토대지진이 발생한 이후 좌익 세력에 대한 공권력의 탄압이 시작되자, 스즈키 분지(鈴木文治) 등 일본노동총동맹(총동맹) 간부진이 자유주의화함에 따라 간부파(우익)와 반간부파(좌익)의 대립이 내부에서 격렬하게 전개되었다. 이것이 1925년 총동맹의 제1차 분열을 초래하였고, 일본노동조합평의회(평의회)가 결성되어 좌익 노동조합이 탄생하게 되었다. 그 후 총동맹중간파 또한 총동맹을 이탈하여(제2차 분열), 1926년 12월에 우익의 총동맹과 좌익의 평의회와 어깨를 나란히 하는 일본노동조합동맹을 창립하였다.

그러나 일본정부가 공산당계를 탄압하는 가운데, 1928년 3월 15일

---

15) 小林端五, 『日本勞動組合運動史』, 靑木書店, 1986, 41-65쪽.

노동조합평의회에 해산명령이 내려졌다. 이후 산업별 조직을 기초로 재건 운동이 전개되어, 1928년 12월에는 일본노동조합전국협의회(전협)가 일본의 유일한 혁명적 적색노동조합으로 조직되기에 이르렀다.[16] 이에 대해, 합법적 재건을 꾀하여 결성된 것이 일본노동조합총평의회(총평의회, 1931년 4월)였다. 한편, 총동맹 내부에서도 오사카연합회 내의 혁명적 반대파가 좌경 운동을 전개함에 따라 제3차 분열이 일어나 노동조합전국동맹(1929년 9월)이 결성되기에 이르렀다. 이러한 전국동맹에 대해 일본노동조합동맹이 통합을 신청하여, 1930년 5월에는 전국노동조합동맹(전로)이 설립되었다.[17]

노동조합은 점차 노동운동에 대한 영향력을 키워나갔다. 이는 노동조합이 노동쟁의에 개입하는 정도를 검토해보면 알 수 있다.[18] 노동조합의 개입 건수는 22년 24.0%에 지나지 않았지만, 그 후 급증하여 24년에는 이미 50%를 넘었고, 이후 60-70%대에 달하였다. 이는 노동운동에 대한 노동조합의 영향력이 증대된 것을 나타낸다. 이를 각 파별로 보면, 27년 총동맹계 37건, 전국노동계 24건, 평의회계 111건, 기타 87건, 합계 259건으로 좌익계의 영향이 강하였다. 이후 평의회계는 3·15 등 공권력의 타격을 입었기 때문에 28년에 55건, 29년에 50건으로 감소한 반면, 총동맹계는 같은 시기에 68건, 120건으로 높아졌다. 즉, 노동조합운동의 중심

---

16) 小林端五, 『日本勞動組合運動史』, 靑木書店, 1986, 41-65쪽.
17) 日本工業俱樂部調査課, 『本邦に於ける勞動團体の一般的狀況』, 1930, 57-59쪽.
18) 西実, 「勞動爭議の槪觀」, 協調會, 『社會政策時報』, 1939.3. 139쪽; 一, 「勞動爭議の槪觀」, 1940.3, 278쪽. 이전 통계는 勞動運動史料刊行委員會, 『日本勞動運動史料 第10卷 勞動統計編』, 1975; 村山重忠, 『日本勞動爭議史』, 235-236쪽.

축이 1920년대 후반이 되면서 크게 바뀌게 된 것이다. 그 요구 항목을 보면, 1919년까지는 대부분이 증액 요구 혹은 감액 반대로, 그 비율이 전체의 80%를 차지하였고, 그 후에도 이 요구가 가장 많았다. 그 밖에도 노동시간의 단축, 작업 방법 및 규칙의 변경·반대, 공장 설비 등의 증설, 해고자의 복직, 해고수당의 지급, 감독자의 교체 등이 있었으며, 그중 노동조합의 영향력이 컸던 1920년대 후반에 해고자의 복직과 해고수당의 지급에 관한 요구가 비교적 많았다는 것을 주목할 만하다.

노동쟁의가 지속된 일수를 보면, 1921년까지는 1-3일이 과반수를 넘지만 그 후에는 4-10일과 11-30일의 건수가 많아졌다.[19] 또한 쟁의에 의해 얻어진 결과로는, 1920년대 전반까지는 '타협'이 많았고 그 비율은 40-50%대이다. 그 다음으로는 '미관철'이 30-40%대, '관철'은 10%대이다. 그러나 20년대 후반이 되면, '관철'이 30%에 가깝게 되고 '타협'이 30%를 조금 넘는 수준에 지나지 않았으며 '요구 미관철'이 30-40%가 되었다. 요구 결과가 '관철'과 '미관철'로 명확히 나눠지게 된 것이다. 이러한 배경에는 1926년 7월에 노동쟁의조정법이 실시되어, 지방청에 배치된 조정관(혹은 경찰관 등)에 의한 쟁의해결이 늘어났기 때문이다.[20]

이와 같이 노동조합이 조직되어 현실적으로 노동자 측의 이해를 대표하고 있었음에도 불구하고, 노동조합법은 성립되지 못하였다.[21] 내무

---

19) 協調会, 『勞動組合及勞動争議統計』, 1935; 協調会調査部, 『我國に於ける労資調整機関の変遷』, 1940, 68쪽; 村山重忠, 『日本勞動争議史』, 89-90쪽.
20) 조정 비율은 1926년 36.4%, 29년 40.3%였다.
21) 西成田豊, 「両大戦間期労働組合法案の史的考察 一橋大学研究年」, 『経済学研究』 28, 1987.4.

성의 입안 노력이 계속되었지만, 법안은 경영자 단체의 반대에 부딪혀 폐안이 되었다. 이러한 와중에 노동조합법안과 더불어 검토된 것이 공장 위원회 제도였다.

2.2. 공장위원회의 조직과 운영

1919년 12월 내무성은 영국의 횟틀레 위원회(Whitley Committee)의 구상[22]을 참조하여 노동위원회 법안 요강 및 노동위원회 법안을 작성, 이를 '사안(私案)'으로 발표하였다.[23] 내무성 안에 의하면, '상시 50명 이상의 노동자를 고용하는 사업체에서는 기업 조직 내에 본 법에 따른 노동위원회를 설치'하여 선출 위원과 지명 위원을 구성하고, 임금, 취업 시간 및 휴게, 작업 규칙, 위험 방지 및 상해, 보건 위생 및 풍기, 교육 및 구제, 상호 보조 및 구제, 능률증진 등에 관한 사항을 조사·심의하도록 하였다. 내무성이 각 방면에 이 제도의 채용을 장려했음은 물론이다. 또한 도쿄부 공장 간담회도 공장협의회 준칙을 입안하여 각 공장에 이의 적용을 권하였다.

---

22) 1916년 10월에 설치된 영국의 노사관계조사위원회, 일명 횟틀레 위원회는 1917년에서 18년에 걸쳐 다섯 번의 보고서를 발표하여, 노사 쌍방의 조직화가 충분히 이루어진 모든 산업부문에 상설 조직인 노사협의회를 설치할 것을 제안하였다.

23) 일본 정부에 법안으로 입안될 당시에는 공장위원회법이라는 용어보다는 노동위원회법이라는 표현이 보편적으로 사용되었다. 이러한 역사성을 고려하여 이하 법안을 거론하게 되면, '노동위원회법'이라는 용어를 사용하기로 한다.

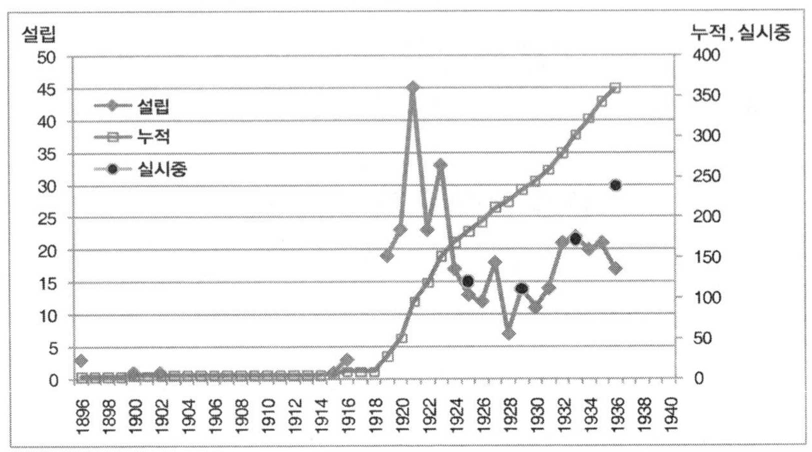

〈그림 3〉 전전 일본의 공장위원회 설립

자료 : 協調會, 『我國に於ける勞動委員會制度』, 1926; 財團法人産業福利協會, 『我國に於ける 勞動委員會の概況』, 1934; 社會局勞動部, 『我國に於ける勞動委員會の概況』, 1937.
주 : 1936년 통계에는 국유철도현업위원회가 포함되어 있지 않음. 따라서 이를 넣게 되면, 실시 중인 공장위원회는 위쪽으로 이동하게 될 것임.

따라서 이 제도는 정책 당국의 결정을 계기로 일본 경제계 전반에 퍼지게 되었다. 도코나미 타케지로(床次竹二郎) 내무상이 총재를 겸임하고 있던 철도원에서는 1919년에 국유철도현업위원회의 설치가 결정되어 익년부터 실시되었다. 1920년 6월에는 육군피복창과 야하타제철소(八幡製鐵所)에서도 간담회가 설치되었다. 이러한 관영 공장에 자극받아 민간사업주도 이 제도를 채용하기 시작해, 〈그림 3〉과 같이 1919년부터 공장위원회가 일거에 늘어나게 되었다.[24]

특히, 1921년이 되면서 간사이 지방의 대공장을 중심으로 쟁의가

---

24) 鐵道大臣官房現業調查課, 「我國官業勞動者の組合狀況」, 『現業調查資料』2-9, 1928.9.

빈발하여 단체교섭권 획득 운동이 전개되었고, 노동조합대회 등에서는 공장위원회 제도의 채용에 관한 결의가 속출하였다. 이에 대하여 도코나미 내무상은 각 지역에 훈령(1921년 8월)을 내려 '사업가와 노동자 간', '의사소통을 위한 적절한 방법을 마련하는 것이 무엇보다 중요'하다는 방침을 밝힘으로써, 노사 쌍방에 상당한 영향을 끼쳤다.[25] 이에 따라, 노동쟁의 중 공장위원회 제도를 요구하는 건이 21건이나 되었고, 제도가 도입된 곳도 오사카, 효고 등 45곳에 달하였다.

　1921년 오사카공업회는 공장의 생산능률 증진, 노무자의 복리 증진, 취업 시간 등에 관한 자문기관으로 공장위원회 설치를 촉구하는 공장위원회 요강안을 발표하였고, 관변 연구 단체인 협조회 또한 국가가 준거 법규를 제정할 필요가 있다고 지적하여 1921년 10월 내각, 내무성, 농상무성에 노동위원회 법안을 건의하였다. 이 안은 위원회의 설치를 법적 강제 사항으로 삼았지만, 내무성 안과는 달리 그 구성과 심의에 관해 규칙의 형식을 취하고, 현실적으로 채용되고 있는 공장위원회의 동향을 반영한 것이었다.[26] 이 시기 노동조합법을 입안하기 위해 정부 측의 노력이 계속되고 있었다는 점에서, 협조회가 노동조합을 배척하는 대립물로 공장위원회를 상정한 것은 아니라는 것을 알 수 있다. 다만, 공장위원회가 조합과 병립할 수는 있었지만, 반드시 조합을 요소로 하는 것은 아니었다.[27]

---

25) 産業福利協會, 『我國に於ける勞動委員會の概況』, 1934, 4쪽.
26) 池田信, 「工場委員會と社會政策構想」, 埼玉大学経済研究室, 『社會科学論集』44. 1979.12.
27) 添田敬一郎, 「勞動委員會法制定の必要」, 『社會政策時報』, 1921.11.

그러나 1922년 이후 노동쟁의 중 공장위원회 채용 요구는 오히려 급속히 줄어들었다. 당연히 경영자 측도 관영 공장을 제외하고는 소극적인 자세가 되었다. 그 원인으로는 협조회가 지적한 바로 ① '산업계의 부진이 더욱 심각해져 각처에서 매일 실업 불안의 소리가 커졌으나 노동자 측의 요구는 오직 해고수당과 같은 소극적인 방면에만 집중되었고', ② '본 제도에 대해 노사 쌍방이 잘못된 기대를 갖게 되었으며', ③ '아직 유력한 노동조합이 존재하지 않을 뿐 아니라, 본 제도가 오히려 노동조합의 발달을 저해하고 세력 견제의 유력한 기관으로 간주된 것'이라 할 수 있다.[28]

예를 들어 미쓰비시조선소(三菱造船所)에서는 공장위원회가 노동조합에 대해 대립적인 존재로서의 역할을 하였지만, 스미토모 오사카 3개 사에서는 자주적 조합과 공장위원회가 병존하고 있었다.[29] 이러한 점에서 1920년대 공장위원회가 어떻게 조직되고 운영되었는가를 매크로 데이터를 이용해서 체계적으로 볼 필요가 있다. 현존하는 데이터는 1921년 12월 자료 35건, 1925년 10월-1926년 3월 자료 36건, 1929년 1월 자료 112건이다.[30] 1921년 자료는 철도대신관방 현업조사과가 조사한 것이고, 1925년 자료와 1929년 자료는 협조회가 조사한 것이다.

1921년 자료(〈표 1〉)에 의하면, 지역적으로는 간사이가 과반수를 점하고 있었으며 다음으로 간토가 8건이었는데, 그 대부분이 관영 공장

---

28) 協調会, 『我國に於ける勞動委員會制度』, 1926, 11쪽.
29) 池田信, 「工場委員會と社會政策構想」, 19쪽.
30) 鉄道大臣官房現業調査課, 「全國各種工業委員會諸規約竝制度一覽」, 1921; 協調会, 『我國に於ける勞動委員會制度』; 協調会, 『最近の社會運動』, 1932.

과 지방 광산 및 공장으로, 도쿄 및 그 주변의 민영 공장은 겨우 2개소에 지나지 않았다. 이러한 지역적 분포는 간사이 지방에서 이루어진 단체교섭권 획득 운동의 결과이다. 그리고 산업별로는 기계 기구 산업이 13건, 그 다음으로 잡공장이 7건, 특별 공장으로 분류된 군공창·피복 공장과 관영 제철소가 6건이었다. 또한 직공 규모별로는 100-300명 8건, 300-500명 2건, 1,000명 6건, 1,000명 이상 18건, 합계 34건 (1건은 불명)으로, 비교적 대규모공장에서 일찍부터 공장위원회 제도가 도입되었다는 것을 알 수 있다.

〈표 1〉 1921년 자료에서의 공장위원회 현황

<table>
<tr><td rowspan="4">위원회수</td><td rowspan="2">지방별</td><td>간토</td><td>간사이</td><td>추부</td><td>주코쿠</td><td>규슈</td><td>도호쿠</td><td>홋카이도</td><td>합계</td></tr>
<tr><td>8</td><td>17</td><td>1</td><td>2</td><td>3</td><td>1</td><td>3</td><td>35</td></tr>
<tr><td rowspan="2">공장
종류별</td><td>염직</td><td>기계
기구</td><td>화학</td><td>식료품</td><td>잡공업</td><td>특별
공장</td><td>광산</td><td>합계</td></tr>
<tr><td>0</td><td>13</td><td>2</td><td>0</td><td>7</td><td>6</td><td>7</td><td>35</td></tr>
<tr><td>총직공수</td><td colspan="9" style="text-align:center">73,969</td></tr>
<tr><td rowspan="4">위원회
구성인원</td><td>선거권자
(회원수)</td><td colspan="3">남</td><td colspan="3">여</td><td colspan="2">합계</td></tr>
<tr><td></td><td colspan="3">29,590</td><td colspan="3">8,330</td><td colspan="2">37,920</td></tr>
<tr><td rowspan="2">위원수</td><td colspan="3">사업주 지정</td><td colspan="3">노동자 선출</td><td colspan="2">합계</td></tr>
<tr><td colspan="3">561</td><td colspan="3">1,104</td><td colspan="2">1,665</td></tr>
<tr><td rowspan="2">노동단체와
의 관계</td><td colspan="2">공장내 노동단체 인정</td><td>4</td><td colspan="3">노동단체 불인정</td><td colspan="2">31</td></tr>
<tr><td colspan="2">공장외부 일반
노동단체 가입자수</td><td>3,971</td><td>공장수</td><td>14</td><td>1공장
평균</td><td colspan="2">283.6인</td></tr>
</table>

자료 : 鐵道大臣官房現業調査課, 『全國各種工業委員會諸規約竝制度一覽』, 1921.

위원회의 구성원 선출에 있어서는, 선거자격으로 일정한 근속연수와 연령이라는 두 가지 조건을 요구하는 경우가 16건, 이 중 하나만을 요구하는 경우가 9건, 소극적 요건만을 요구하는 경우가 1건, 제한을 두지 않은 경우가 9건이었지만, 피선거권의 경우에는 각각 23건, 3건, 3건, 6건으로 보다 엄격하였다. 60-70%의 위원회가 일정한 자격을 요구하고 있었던 것이다. 위원의 임기는 6개월 이하 1건, 1년 이하 27건, 2년 이하 7건으로 위원은 거의 1-2년마다 교체된 셈이다. 위원의 선정은 직공 스스로의 선출에 의한 일원제 11건, 사업주의 지정을 포함하는 이원제 24건이었는데, 위원 전체 1,665명 중 사업주 지정이 561명, 노동자 선출이 1,104명이었다. 경영진이 위원회의 토론 과정에 영향력을 미쳤다고는 하나, 직공들의 의견이 많이 반영되도록 구성되었다는 것을 알 수 있다. 그러나 의장에 대해서는 사업주가 지정하는 경우가 23건이었던 것에 비해 노동자의 선출은 11건이었으며, 또한 노동자가 선출하지만 사업주 인가를 요하는 경우도 1건이었다. 즉, 회의의 진행에 결정적 존재였던 의장은 많은 경우 사업주에 의해 컨트롤되었던 것이다.

<표 2> 1921년 자료에서의 공장위원회의 기능

위원회 성격	자문	결의	결의, 자문	집행, 결의	자문, 결의, 집행	합계
	22	4	7		2	35
권한 사항	구체적 규정					30
	복지증진					4
	임금증감, 노동시간					1
	임금증감, 복지증진					1
	작업능률, 복지증진					13
	임금증감, 노동시간, 복지증진					7
	노동시간, 작업능률, 복지증진					1
	임금증감, 노동시간, 작업능률, 복지증진					3
	추상적 규정					5

자료: 鐵道大臣官房現業調査課, 『全國各種工業委員會諸規約竝制度一覽』, 1921.

위원회의 기능에 있어서는 22건이 자문기관이었지만, 결의기관인 경우가 4건, 결의와 자문을 동시에 행하는 경우가 7건, 두 가지 기능에 더하여 집행 기능을 갖는 위원회가 2건 있었다. 따라서 위원회가 실제로는 단순한 자문기관에 머무르지 않은 경우가 40% 가까이 되었다. 이러한 기능과 더불어 권한 사항 또한 중요한데, 구체적 규정을 갖고 있던 것이 30건으로 이중 12건이 임금 증감에 관해 자문 이상의 권한을 갖고 있었고, 복지 증진에 관한 권한이 규정되었던 것도 29건이었다. 그밖에 노동시간, 작업 능률에 관한 자문도 행해졌다. 그 권한이 추상적인 규정에만 머무르는 경우가 5건이었지만, 공장위원회가 직공들의 노동과 생활에 일정한 영향력을 미치는 기구였다는 점은 부정할 수 없다. 다음으로 고려해야 하는 것은 노동조합과의 관계이다. 35건 중 공장 내 노동조합을 인정하는 경우는 4건에 지나지 않았다. 그러나 공장 외의 노동단체인 초기업 노동조합과의 관계를 갖는 경우가 14건으로, 이에 대한 참가자가 1공장당 283.6명에 달하였다. 이것도 간사이 지방의 단체교섭권 획득운동과 관련성이 있어 보인다. 이 제도가 본격적으로 도입된 초기에는 노동조합 측도 기대감을 갖고 있었으며, 일정한 공장위원회의 존재감을 갖고 있었다는 것을 알 수 있다.

다음으로 1925년 자료 36건에 대한 통계를 보도록 하자. 전체 121건 가운데 92건이 기존의 위원회였다는 점에서 36건은 전체의 약 40%에 해당한다. 이 조사에서 공장위원회는 폐지되거나 개회되지 않은 경우가 30건이나 있었다. 그 대다수는 불황에 의한 공장폐쇄와 간토대지진에 의한 미복구사업체의 경우, 공장위원회 자체가 원인인 경우는 극히 적었다.

그 때문에, 1925년 자료 36건은 1921년 자료에 비해 대표성이 다소 떨어 지기는 하지만, 어느 정도는 당시 상황을 반영한다고 볼 수 있다. 1921년 자료와 공통된 공장위원회 수는 13건이었으며, 산업별·규모별로 보면 1921년 상황과 비슷하였다.

<표 3> 1925년 자료에서의 공장위원회의 현황

		섬유	기계기구	화학	잡, 특별	광업	관영	공영	합계
위원회 구성	일원제	1	5	0	3	1	7	2	19
	이원제	1	9	3	2	2			17
	계	2	14	3	5	3	7	2	36
위원회 직능	노동조건	1	5	3	4	2	5	1	21
	노동조건의 일부		4						4
	불포함 원칙	1	5		1		1	1	9
	노동조건 제외					1	1		2
	계	2	14	3	5	3	7	2	36

자료: 協調會, 『我國に於ける勞動委員會制度』, 1926.

위원 선출에 관해 보면, 연령과 근속연수에 일정한 제한을 두고 있 었다. 의장의 경우 사업주 지정이 31건으로, 위원의 호선(互選)은 2건에 지나지 않았다. 그 신분을 보면, 거의 모든 의장이 종업원과는 다른 직원 중에서 사업주에 의해 지명되었다고 볼 수 있다. 1925년 자료에서는 선 거방법을 알 수 있는데, 단식·일반 선거 23건, 단식·자격별 선거 1건, 복식·일반 선거 8건, 복식·자격별 선거 4건이었고, 투표 형식도 단기무 기명 투표가 31건으로 가장 많았으며, 단기기명 2건, 연기(連記)무기명 3 건이었다. 선거구는 직장별 또는 소속 인원수를 기초로 한 것이 32건, 주 거에 의한 지역별 또는 이것에 직장별 요소를 가미한 것이 3건, 종업원 수만을 기초로 한 것이 1건이었다. 또한 위원회의 구성에 있어서 사업주가 지정하는 위원을 넣을 것인가 말 것인가에 대해, 지정 위원을 넣는 이원제가 17건으로, 1921년 자료의 24건보다 크게 줄었고, 선출만으로 구성된 일원제가 1921년 자료의 11건에서 19건으로 증가하였다. 전체적으로 볼 때, 노동자의 의견이 가능한 한 선거에 반영되도록 바뀌어 갔다.

개회 시기를 정한 곳은 연 1회 2건, 2회 11건, 4회 6건, 6회 1건, 월 1회 8건으로 합계 28건이었으며, 정하지 않은 곳은 8건이었다. 회의 형식은 의사제가 28건으로, 간담제는 8건에 지나지 않았다. 의사는 기본적으로 다수결에 의해 결정되었으며, 협의 과정의 공개는 회의 방청 6건, 인쇄물 6건에 의해 이루어졌다. 그 협의 사항으로는 노동조건(혹은 그 일부)이 논의되는 경우가 25건, 원칙적으로 포함하지 않는 경우가 9건, 이를 제외한 경우가 2건이었다. 21년 조사에서 임금 증감과 노동시간(혹은 이 중 일부)이 논의되는 위원회가 13건에 지나지 않았던 것에 비하면, 노동자의 이해가 보다 많이 반영되었다고 하겠다. 이것은 1923년 중에 개최된 23개 공장위원회의 협의 사항에서도 확인된다. 노동조건 117건(31.6%), 복리시설 115건(31.1%), 공장위원회 22건(5.9%), 공제조합 13건(3.5%), 작업 감독(조장 공선) 5건(1.4%), 기타(주로 작업 능률) 98건(26.5%)으로, 합계 370건(100.0%)이었다. 그러나 주의해야 하는 것은 일부 위원회를 제외하고는 협의 사항의 집행이 '사업주의 자유재량'이었다는 점이다.

〈표 4〉 1925년 자료에서의 공장위원회의 기능과 노동조합의 관계

	종단적 조합이 종업원 중심세력	초기업 조합이 종업원 심세력	양대 조합 세력 대립	초기업 조합이 상당한 세력	초기업 조합 미약 or 조합원 부재	합계
노동조건	2	4	2	1	12	21
노동조건 일부		1		2	1	4
불포함 원칙	1	1		1	6	9
노동조건제외					2	2
계	3	6	2	4	21	36

자료: 協調會, 『我國に於ける勞動委員會制度』, 1926.

나아가 공장위원회의 기능을 노동조합과의 관계에서 보면, 사업장 내 노동조합이 있는 경우 3건, 외부의 초기업 노동조합과 관련이 있는 경우 12건이며, 이 중 종단적(縱斷的) 노동조합31)과 중복되어 설치되어 있는 경우가 2건으로, 1921년 자료와 크게 바뀐 것이 없다. 노동조합이 있는 경우에는 협의 사항에서 노동조건을 제외할 수 없었을 것이다. 노동조합이 있었음에도 불구하고 예외적으로 노동조건을 '원칙적으로 포함하지 않는' 3건의 경우에는 노동조합의 신뢰를 얻을 수 없었다고 보인다. 노동조합의 공장위원회에 대한 태도에 있어서 '불필요하다는 발언'도 있었지만, 1924년 봄의 방향 전환32) 이후에는 그 유효성을 인정하였다. 노

---

31) '종단적' 노동조합이라는 것은 1개의 기업을 초월하는 횡단적인 초기업 노동조합과 달리 조직 기반이 기업 내에 국한되어 있던 노동조합을 뜻한다. 그렇다고 해서 노동3권이 법적으로 인정받지 못하였다는 점 등에서 볼 때, 전후 기업주의적 노동조합 혹은 기업별 노동조합과 같은 것으로 해석하면 곤란하다.
32) 일본노동총동맹은 조직의 약체를 통감하고 극단적인 생디칼리즘을 극복하기 위해 보통선거와 ILO 등을 이용한다는 현실주의를 취하고, 1924년 2월 12일 제13년, 대회의 방향 전환을 선언하였다.

 협조적 노사관계의 행방 : 전후 일본의 노동과 경영의 변용

동조합은 공장위원회를 '훈련'의 장으로 인식하였고 노동자의 의식 향상을 통해서 '나중에 조합을 조직하는 것에 대비하는' 동시에, 조합원을 위원으로 선출하여 '유력한 단체교섭의 기관'으로 삼고자 하였다. 물론, 노동조합의 영향력이 거의 인정되지 못한 경우가 21건에 달하고, 그중에서 노동조건을 '원칙적으로 포함하지 않는' 경우와 '노동조건을 제외'하는 경우가 각각 6건과 2건이었다. 이러한 사실을 공장위원회의 실시 동기(노동쟁의 영향 13건, 사업주 발의 23건)와 관련해서 생각해보면, 사업주의 이니셔티브에 의해 위원회가 설치되었다고는 해도 노동조건에 대한 관심은 있었다고 말할 수 있겠다.

이러한 가운데, 1925년 제51의회에 노동조합 법안이 상정되는 것을 계기로 다시 공장위원회의 열풍이 불었다. 나아가 1926년에는 내무성 사회국이 공장법을 개정하고, 이에 수반하여 제정되어야 할 취업규칙 예시 가운데 공장위원회의 설치를 인정함으로써, 일반 산업계의 주목을 끌었다.[33] 1929년에 이르러서는 헌정일신회(憲政一新會)의 후지와라 요네조(藤原米造)가 정우회(政友會)와 정책 협정을 맺어 산업위원회 법안을 제56회 제국의회에 제출하였다. 이 법안은 협조회가 작성한 노동위원회 법안을 기초로 하여, 약간의 수정을 가한 것이었다. 1920년대에 전개된 노동분쟁을 돌아보고 분쟁 발생을 사전에 방지하고자 한 것이었지만, 일본공업구락부를 비롯한 경영자 단체는 산업의 평화를 교란할 우려가 크다고 반대하였으며, 노동자 측 또한 노동조합법의 입안을 기대하여

---

33) 日本経営者團体連盟事務局, 『わが國における工場委員會制度の沿革』, 1954.

'유해하고 무효한 법률안'이라고 보았다.[34] 내무성 사회국이 노동조합 법안을 1929년 말에 발표할 예정이었기 때문에, 정부 측은 적극적인 자세를 보이지 않았고 법안은 심의되지 못한 채 폐안되었다.

과연 이 시기 공장위원회는 '유해무효'한 존재였던 것인가? 1929년 자료 112건을 보면, 실시 중인 112건은 위원회 전체 149건 가운데 75.2%을 점하는 것으로, 특정 샘플이 아닌 전국 통계이다.[35] 남은 37건은 일부를 제외하고는 불황, 대지진 등으로 공장 운영이 불가능한 경우가 대부분이었다. 사업장의 경영 주체별로 보면, 민영 59건, 관영 43건, 공영 10건이었다. 민영 가운데 기계 기구가 27건으로 역시 가장 많고, 광업 15건, 화학 6건 등으로 중공업 중심이었다. 또한 위원회의 조직 형태는 일원제 69건, 이원제 43건으로, 1925년 자료보다 노동자의 선출에 의한 위원회 구성이 많아진 것을 알 수 있다. 그 외의 상세한 통계자료는 얻을 수 없지만, 기술 자료에 의하면 의장 및 위원 선출, 협의 사항의 결정 등은 1921년 통계의 내용과 크게 다르지 않다. 1927년 개최된 13개 공장위원회의 의제를 보면, 노동조건 62건(25.1%), 복리시설 135건(55.6%), 작업 능률 15건(6.2%), 공장위원회 9건(3.8%), 기타 22건(9.3%), 합계 243건(100%)이었다. 불경기가 계속되자, 임금 인상을 주 내용으로 하는 노동조건보다 후생 복지 사안이 주된 협의 사항이 되었다.

이상과 같이 1920년대에는 공장위원회가 노동조합을 기초로 하는

---

34) 日本工業倶楽部五十年史編纂委員会編, 『日本工業倶楽部五十年史』, 1972; 鈴木文治, 『勞動運動二十年』, 1931.
35) 協調会, 『最近の社會運動』, 1932.

경우가 적었으며, 노동조합을 기초로 하는 경우는 몇몇 기업에 국한되었
다.36) 많은 경우 노동조합의 조직이 증가하고 1920년대 사회 전반의 좌
우 대립이 명확해지는 가운데, 노동조합에 대한 대체 기관 혹은 억제수
단으로서 기능했던 것이다. 협조회에 의해서도 오히려 노동조합 세력의
전파 및 확장을 견제하거나 혹은 이를 통해 초기업 노동조합의 설립을
저지하는 경향이 있었다고 지적되었다.37) 이러한 점에서 공장위원회는
노동조합주의를 억제하는 역작용이 존재했지만, 계급투쟁적인 노동운
동을 지향하고 노사협조주의를 이끌어내는 수단으로 기능할 가능성은
여전히 남아 있었다.38)

　　실제로 1930년대에 접어들어 공장위원회 제도는 20년대와는 다르
게 평가된다. 이는 공장위원회의 역할이 증대되었다기보다는 노동운동
전반에 큰 변화가 생겼기 때문이다. 이를 파악하기 위해, 다음 절에서는
1930년대 노동운동 전반에 관하여 살펴보자.

---

36) 가와키타(川北)전기제작소 산업위원회, 다나카(田中)기계제작소 산업위원회,
　　오카베(岡部)전기제작소 공장위원회, 도쿄제강주식회사 노동조건협정위원
　　회 등이 그것이다.
37) 協調会, 『最近の社會運動』, 521-531쪽.
38) 1928년 12월에는 도쿄제강주식회사와 일본노동총동맹 간에 노동조건협정위
　　원회가 설치되어 문제가 원만히 해결되었다. 또한 1931년 주식회사 나미키
　　제작소(並木製作所)와 일본총동맹 간토(關東)동맹 간의 협정에 의해 설치된
　　공장위원회의 회칙에서도 노동조건사항이 포함되어 있었다.

3. 1930년대 공장위원회의 확대와 변용

3.1. 노동운동의 변질

쇼와공황이 발생하자 임금 하락은 심각해지고 실업이 증가했다. 이 때문에 노동쟁의는 1929년 576건에서 30년 907건, 31년 998건으로 급증하였다. 1930년의 요구 사항을 보면, 임금 감액 반대 291건, 해고자의 복직 128건, 해고 퇴직수당의 지급 126건, 임금 지불 94건 등과 같이 소극적 요구가 급증하고, 임금 인상은 80건으로, 적극적 요구가 예년보다 감소했다.[39] 그러나 이 시기의 쟁의 규모는 종래와는 전혀 다른 것이었다. 노동쟁의 건당 평균 참여 인원은 1929년 134.5명에서 30년 89.7명으로 줄어들었고, 이 경향은 중일전쟁 발발 전까지 계속되었다.[40] 또한 노동쟁의 지속 일수의 단기화도 확인된다. 즉, 노동쟁의가 중소기업을 중심으로 전개된 것이다. 대기업의 경우에는 조직적인 노무 대책이 이루어지고 있었고, 공장 내 평화가 주도적으로 유지되어 노동쟁의가 감소하였다.[41]

이러한 변화의 이면에는 사회 전반에 걸친 만주사변의 영향이 있었다. 앞에서 언급한 전협은 '지하 공산당의 노동조합부'로서 전쟁 반대 투쟁을 전개하였는데, 이것이 당국의 감독과 탄압을 불러일으켰다. 공산

---

39) 村山重忠, 『日本勞動爭議史』, 霞ヶ関書房, 1946, 223-224쪽.
40) 協調会, 『勞動組合及勞動爭議統計』, 1935; 坂井隆治, 「昭和11年社會運動概観」, 『社會政策時報』, 1937, 131쪽; 西実, 「勞動爭議の概観」, 1939.3, 150쪽 ; 西実, 「勞動爭議の概観」, 1940.3, 303쪽.
41) 協調会, 『勞動組合及勞動爭議統計』, 32쪽.

당원들의 전향이 속출하였고, 1936년 말에 이르러서는 전원이 체포되어 최후를 맞게 되었다.[42] 그 반면, 총동맹을 비롯한 우익계 노동 세력은 3·15 사건 이후 노동운동의 주도권을 잡고 대우익 결집을 추진하였으며, 전로(1930년 6월)로 결집한 중간파 또한 조합회의 결성 운동에 돌입하였다. 이러한 두 가지 운동이 접근하여 32년 9월에는 일본노동조합회의를 결성하기에 이르렀다.[43] 나아가 총동맹과 전로는 조직의 합동을 꾀하게 되었고, 전로는 종래의 쟁의주의와 국제노동회의(ILO) 배격노선을 고쳐, 단체협약의 체결과 국제노동회의 참가를 결정하였다. 이로써 1936년 1월에 전일본노동총동맹(전총)이 발족되었다. 정책당국인 내무성 사회국도 1936년 4월에는 '노동운동을 노사 협력으로 전향시켜, 이를 지도원리로 삼는다'는 방침을 수립하고 산업노동통제위원회를 신설하기로 결정하였다.[44] 이에 따라, 일본주의 노동운동이 내무성의 지원을 받아 노동운동계 전반에 그 영향을 미치기 시작하였다.[45]

이와 같이, 좌익계의 괴멸과 더불어 중간파와 우익계의 접근이 이루어졌고 정책 당국도 이를 지원하였기 때문에 노동쟁의가 감소한 것이다. 〈그림 1〉을 보면, 1933-36년에 500-600건대였는데, 이 중 노동조합의 관여율은 1931년 71.4%에서 급격히 감소하여 36년에는 44.2%가 되었고, 전시기에서는 10%대로 낮아졌다. 즉, 노동조합의 조직적 기반이 약화되기 시작한 것을 알 수 있다.

---

42) 小林端五, 『日本勞動組合運動史』, 1986, 76-111쪽.
43) 内藤義弘, 「昭和八年に於ける勞動組合運動」, 『社會政策時報』, 1934, 22-23쪽.
44) 桜林誠, 『産業報國會の組織と機能』, 御茶の水書房, 1985, 105쪽.
45) 三輪泰史, 『日本ファシズムと勞動運動』, 校倉書房, 1988.

이것은 노동쟁의가 발생했을 때, 그 대응에서도 큰 차이를 가져왔다. 노동쟁의의 조정 결과에 의하면, 1930년대에 들어 조정 건수의 비율이 급격히 감소하는 가운데 당사자의 직접 조정이 비율상 저하한 반면, 제3자의 개재, 특히 조정법에 의하지 않은 조정 비율이 커지게 되었다.[46] 또한 그 조정 방법에 있어서도 변화를 보여, 1936년 상반기 중에는 조정위원회 0건, 조정관 89건, 경찰관 245건, 기타 관리 3건, 시정촌장(市町村長) 1건, 기타 69건이 되었다.[47] 즉, 경찰관에 의한 조정이 압도적으로 많아진 대신에, 조정관에 의한 조정은 적어졌다. 이러한 현상은 전시기에서 더욱 뚜렷해졌다. 노동쟁의의 결과를 보면, 타협에 의해 원만히 해결되는 비율이 상승하고, '요구 미관철'의 비율이 저하하는 경향이 보였다. 즉, 노사 쌍방의 태도가 협조적으로 바뀐 것을 알 수 있다.[48] 이와 같이 노동조합운동 전반이 우경화하는 가운데, 미조직 공장에서 발생한 많은 노동쟁의는 국가권력의 개입에 의해 '원만히' 해결되고 있었다.

3.2. 공장위원회의 확대와 의의

이상에서와 같이 노동운동이 변질되고 노사협조주의가 뚜렷해지는 가운데, 그 유효성을 발휘한 것이 공장위원회 제도였다. "노동위원회는, 사업주 측에서는 노무관리의 중요한 방법으로 간주되고, 노동자 측에서는 계급투쟁보다 산업 협력의 방법으로 새롭게 인식되기에 이르렀

---

46) 村山重忠, 『日本勞動爭議史』, 238쪽.
47) 西実, 「勞動爭議の槪観」, 1940.3. 304쪽.
48) 西実, 「勞動爭議の槪観」, 1937.3. 107쪽.

다."[49] 그것을 단적으로 보여주는 것이 명칭이다. 실제로 공장위원회는 노동위원회, 공장간담회뿐만 아니라 협력위원회 혹은 산업협력위원회라는 명칭으로 불리게 되었다. 이는 '공장위원회에 대한 노사 및 일반의 관념이 단순한 민주주의적 협조 사상에서 노사 일체, 계급 대립 관념의 지양, 경영 공동체의 관념으로 이행되는 과정'을 보여주고 있다.

정책 당국인 내무성 사회국도 "조합운동의 반(反)파쇼 인민전선화를 저지하고 그 협조주의를 촉진하는 동시에, 노동쟁의조정법과 '사브르(sabre: 軍刀) 조정'[50]의 한계를 극복하기 위해 '공장위원회'의 설치를 사업소에 권장하는 종래의 기본 방침을 일층 강화하였다."[51] 이 때문에 앞에 제시된 〈그림 3〉과 같이, 실시 중인 공장위원회가 1925년 121건에서 1929년 1월 112건으로 감소하였지만, 쇼와공황을 거치면서 증가하기 시작하여, 1932년 이후 매년 평균 21건의 증가를 보였다. 1936년에는 239건(실시 중), 274건(조사), 315,436명(조사, 국철현업위원회 미포함. 이를 넣으면 340건, 509,025명)에 달하였다.[52] 이 시기 노동조합의 확대가 제한된 것에 반해 공장위원회가 증가한 것은 주목할 만하다.

다음으로 1930년대 공장위원회의 조직과 운영에 관해 살펴보도록 하자. 조사 통계로는 1933년 7월 자료 196건, 1936년 7월 자료 274건이 있다. 1933년 자료와 1936년 자료가 각각 재단법인 산업복리협회와 사회국

---

49) 社会局労働部, 『我國に於ける勞動委員會の槪況』, 1937, 5쪽.
50) 사브르 조정이라는 것은 사브르를 소지한 경찰 등의 공권력이 주도하여 노동쟁의가 조정되는 것을 말한다.
51) 桜林誠, 『産業報國會の組織と機能』, 3쪽.
52) 鉄道大臣官房現業調査課, 「我國における勞動委員會の槪況」, 『現業調査資料』8-2, 1934; 社会局労働部, 「我國に於ける勞動委員會の槪況」, 1937, 21-22쪽.

노동부에 의해 발간되었지만, 둘 다 같은 양식으로 기술되었고 그 설명 방식이 앞에서 언급한 1929년 자료와 많은 부분 같다는 점에서 집필 작업은 협조회에 의해 이루어진 것으로 보인다.

공장위원회 수를 지역별로 보면, 도쿄 35건, 오사카 21건, 홋카이도 18건, 효고 12건, 교토 10건, 가나가와 9건 등으로, 모두 공장과 광산이 많은 지역에 공장위원회가 설치되었다. 이를 노동조합과 비교하면, 그 절대 수에서는 격차가 컸지만 지역별 분포는 같았다. 즉, 노동운동이 활발하게 전개되는 곳에 공장위원회가 많이 설치되었다고 해석할 수 있다. 다음으로 관공영과 사영을 나누어보면, 관공영은 1929년 1월의 53건보다 감소하여 33년에는 40건이 되고, 36년에는 더욱 저하해서 21건이 되었다. 단, 36년 통계에는 국철현업위원회가 포함되어 있지 않다. 이에 대해 사영의 경우, 1929년 59건에서 33년 97건, 36년 235건으로 나타났다. 사영 사업장을 중심으로 1930년대 중엽까지 공장위원회제도가 급격히 보급된 것이다. 또한 친목을 위해 사업주에 의해 지명된 노동자 측 위원 혹은 직장 출신의 당연직 위원으로 조직된 '특이위원회'도 33년 59건에서 36년 18건으로 감소하였다. 물론 이러한 '특이위원회'가 공선에 의해 선출된 노동자 측 위원으로 구성된 '일반위원회'로 재편된 경우도 있었을 것이라 예상된다.

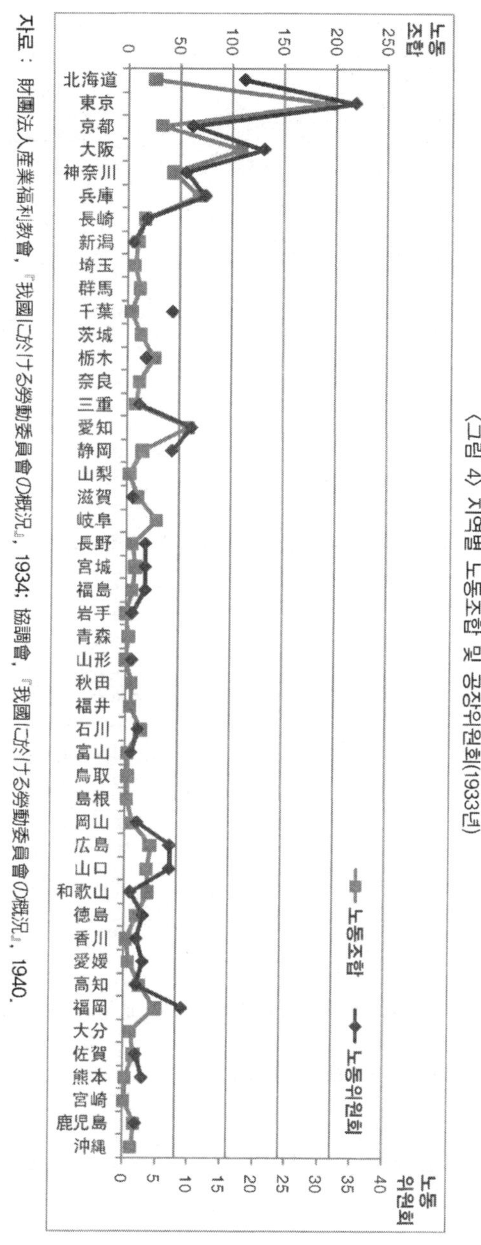

자료 : 財團法人産業福利敎會, 『我國に於ける勞動委員會の槪況』, 1934; 協調會, 『我國に於ける勞動委員會の槪況』, 1940.

〈표 5〉 1933년 및 1936년 자료에서의 공장위원회 현황

업태별	일반위원회				특이위원회		계		비율	
	관공영		사영							
	33	36	33	36	33	36	33	36	33	36
기계기구공업	6	5	47	80	11	6	64	91	32.7	33.2
화학공업			15	26	6	1	21	27	10.7	9.9
염색공업	1		11	27	15	9	27	36	13.8	13.1
식료품공업	26	9	4	7	3	1	33	17	16.8	6.2
잡공업		6	12	10	1	1	13	17	6.6	6.2
광업			4	75	20		24	75	12.2	27.4
가스전기사업				3				3		1.1
운수업	7	1	2	5	2		11	6	5.6	2.2
통신업										
토목건축업			1				1		0.5	
기타			1	2	1		2	2	1.0	0.7
계	40	21	97	235	59	18	196	274	100	100

자료 : 財團法人産業福利協會,『我國に於ける勞動委員會の概況』, 1934; 社會局勞動部,『我
　　　國に於ける勞動委員會の概況』, 1937.
주 : 1936년에는 국철현업위원회를 포함하지 않음.

〈표 6〉 1933년 및 1936년 자료에서의 관계노동자수별 공장위원회

관계 노동자수	일반위원회				특이위원회		합계	
	관공영		사영					
	33.07	36.07	33.07	36.07	33.07	36.07	33.07	36.07
100명 미만	1	0	18	33	7	9	26	42
100-300명	2	7	27	56	19	2	48	67
300-500명	9	3	12	39	6	1	27	43
500-1000명	9	6	21	38	15	3	45	47
1000명 이상	19	5	19	69	12	3	50	78
계	40	21	97	235	59	18	196	274

자료: 財團法人産業福利協會,『我國に於ける勞動委員會の概況』, 1934; 社會局勞動部,『我國
　　　に於ける勞動委員會の概況』, 1937.
주: 1936년에는 국철현업위원회를 포함하지 않음.

　　산업별 현황을 보면, 공장위원회는 1920년대와 같이 기계 기구 제

조 공업이 가장 많았고, 그 다음으로 1933년에는 식료품 제조업, 염직 공

업, 광업 등의 순이었으며, 1936년에는 광업, 염직 공업, 화학공업 등의 순이었다. 이에 대해, 조합의 경우 '기타'가 가장 많았고, 그 다음이 잡공업, 운수업, 화학, 기계 기구의 순이었다. 이와 비교해 노동조합의 경우 지역별로는 공장위원회와 거의 같은 경향이 확인되었지만, 산업별로는 전혀 달랐다. 그 이유는 공장위원회가 설치된 공장 및 사업장의 규모에서 찾아볼 수 있다. 관공영, 사영 모두 공장위원회가 가장 많은 규모는 종업원 1,000명 이상의 공장 및 사업장이었다. 즉, 공장위원회는 종업원이 많은 공장 및 사업장에 설치되는 경향을 볼 수 있다. 이것은 공장 수(공장법의 적용을 받는 공장만)와 위원회 수를 비교해서 규모별 조직률(1933년)을 계산해보면 더욱 명확해진다. 관영에서는 50명 미만 0.4%, 50-100명 0.0%, 100-500명 17.2%, 500-1,000명 39.1%, 1,000명 이상 90.5%, 민영에서는 각각 0.03%, 0.6%, 2.4%, 10.2%, 15.5%이였다.[53] 1930년대에 들어 노동조합이 소규모 사업장을 중심으로 설립된 것과 비교해보면, 공장위원회는 전혀 달랐던 것이다.

위원회의 구성은 20년대와 같이 일원제와 이원제로 운영되었지만, 1936년의 경우에는 일원제 31건, 이원제 240건으로, 1929년 자료에 비해 사업주 측 위원이 참가하는 이원제가 많아졌다는 점에 주의해야 한다. 또한 위원 수에서 관공영은 사업주 측 위원 189명, 노동자 측 위원 473명, 사영에서는 사업주 측 위원 2,121명, 노동자 측 위원 4,797명, 노동조합 간부 33인이었다. 1위원회당 평균 위원 수를 보면, 사업자 측 위원 9.7명,

---

53) 財団法人産業福利協会, 『我國に於ける勞動委員會の槪況』, 1934, 14쪽.

노동자 측 위원 19.5명, 노동조합 간부 2.3명이었다. 물론 선거 및 피선거의 자격에서는 많은 위원회가 연령과 근속연수에 일정한 제한을 두었다.

의장은 사업주 등 경영진 측에 의해 선정된 경우가 전체의 72%에 달하였고, 20년대와 같이 사업주 측의 영향이 결정적이었다. 회의 형태는, 1933년에는 주로 의사제(126건)를 취하여 간담제가 70건에 지나지 않았으나, 계급적 노동 투쟁이 사라진 36년이 되면, 의사제 63건, 간담제 211건으로 역전되어 간담제가 오히려 많아졌다. 회의 개최 수도 정기적으로 행해지는 경우가 압도적으로 많았다.

공장위원회의 기능을 보면, 1933년에는 노동조건을 협의한 위원회 수가 154건이었지만, 36년에는 83건으로 감소하였다. 1925년에도 노동조건을 토의하는 위원회가 전체 36건 중 25건이었기 때문에, 협의 내용이 종전부터 제한되었다고 판단된다. 이상과 같이, 1936년에는 이원제와 간담제가 증가하고 사업주가 직접 나서서 의장으로 참가하는 경우가 드물지 않았던 것으로 보아, 공장위원회 제도에 대한 경영자 측의 관심과 장악력이 얼마나 커졌는지를 알 수 있다. 이것은 노사협조주의의 진전에 대한 경영자 측의 대응이라고 판단할 수 있는데, 이러한 상황은 위원회의 설립 동기에도 나타난다.

〈표 7〉의 설립 동기를 보면, 노동쟁의를 해결하는 과정에서 노동자의 요구에 입각해 설치된 경우는 당연히 관공영보다 사영의 경우에 더 많았다. 그러나 가장 많은 것은 노동쟁의에 관계없이 사업주의 이니셔티브로 노사협조를 꾀하기 위해 설치된 것이었다. 이러한 경향은 사영의 경우 1933년보다 36년에 뚜렷해졌다. 이 밖에 노동조합에 대한 대립물로

설치된 경우도 다소 있었지만, 설립 동기에서 노사협조에 대한 사업주 측의 의사를 확인할 수 있었으며, 이것은 노동조합과의 관계에도 변화를 가져왔다.

<표 7> 공장위원회의 설립 동기와 노동조합과의 관계(단위 : 건)

| | | | 일반위원회 | | | | 특이
위원회 | | 계 | |
| | | | 관공영 | | 사영 | | | | | |
			33	36	33	36	33	36	33	36
설립 동기	1. 노동쟁의 영향		1	1	30	52	13	4	44	57
	2. 사업주 협조적 발의		37	18	37	148	25	4	99	170
	3. 노동조합 기피			1	7	14	2	5	9	20
	4. 기타		2	1	21	21	21	5	44	27
	계		40	21	95	235	61	18	196	274
조합 관계	관계 노동조합	유	9	7	35	63	7	2	51	72
		무	31	14	62	172	52	16	145	202
	관계 노동조합 태도	지지	4	5	29	54	4	1	37	60
		반대								
		무관심	5	4	6	7	3	1	14	12
	관계 노동협약	유			9	22	1		10	22
		무	40	21	88	213	58	18	186	253

자료: 財團法人産業福利協會, 『我國に於ける勞動委員會の概況』, 1934; 社會局勞動部, 『我國 に於ける勞動委員會の概況』, 1937.
주: 1936년도는 국철현업위원회를 포함하지 않음.

공장위원회와 노동조합의 관계를 보면, 1933년 총수 196건 가운데, 노동조합이 있는 경우가 51건이었다. 이것이 36년에는 72건으로 증가하였지만, 비율상으로는 거의 변화를 보이지 않는다. 보다 중요한 것은 노동조합의 위원회에 대한 태도이다. 지지가 37건에서 60건으로 증가한 반면, 무관심은 14건에서 12건으로 줄어들었다. 두 해 모두 반대의 태도를 보인 경우는 없었다. 즉, 노동조합 측이 위원회의 이용 가치를 인정하고 지지한 것이다. 특히, 1936년에는 위원 가운데 조합 간부가 등장함으로써, 양자가 어떻게 접근하였는지를 보여주고 있다. 또한 노동협약이 체결된 건수도 33년 10건에서 36년 22건으로 배 이상 증가하여, 이 제도가 노사협조에 크게 기여한 것을 확인할 수 있다.

이와 같이, 1930년대 접어들어 노동운동이 전반적으로 우경화되는 과정에서 대규모 사업장을 중심으로 그 핵심적인 역할을 수행한 것이 공장위원회였다. 이러한 공장위원회의 실태는 노동조합운동과 정책 당국의 방침에 나타난 노사협조주의와 관련되었음은 물론이다. 그러나 중일전쟁의 발발은 노동조합과 공장위원회에 입각한 전전 노사관계에 커다란 충격을 주었다. 전총은 출정 병사 가족의 위문 및 구제, 국방헌금 운동을 전개하였고, 1937년 10월에는 '파업 절멸'을 선언하여 후방 운동에 전념하기로 결정하였다. 합법적 좌익계인 전평은 전쟁에는 반대하였지만, 출정 병사 가족에 대한 지원·공제 등은 하기로 하였다. 그러나 1937년 12월에 인민전선 운동을 이유로, 고노에 내각으로부터 일본무산당과 함께 결사 금지명령이 내려지자 해산할 수밖에 없었다.[54]

한편, 협조회의 발의에 의해 산업보국연맹(1938년 7월)이 결성된 것을 계기로, 일본노동계 전반에 산업보국 운동이 전개되었다. 이에 따라, 전총 내부에서는 조합을 해소한 다음 일원화를 추진할 것을 주장한 구 전로계가 1939년 7월에 탈퇴하여 산업보국회 진영에 가담하였다. 40년 2월에는 정부가 노동조합을 산업보국회로 재편한다는 방침을 밝혔기 때문에, 이에 저항했던 총동맹계도 동년 7월에 해산을 결정하지 않을 수 없었다. 1940년 9월 산업보국회는 전국 약 7만, 사업장 약 24만 6천, 회원

---

54) 小林端五, 『日本勞動組合運動史』, 76-111쪽.

약 418만 명에 달하였다. 결국 내무 관료의 주도하에 대일본산업보국회가 40년 11월 결성되었다. 이러한 가운데, 공장위원회는 '노사일체사업일가(勞使一體事業一家)'의 정신을 기초로 단위 산업보국회의 간담회로 재편되고, 또한 공장위원회가 없던 사업장에서는 산보간담회가 새롭게 도입되었다.55)

4. 전전기 노사협조의 경험과 전후사적 의의

제1차 세계대전의 발발 후, 노동쟁의가 다발(多發)하였다. 이것은 노동조합의 신설로 이어져, 노동운동은 상승 국면에 접어들었다. 산업별로는 기계공업, 잡공업 등에서 조합의 결성이 많았고, 규모 면에서는 소규모 조합이 많았지만, 조직노동자는 대규모 조합과 대규모 연합체를 중심으로 하고 있었다. 산업별 조직화 운동도 나타났으며, 이는 동시에 정치적 분파가 명확해지는 과정이기도 하였다. 그러나 공산당계에 대한 정치 탄압이 발생하자, 총동맹을 비롯한 우익계 노동 세력이 노동운동의 주도권을 잡았다. 특히, 쇼와공황의 발생은 노동쟁의의 다발을 가져왔지만, 그 요구는 이미 소극적인 것이 되었고 쟁의 평균 참가자도 감소하였다. 이러한 변화의 이면에는 만주사변의 영향이 있었다. 공산당계가 타격을 입어 괴멸되었을 뿐 아니라, 국가사회주의 운동과 일본 노동운동

---

55) 桜林誠, 『産業報國會の組織と機能』, 105쪽.

이 대두되고 우익계 노동운동 그룹이 보다 강화되었다. 이것이 노동쟁의에도 반영되어, 20년대에는 극히 높았던 노동조합의 관여율이 30년대에 들어 저하하고, 경찰 등에 의한 조정 비율이 커지게 되었다. 이러한 노동운동의 변질과 더불어 공장위원회의 역할도 변하게 되었다.

20년대 초 내무성과 협조회의 정책 추진과 노동운동 측의 단체교섭권 획득 운동으로 인해, 공장위원회가 증가하였다. 당초 공장위원회는 간사이, 기계공업, 관영사업, 대규모 사업장을 중심으로 설치되었고, 협의과정에서 직공들의 의견이 많이 개진되도록 구성되었다. 주로 자문기관의 성격을 띠었지만, 공장위원회 측에서 임금을 포함한 노동조건에 대한 의견을 제시하여 이것이 채택되기도 하였다. 이를 위한 입법화의 움직임도 있었지만, 경제계와 노동조합의 반대로 폐안되고 말았다. 20년대에는 공장위원회의 유용성이 부분적으로 인정되었다고는 하지만, 노동조합의 대립물로서의 인식이 강했다고 판단된다. 이에 따라, 연간 설치되는 공장위원회 수는 저하하게 되었다.

그러나 노동조합법이 성립되지 못하고 노동운동 전반이 1930년대에 들어 우경화되자, 공장위원회에 대한 평가는 노사 양측에 의해 재인식되었다. 설치 수가 대폭적으로 늘었을 뿐만 아니라, 실질적으로 유효하게 기능한 곳도 많아졌다. 1930년대에 들어서부터 지역적으로는 도쿄를 비롯한 대도시가, 경영형태로는 민간 회사가 중심이 되었고, 산업별로는 기계공업, 염색공업, 광업, 화학공업에 위원회가 많았다. 공장위원회의 지역 분포는 노동조합과 일치하지만, 산업별로는 달랐다. 이는 1930년대 노동조합이 소규모 사업장을 중심으로 한 것에 비해, 공장위원회가 여전히 대규모 사업장 중심이었기 때문이다. 위원회의 구성과 의장 선정에서는 경영자의 영향력이 20년대보다 커졌다. 기능 면에서도 협의 내용 중 노동조건이 감소하는 경향이 30년대 중반에 확인된다. 조직과 운영 면에서 사업주의 이니셔티브는 강해진 셈이지만, 우경화의 길을 걷고 있던 노동조합 측도 대체로 위원회의 이용 가치를 인정한 것이다.

이상과 같이, 노동조합에 대한 공장위원회의 역할은 1920년대의 대립적인 것에서 30년대에 보완적인 것으로 변하였다. 이것은 공장위원회가 노동조합이 상정한 본래의 기능을 수행했다기보다는 30년대 일본사회 전반의 변화 속에서 노동조합이 공장위원회에 대해 다른 접근 방법을 채택하였기 때문이다. 민영·관영을 불문하고 대규모 사업장을 중심으로 공장위원회는 노사관계의 안정화에 크게 기여하였다. 이렇듯 공장위원회를 중심으로 한 노사협조주의 경험은 전시기 산업보국회와 전후 개혁을 거쳐 일본적 노사관계로 이어지고 있다. 물론, 노동조합을 기반으로 단체 협상과 더불어 일상적인 노사협의회가 이루어지고 있었다는 점에서 전전의 공장위원회 제도와는 다르다. 현재 노사협의회가 전후 일본 노사관계의 안정화를 위한 핵심적인 노사 간 협의기구라는 점에서, 정기적으로 공장위원회를 개최한 경험은 전후 노사관계의 역사적인 전제가 되는 것이다.[56]

---

[56] 이에 비해 한국은 과거 일본 식민지 지배의 경험이 있음에도 불구하고, 공장 위원회와 같은 노사협조주의의 경험은 극히 제한되어 있었다. 이것이 전후 한국의 노사관계가 일본의 노사협조주의와는 달리 상대적으로 적대적 노사 관계의 노선을 걷게 된 역사적 배경 중 하나라고 판단된다.

현대일본생활세계총서 5

협조적 노사관계의 행방
: 전후 일본의 노동과 경영의 변용

패전 직후 일본의 구조조정정책과 노사관계

선재원

1. 전후 협조적 노사관계의 출발

본 논문은 패전 직후 부흥기(1945-1949)에 일본에서 진행된 구조조정정책과 노사관계의 변화를 살펴보고자 한다. 최근 한국에서의 일본 노사관계 연구는 발전을 거듭하고 있다. 본 논문과 관련하여 주목할 연구인 조성재 외는 불황기가 아닌 시기에도 계속적으로 시행되고 있는 구조조정 방식이라고 할 수 있는 정원 관리의 내용과 방식에 관해 철도, 우정(郵政), 통신 부문별로 구체적인 한일 비교를 시도하고 있다.[1] 그리고 중요한 결론으로 일본은 노조와 협조하려는 경영전략이 지배적인 반면, 한국은 노조를 배제하거나 회피하려는 경영전략이 지배적이라는 점을 지적하였다. 이 점은 예상되는 결론이나, 각 부문 전문가의 구체적 실증에

---

[1] 조성재 외,『공공부문 정원관리의 한일비교』, 한국노동연구원, 2009.

기초한 비교 연구에 의해 밝혀졌다는 점에서 의의가 크다. 그렇다면 일본에서는 노조와 협조하려는 경영전략이 언제, 어떻게, 어떠한 과정을 통해 형성되었는가? 이에 대해 분석하는 것이 중요하다. 이러한 분석은 한국에서 노사 양자가 시행착오를 줄이면서, 납득할 수 있는 협조 관계를 형성하는 데 시사점을 제공해주리라 판단된다.

일본도 오래전부터 노사가 협조적인 관계였던 것은 아니다. 1930년대의 세계 대공황기, 1940년대 후반의 부흥기, 1970년대의 석유파동기 등, 불황기의 구조조정 과정에서 시행착오를 통해 그 기틀을 마련해 갔다. 특히 부흥기의 구조조정은 정치적인 영향이 컸지만 결과적으로 노·사·정 시스템의 방향을 크게 결정지었다. 부흥기 구조조정에 의한 노·사·정 시스템의 변화는 일본 정부가 주도한 기업 재건정비 정책에 대해 경영자와 노동조합이 대응하는 형태로 진행되었다. 부흥기의 기업 재건정비 정책에서 주목할 점은 그 정책적 효과가 구조조정과 노동자의 권익 보호라는 '양날의 검'으로 작용하였다는 점이다. 본 논문은 이러한 두 가지 점에 주목하면서 패전 직후 일본의 집단적·개별적 노사관계의 변화에 대해 밝히려고 한다.

2. 구조조정정책과 노사관계

2.1. 전시보상 중지와 정책의 전환

일본 정부가 제2차 세계대전 패전 직후 계획적으로 구조조정정책을 실시하려 했던 것은 아니다. 먼저 구조조정정책의 역사적 배경에 대해서 살펴보기로 한다.

여기에서 전시보상이란 전시 중에 실시된 군수회사법, 병기등제조사업특별조성법, 방공법, 전시손해특별보험법, 기타 국가총동원법에 기초한 공장, 사업장관리령 등, 여러 법령에 의해 일본 정부가 전시 중 군수회사의 손실보상을 공약하고 보상 조치를 취한 것을 말한다.[2] 일본 정부는 당초 각 기업에 전시보상을 실시하고자 점령군인 GHQ(General Head-quarters: 연합국 군 최고사령관 총사령부)와 교섭하였지만 성공하지 못하고 GHQ의 전시보상 중지 지시를 받아들일 수밖에 없었다. 그렇지만 일본 정부는 전시보상 교섭과 병행하여 일련의 전시보상 중지 관련 법안을 검토했다.[3] 즉, 일본 정부는 GHQ의 지시를 거부할 수 없어 정책 방침을 전시보상에서 기업 재건정비로 전환했다.

전시보상 청구권 처리 문제는 패전 직후 인플레이션 방지 대책의 중요한 초점이 되었다. 전시보상 청구 추계액은 '대일이사회'의 미국 측 발표에 따르면, 1946년 4월 1일 현재 군수산업 539억 2,000만 엔, 민간 산업

---

2) 経営史編集室, 『戦後経営史』, 日本生産性本部, 1965, 67쪽.
3) 宮崎正康, 「企業財務」, 大蔵省財政史室編, 『昭和財政史—終戦から講和まで』, 第13巻, 東洋経済新報社, 1983, 699-701쪽.

210억 3,400만 엔으로 총 749억 5,400만 엔이었다. 일본 정부는 1945년 8월 15일에 예금의 무제한 인출을 허용한다는 성명을 발표하고 8월 22일에는 산업자금 융자 방침을 결정하는 등 처음에는 전시보상 방침을 견지하였다. 그 결과 일본 정부는 1946년도 일본 정부의 총 재정지출액 845억 엔의 67.3%에 해당하는 569억 엔(임시 군사비: 266억 엔, 군수산업: 303억 엔)을 지출하였다.[4] 이러한 전시보상 지불은 재정 적자를 확대시키고 인플레이션을 한층 더 격화시켰다.[5]

이상과 같이 일본 정부는 패전 직후에는 전시보상 정책을 견지하였고 실제로도 일부 전시보상을 실시하였다. 한편 GHQ는 먼저 1945년 11월에 전시보상 동결 지시를 내리고, '전시이득 배제 및 국가재정 재편성에 관한 각서'에서 모든 일본인에 대해 '전쟁은 이득이 없는 것'이라는 사실을 인식시키기 위하여 법인 및 개인에게 철저히 전시이득세 및 재산세를 부과하는 계획의 입안을 일본 정부에 지시하였다.[6] 이에 대해 대장성(大蔵省)은 전시보상 실시 뒤에 재산세, 전시이득세를 개인 및 법인으로부터 징수하는 안을 수립하였다. GHQ는 일본 국내는 물론 미국 국내에서의 여론도 일치하지 않았기에 결정을 일단 보류하였으나, 1946년 5월, 전시보상금을 지불하고 전시이득세 및 재산세를 징수하는 대장성 안 대신에 전시보상 청구권에 100% 과세하는 실질적인 보상 중지 안을 일본

---

4) 林健久・今井勝人編, 『日本財政要覧』第4版, 東京大学出版会, 1994, 49쪽.
5) 通商産業省編, 『商工政策史』第二巻 総説(下)、商工政策史刊行会, 1985, 39-40쪽.
6) 松尾弘・山岡喜久男編, 『戦後日本経済政策史年表』増補版, 勁草書房, 1969, 18쪽.

정부에 지시하였다. 일본 정부는 GHQ 안에 따르지 않고 보상 유보론 등으로 타협을 모색하였지만, 미국 정부와 대일이사회를 통한 연합국 측의 강경한 보상 중지론이 제기되어 결국은 8월 8일 임시각료회의에서 보상 중지의 근본 방침이 결정되었다.[7] 이러한 결정에 따라 전시보상 관련 법안 요강이 1946년 8월 21일에 기안되어 23일 경제각료 간담회의 결정을 거쳐 26일에 '전후경제재건정비에 관한 조치의 대강(大綱)'이 각료 회의에서 결정되었다.[8]

2.2. 기업 재건정비 정책과 구조조정

2.2.1. 기업 재건정비 정책과 '정비 계획안'의 인가

기업재건정비법은 1946년 10월 18일에 공포되었다. 이 법은 회사경리조치법(이하 경리조치법)(1946. 8) 및 전시보상특별조치법(이하 보상조치법)(1946. 10)과 연동하면서 효력을 발휘하였다. 또한 기업재건정비법은 당시 일본 재벌의 지주회사 제도를 금지하려는 목적의 지주회사정리위원회령(1946. 4), 독점금지법(1947. 4), 재벌의 독점지배력을 규제하려는 과도경제력집중배제법(1947. 12)과 함께 기업 재건정비 정책의 일환으로 시행되었다. 그 내용과 시행 과정에 대해 기업의 재무구조 개선과의 관련에 초점을 맞추어 살펴보기로 한다.

전시보상 중단에 따른 응급조치로서 시행된 경리조치법은 '1946년 8월 11일 오전 0시 현재 전시보상금 등의 교부를 받았거나 또는 교부 받

---

7) 経営史編集室, 『戦後経営史』, 67-68쪽.
8) 宮崎正康, 「企業財務」, 720쪽.

을 권리를 갖고 있거나 재외 자산을 보유한 회사 중 자본금 20만 엔 이상'
인 특별경리회사가 채권·채무가 정리되지 않은 상태에서도 운영이 가
능하도록 조치한 것이다. 즉, 구계정과 신계정을 설정하여 정리되지 못
한 채권·채무액을 구계정에 편입시키고, 그 시점 이후의 사업은 신계정
을 통해 운영하도록 조치한 것이다. 이 법은 신구계정의 구분을 결정하
기 위해 '특별한 지시가 없는 경우에는 해당 회사의 임원 또는 간부 중 2
명과 해당 회사의 구채권을 갖고 있는 자(법인인 경우는 대표자) 중 2명'
에 의해 구성되는 특별 관리인을 특별경리회사에 두게 하였다. 그 뒤 보
상조치법, 기업재건정비법이 제정되어 전시보상의 정리·결산에 대한
구체적인 내용이 정해졌다. 여기에서 보상조치법은 일본 정부의 공약에
의해 발생한 전시보상 청구권을 전액 형식적으로 정부가 교부하지만, 동
시에 청구권 전액에 대해 100% '전시보상특별세'를 부과하는 조치였다.
다만, 개인이나 중소 상공업자에 미치는 영향을 완화하기 위해 원칙적으
로 1청구권마다 1만 엔의 공제를 인정하였다.[9]

　　이에 대해 기업재건정비법은 '회사경리응급조치법의 적용을 받은
회사에 대하여, 전시보상 특별세 부과 등의 조치로 인해 발생한 손실을
적절히 처리하여 신속한 재건·정비를 촉진하고 이를 통해 산업의 건전
한 회복과 진흥을 목적'으로 제정되었다. 이 법의 시행은 다음과 같이 진
행되었다. 먼저, 특별경리회사로 지정된 시점(1946년 8월 11일 0시)을 기
준으로, 전시보상의 중단으로 발생한 손실액에서 이익금, 적립금 그리

---

9) 大蔵省理財局経済課編纂, 『会社経理応急措置法·企業再建整備法—施行令、施行
　　規則, 省令, 告示』, 大蔵財務協会, 1947.

고 회사 재산에 대한 평가 변화에 따른 차액금을 뺀 '특별손실액'을 계산한다. 다음으로, 이 특별손실의 부담액을 자본금 9/10에 상당한 금액까지 주주에게 부담시키지만, 특별손실액이 남으면 구채권의 7/10에 상당한 금액까지 채권자, 다음 자본금의 1/10에 상당하는 금액까지 주주, 다음 구채권의 3/10에 상당하는 금액까지 채권자에게 부담시킨다. 그리고 최종적으로 경영자가 이 특별손실의 경리와 회사의 존속, 해산, 합병 등의 장래 계획 및 기타 내용을 기재한 정비 계획서를 작성하여 특별 관리인의 승인을 받은 뒤 주무장관의 인가를 신청하게 된다. 이 정비 계획의 인가를 받는 날에 해당 회사의 구채권이 소멸하거나 채권 금액이 결정된다.

그러나 정해진 기간 내에 정비 계획을 신청하지 않거나 불인가 처분을 받는 경우에는 주무장관이 해당 회사에 대해 해산명령을 내릴 수 있는 엄격한 처벌 조치를 수반하였다. 한편, 이 정비 계획의 신청 기한은 원래 1947년 8월 말까지였지만, '자산평가 기준을 어떻게 정할 것인가'를 둘러싼 문제가 발생하였고 재벌 해체—독점 금지 정책이 실시됨에 따라 1948년 이후로 연기되었다. 자산평가를 둘러싼 문제가 발생한 원인은, 재산평가 변화에 따른 차액금은 손실액에서 뺀 금액이기에 평가 금액이 높게 산정되면 일시적으로 지불 중단에 의한 타격을 경감시킬 수 있었기 때문이다. 실제로 일본은행이 실시한 1947년 8월 4일의 중간 집계에 따르면 특별경리회사 2,410개사의 특별손실액은 430억 4,800만 엔에 이르렀지만, 유동자산을 중심으로 한 평가액이 171억 6,800만 엔이었기 때문에 평가 변화 후의 총 손실액은 260억 3,200만 엔이 되었다.[10]

2.2.2. 정부의 인원 정리 방침과 대책

이상과 같이 기업재건정비관련법이 시행됨에 따라, 이것이 각 기업의 인원정리에 미친 효과는 어떠하였고 정부의 방침과 대책은 또 어떠하였을까? 이 내용에 관해서는 정비관련법이 시행된 후인 1946년 11월 6일 일본 경제기획청의 전신인 경제안정본부 제1부 부부장이 제국은행의 강당에서 경제 단체의 회원을 대상으로 실시하였던 「경제 재건 · 정비 관련 법령」에 관한 설명과 1946년 10월 9일 각료 회의에서 결정된 '보상 중지로 인해 발생한 기업정비에 따른 노동 대책'에서 확인할 수 있다.

먼저, 정부는 당시 세간의 주목을 끌고 있던 인원 정리 문제를 처음에는 기업정비 계획의 기재 사항으로 삽입하려고 했다. 하지만 인원 정리 문제를 법률의 규정을 받는 정비 계획에 명확히 삽입하게 되면 오히려 합리적인 정비를 늦추는 결과를 초래할 가능성이 있다고 판단되어 정비 계획에 직접 기재하지 않도록 하였다. 따라서 인원 정리 문제가 기업재건정비법의 직접적인 대상으로 취급되지는 않게 되었다. 그렇지만 정부는 정비 계획을 작성할 때 장래의 사업 계획 또는 생산계획을 수립하기 때문에 그 과정에서 당연히 노동자의 필요 인원도 결정하게 되고, 정비 계획을 실행하는 단계에서 실질적인 인원 정리 효과를 거둘 것이라는 점을 인식하고 있었다. 또한 정부가 의도하는 인원 정리는 국민경제가 어떻게 하면 원활하게 운영될 수 있을까에 초점을 맞추는 것이지 기업의 채산 또는 경영에 초점을 맞추는 것이 아니었다.

---

10) 通商産業省編, 『商工政策史』, 41-22쪽.

그럼에도 불구하고 정부는 인원 정리 문제가 결국 각 회사에서 노동 조합과의 원활한 협의를 통해 해결할 수밖에 없는 문제라고 판단하고 있었다. 따라서 정부는 인원 정리 문제에 관하여 직접적으로 노사협의에 관여하지 않고 정비 계획 시행을 통해 개입하였다. 정부는 또한 인원 정리 과정에서 노동력의 수급 불균형이 발생하지 않도록 배치전환 등의 방법을 활용하게끔 유도하였다. 이상과 같이 정부는, 인원 정리 문제는 최종적으로 노사협의에 의해 결정될 수밖에 없다는 실상을 잘 파악하였고, 직접적으로 고용조정에 개입하지 않더라도 결과적으로는 고용조정이 진행되리라 판단하고 있었다.[11]

이러한 정부의 인원 정리에 관한 방침은 각료 회의에서 다음과 같이 구체화되었다(〈표 1〉 참조). 첫째, 경리조치법에 의해 설정된 신계정에 속하는 설비를 가동할 때 필요로 하는 인원을 될 수 있는 한 확보하고, 구계정에 속하는 설비관리에 필요한 인원도 최소한 확보하지만 그 이외의 인원은 정리할 것, 둘째, 경영자는 인원 정리를 공정한 기준에 의해 실시해야 하고, 노사협의 기구를 통해 노동 대표와 협의한 뒤 실시할 것, 셋째, 기업 재건정비 계획에 노동 대표의 의견을 반영할 것, 넷째, 퇴직금을 정부의 지도에 따라 지불할 것 등이었다. 이 가운데서 셋째의 정비 계획에 '노동 대표의 의견을 반영'한다는 방침은 1947년 10월 21일 각료 회의에서 '노동조합의 이의 제기 신청을 인정'한다는 방침으로 바뀌었다.[12] 이것은 당시 최대의 내셔널 센터인 전일본산업별노동조합회의(산별회

---

11) 経済団体連合会・化学工業聯盟, 『戦補打切と企業再建―関係法令解説』, 1946, 30-31쪽.
12) 宮崎正康, 「企業財務」, 743쪽.

의)와 일본노동조합총동맹(총동맹)이 정부에 요구한 '노동조합에 의한 정비 계획의 승인'보다는 후퇴한 형태였지만, 제2차 세계대전 후 노동조합법의 제정으로 공인된 노동조합이 고용조정을 둘러싼 노사관계에 있어서도 경영자와 공식적인 협의 상대로서 인정되었다는 의의를 가지는 것이다.

<표 1> 정부의 인원 정리 방침

항목		내용
기본방침	신계정	1. 가까운 장래에 예상되는 기업성장에 필요한 종업원은 신계정으로 이전하여 보존. 2. 노동시간은 생산에 지장이 없는 한 기본 시간 실노동 8시간까지 단축하고 만약 자재, 연료, 기타의 조건이 허락되면 종업원의 교대제로 조업 시간을 연장.
	구계정	설비 관리에 필요한 종업원은 잔존.
기 간		기업재건정비법 실시 이후 약 3개월 이내에 정리
차별금지		종업원을 정리할 때 국적, 신조, 사회적 지위 또는 부양가족의 다수로 인해 차별적 취급을 해서는 안 됨. 또한 종업원이 노동조합원이 된 경우, 노동조합의 지도자가 된 경우 또는 정당한 조합 활동을 한 경우 해고해서는 안 됨.
공 정 성		회사는 해고의 범위 · 순서 등 해고의 구체적 기준을 노동조합 및 기타 종업원의 총의를 대표하는 자 또는 경영협의회가 있는 경우 이 협의회에 문서를 통해 제시하여 그 의견을 청취하고, 가능한 한 합리적이고 이해를 얻을 수 있는 방향으로 처리해야 함.
노사합의		중앙경제재건정비위원회에 노동 대표를 참가시켜 기업정비재건계획에 그 의견을 반영.
퇴 직 금		인원 정리된 종업원에 대한 퇴직금 지급의무.

자료: 戰後經濟政策資料研究会編, 『經濟安定本部戰後經濟政策資料』第38巻 労働(1), 日本経済評論社, 1996.

인원 정리 후의 대책에 대해 정부는 인원 정리 대상자에게 다른 산업에 취직을 알선하든가, 그것이 불가능한 경우에는 60억 예산을 사용하여 공공사업을 시행하기로 하였다. 구체적으로, 인원 정리 대상자의 임금 등이 회사의 자금으로 충당하기 어려울 경우에는 해당 기업의 거래 금융기관에서 융자 받는 것으로 하고, 거래 금융기관에서 융자가 불가능할 경우에는 특수은행인 부흥금융금고에서 담보 융자를 받도록 하였다. 또한 퇴직금 조달이 불가능한 기업에 대해서는, 조달 가능한 금액을 제외하고 퇴직자 1인당 1,000엔의 비율로 계산한 금액을 한도로 국고에서 조달하게 하였다. 이러한 정책은 계속된 노동쟁의로 인해 신속하게 진행되지 못했지만, 1948년 10월 13일 연합군 사령부 GHQ가 임금3원칙을 발표한 이후 급격하게 진행되었다. 임금3원칙의 내용은 다음과 같았다[13] 첫째, 임금 인상을 목적으로 하는 산업 보조적인 긴급 융자는 새로운 재원이 확보될 경우에 한하여 지출할 수 있다. 둘째, 임금 인상에 의해 발생한 적자를 보충하기 위한 융자는 불허한다. 셋째, 일반 물가 수준에 영향을 줄 수 있는 임금 인상은 불허한다. 이러한 임금3원칙이 발표됨에 따라 임금 지불을 위한 기업에 융자하는 것이 중지되었고, 금융 압박이 가중된 기업에서 인원 정리가 급속하게 진행되기 시작하였다. 더욱이 이렇게 진행된 인원 정리는 본격적인 디플레이션 정책으로 평가되는 1949년의 도지 라인에 의해 가속화되었다.[14]

다음은 이상의 기업 재건정비 정책에 대해 경영자의 이익을 대변하는 사용자단체와 노동자의 이익을 대변하는 노동자 단체가 어떻게 대응하려 했는지에 대해 살펴보기로 한다.

---

13) 大河内一男編, 『資料・戦後二十年史』第4巻(労働), 日本評論社, 1966, 114쪽.
14) 中村隆英, 『日本経済—その成長と構造』第3版, 東京大学出版会, 1993, 155쪽.

2.3. 노사 단체의 대응

2.3.1. 사용자단체

제2차 세계대전 직후 일본의 경제·경영자단체로는 전경련에 해당하는 경제단체연합회, 한국경영자총협회에 해당하는 일본경영자단체연맹(일경련), 상공회의소, 경제동우회가 있었으며, 이 단체들은 최근까지 동일한 조직으로 활동해 왔다. 경제단체연합회는 1946년에 일본산업협의회, 금융단체협의회, 일본상공경제회, 상공조합중앙회, 일본무역단체협의회로 조직되었으며, 1952년에 업종별 종합 경제 단체로 재편되었다. 경제단체연합회는 종합적 경제정책 실시에 대한 의견 제시 등의 활동을 계속하여 경제계 최고의 지위를 지켜 왔다. 상공회의소는 일본에서 가장 오래된 경제 단체였지만, 패전 후 1946년에는 경제단체연합회의 하부 기구로 출발한 뒤 1952년 경제단체연합회에서 독립하여 지역별 종합 경제 단체로 재출발하였다. 일경련은 1948년 경영자 측의 노동운동 대책 기관으로 설립된 후 자주적인 노동 대책을 확립하고 노동3법, 노동행정 등에 대해 의견을 제시하는 등, 여러 활동을 전개하였다. 한편, 가입자격이 회사 조직이 아니라 경영자 개인인 경제동우회는 1946년 노동운동 고양 등과 같은 객관적 정세의 변화에 대응하고 노사 간의 협조를 확보하려는 신수정자본주의 체제의 확립을 목적으로 설립되었다.[15] 이하에서는 경제 단체인 경제단체연합회와 경영자단체인 경제동우회가 일본 정부의 구조조정정책에 대해 제시한 견해를 살펴보기로 한다.

---

15) 永田正臣, 『経済団体発展史』, 小藤書店, 1956, 282-286쪽.

 협조적 노사관계의 행방 : 전후 일본의 노동과 경영의 변용

먼저, 경제단체연합회는 '전후 경제 재건·정비에 관한 조치의 대강'(이하, 대강)이 각료 회의에서 결정되기 전인 1946년 6월 17일에 이미 산업부흥대책위원회를 구성하여 '군수회사 등에 대한 국가보상의 처리 및 기업 경리 대책에 관한 의견'을 관계 당국에 건의하였다. 즉, 경제단체연합회는 군수회사 등에 대한 국가보상을 합리적 견지에서 신중히 처리하는 방침에 입각하여 당분간 처리를 연기할 것을 건의하였다. 또한 경제단체연합회는 이에 따라 회사의 '비활동자본' 및 이것에 대응하는 금융기관의 대부금 등도 당분간 연기하고, 일본 경제가 부흥한 뒤에 이것들을 서서히 정리하는 방안을 수립해야 할 것이라는 의견도 제시하였다. 한편, 경제단체연합회 구성 단체의 하나였던 일본산업협의회는 '대강'이 결정된 이후, 보상문제에 대한 정부의 태도가 처음부터 마지막까지 투명성을 결여하였다고 비판하였다. 그렇지만 산업협의회는 이렇게 결정된 이상 각 기업이 일본 경제 재건의 중심적 역할을 수행해야만 한다고 호소하였다.[16]

한편, 경제동우회는 1946년 7월 11일에 '국가보상 처리에 관한 성명'을 통해, 실물경제를 뒷받침하지 못하는 의제(擬制)자본이 여전히 남아 있어 패전과 동시에 당연히 정리되어야 할 기업이 존속하고 있는 것은 매우 불합리하고 일본 경제의 재건을 방해하는 요인이기도 하다고 지적하였다. 또한 전시보상 중지에 대해서는 기본적으로 찬성한다는 의견을 표하였다. 그렇지만 경제동우회는 일본 정부가 전시보상 전면 중지라는

---

16) 日本産業協議会理財部, 「軍需補償打切りと企業の整備再建―企業再建整備方策の決定まで」, 『日産協月報』, 1946年 8·9月 合併号, 28-30쪽.

미증유의 정책을 과연 어떻게 사회적 · 경제적 질서의 혼란을 막으면서 시행할 수 있을지, 이에 대한 우려를 표하였다. 더불어 광범위한 구조조정의 산물인 대량의 실업자에 대한 대책을 위해 충분한 예산을 준비할 것을 요구하였다.[17]

2.3.2. 노동자 단체

패전 직후 일본의 내셔널 센터로는 전(全) 일본 산업별 노동조합회의(산별회의)와 일본노동조합총동맹(총동맹)이 있었다. 산별회의는 '공동 투쟁 기관, 정당지지 자유, 노조의 권력 집중 배제, 간부에 대한 비판의 자유'라는 규약을 기초로 1946년 8월에 21개 조합 155만 9,619명에 의해 결성되었다. 산별회의는 전(全) 조직노동자 41% 이상의 조합원으로 구성된, 당시 최대의 내셔널 센터였다. 그렇지만 산별회의가 노동운동의 주도권을 장악한 시기는 결성 시점부터 1950년까지 4년에 불과하였다. 한편, 총동맹은 '자본가계급을 타도하고 전선의 분열을 획책하는 좌익소아병 환자의 망동을 봉쇄'한다는 운동방침에 기초하여, 1946년 8월에 전 조직노동자의 22%에 해당하는 1,699개 조합, 85만 5,399명에 의해 결성되었다.[18]

산별회의는 정부의 기업 재건정비 정책이 자본가의 해고 및 저임금

---

17) 経済同友会, 「国家補償処理に関する声明」, 『経済同友会五年史』, 1951, 34-36쪽.
18) National Center史研究会編, 『日本のナショナルセンター―産別会議 · 総評 · 同盟 · 統一労組懇の歴史と展望』, 学習の友社, 1985, 86-89쪽; 法政大学大原社会問題研究所編, 『社会 · 労働運動大年表』 新版, 労働旬報社, 1995, 437-439쪽; 神代和欣 · 連合総合生活開発研究所編, 『戦後50年 産業 · 雇用 · 労働史』, 日本労働研究機構, 1995, 578쪽.

정책을 합법적으로 진행시키는 대규모 정책이며, 그 가운데 진행되는 기업정비란 한마디로 말하면 해고와 저임금을 통한 기업의 재건이라는 의미였다. 이러한 견해를 갖고 있었던 산별회의는 '기업 재건정비 계획은 노조의 승인을 얻어 제출'하도록 하는 단체협약을 성립시키는 것이 선결문제라고 판단하여, 기업 재건정비 정책을 받아들이는 조건으로 노동조합에 의한 기업 재건정비 계획의 승인을 요구하였다.[19]

총동맹은 패전 직후의 일본 경제를 재건하기 위해 기업정비가 필요하다는 것을 인정할 수밖에 없었기에, '의제(擬制)자본'이 처리되어야 하지만 마찬가지로 '의제노동'도 처리되어야 한다는 입장이었다. 한편, 총동맹은 노동자의 일방적인 희생에 의해 기업의 경영 안정을 꾀하려는 자본가에 대해 비판하고 정비 계획안이 자본가에 의해서만 작성되는 것을 반대하였다. 즉, 총동맹은 정비 계획안에 대해 노동조합이 승인하는 과정을 거치는 방식을 취하여 노동자도 정비 계획 입안 과정에 참가해야 한다는 입장을 표명하고 있다.[20] 이상과 같이, 유사한 입장을 갖고 있던 산별회의와 총동맹은 1947년 9월 7일에 정부에 '정비 계획안은 노동조합의 승인을 얻도록 법적 조치할 것'이라는 내용을 추가하도록 기업재건정비법의 개정을 연명으로 요청했다.[21]

이상과 같이 경제·경영자단체와 노동자 단체는 각각의 입장이 있었음에도 불구하고, 일본 경제를 재건한다는 대전제에 대해서는 반대할

---

19) 産別記念会編, 『産別会議・全労連機関誌―労働戦線・労働新聞・労働者―』, 労働旬報社, 1973, 115쪽.
20) 経営研究所編, 『企業整備の理論と実際』, 中文館書店, 1948, 135-138쪽.
21) 経営研究所編, 『企業整備の理論と実際』, 141쪽.

수 없었기 때문에 기업 재무구조의 개선과 과잉 노동력의 정리를 주요
내용으로 하는 정부의 기업 재건정비 정책을 받아들였다. 그렇지만 노동
자 단체는 그 정책을 받아들이는 조건으로 기업재건정비법의 개정, 즉
경영자 측이 작성한 기업 재건정비 계획안을 노동조합의 승인을 얻은 뒤
에 정부에 제출하도록 요구하였던 것이다. 앞에서 살펴본 바와 같이 이
러한 노동자 단체의 요구는 최종적으로 그대로 받아들여지지는 않았지
만, 노동조합의 정비 계획안에 대한 이의 제기 신청이 정부에 의해 인정
되었다.

　　이상에서 살펴본 패전 직후 일본의 구조조정정책과 노사관계에 관
한 고찰을 〈그림 1〉과 같이 정리할 수 있다.

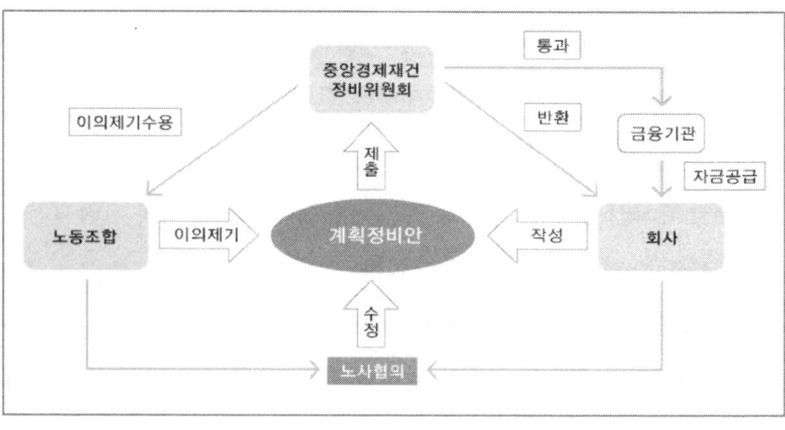

〈그림 1〉 패전 직후 일본의 구조조정정책과 노사관계

자료: 본문 참조.

3. 개별 기업의 구조조정과 노사관계 : 쇼와전공 사례 분석

3.1. 기업합리화와 구조조정

3.1.1. 기업 재건정비 정책의 적용 과정

여기에서 살펴보는 쇼와전공의 1949년 인원 정리 규모는 2,868명으로, 이는 히다치제작소(日立製作所) 5,555명, 도시바(東芝) 4,582명, 일본전기(日本電気) 3,569명, 대동제강(大同製鋼) 3,000명 다음으로 많은 규모였다.[22)]

쇼와전공은 1939년 3월 16일 '일본전기공업주식회사'와 '쇼와비료주식회사'의 합병에 의해 탄생하였다.[23)] 이 회사의 경영 실적은 다른 기업과 같이 전시기에 급격히 상승했지만 패전 직후에는 급감하였다. 그러나 쇼와전공은 패전 직후 심각한 식량 부족으로 인한 식량 증산 정책과 '화학비료 대책 요령'이 각료 회의에서 결정되어, 주력 공장인 가와사키(川崎)공장이 1945년 12월에 제1차 부흥 공사를 완성하는 등 다른 기업보다 빠르게 재건되었다.[24)]

한편, 1946년 1월부터 GHQ가 직업군인과 전쟁에 협력한 정치인, 관료, 사회단체장, 기업인을 공적인 업무에서 추방시켰던 '공직 추방'(公職追放)이 본격적으로 추진되었다. 쇼와전공에 있어서도 예외 없이 전시 때부터 근무해 왔던 경영진의 대부분이 퇴진하였지만, 공직 추방 조치는

---

22) 歷史学研究会編, 『日本史史料』 第5巻 現代, 岩波書店, 1997, 221-222쪽.
23) 昭和電工株式会社, 『昭和電工五十年史』, 1977, 75-77쪽.
24) 昭和電工株式会社川崎工場(未詳), 『川崎工場史(稿)』, 310쪽.

점차 완화되어 대부분 공직 추방의 적용에서 벗어나게 되었다.[25] 이러한 과정에서 대부분의 경영진이 바뀌었는데, 새롭게 취임한 사장이 부흥금융금고에서 융자 받을 당시 뇌물을 제공한 사실이 발각되어 체포되게 되었다. 쇼와전공은 이러한 어려운 국면을 타개하기 위하여, 패전 후 1946년 8월에 각 경제 단체를 통합하여 설립된 경제단체연합회의 초대 회장 이시카와 이치로(石川一郎)를 회장으로 영입하였다.

쇼와전공은 1948년 2월 '과도경제력집중배제법'이 적용되었지만 지주회사정리위원회가 조사한 결과 과도한 경제력 집중이 없다고 판단되어, 다음 해 4월에 법령 해제됨에 따라 기업을 분산시키지 않아도 되었다.[26] 한편 쇼와전공은 1946년 8월 전시보상 중지로 인한 기업의 손실을 보완하기 위해 시행된 '회사경리응급조치법'의 적용을 받아 특별경리회사로 지정되었다. 그 후 1949년 10월 31일 인원 정리 계획을 포함한 '재건·정비 계획안'을 주무대신에게 제출하여 인가를 받아, 손실을 상쇄하고 새로운 재무구조를 갖춘 회사로 재출발하게 되었다. 따라서 나중에 다시 언급하겠지만 계획안을 인가 받은 다음날 공장장 회의를 개최하여 '합리화 대책 본부'를 설치하고 구조조정을 진행시켰던 것이다. 패전 직후의 이익금은 마이너스이고 무배당이었지만 재건·정비 계획안의 인가를 받아 인원 정리 및 조직의 재편성을 실시한 뒤에는 이익금이 확대되고 배당금도 부활하였다.

---

25) 昭和電工株式会社, 『昭和電工五十年史』, 111-116쪽.
26) 昭和電工株式会社, 『昭和電工五十年史』, 123-131쪽.

 협조적 노사관계의 행방 : 전후 일본의 노동과 경영의 변용

(1) 생산성과 노동 효율 판단

쇼와전공의 종업원 수는 전시기 이후 급증한 뒤, 패전으로 일시적으로 급감하지만 심각한 식량 부족에 따라 비료 증산이 필요하게 되어 신규 채용을 개시한 뒤 다시 한 번 급증한다.[27] 그러나 종업원 수는 앞에서 언급한 재건·정비 계획안의 인가 이후 이루어진 인원 정리와 직제 개정으로 인해, 패전으로 급감한 뒤와 같은 수준을 유지하고 있다.

쇼와전공은 기업 재건을 위해 조직의 재편성이 필요하다고 판단하고 각 제품별·공장별 노동 효율을 다른 회사와 비교하여 그 근거를 제시하려고 하였다(〈표 2〉 참조). 유안(硫安, 황산암모늄)을 생산하고 있던 가와사키(川崎)공장은 다른 회사의 공장과 비교해 노동 효율과 1인당 생산액 모두 가장 낮은 수준이었다. 석화질소를 생산하는 가세(加瀬), 도야마(富山), 시오지리(塩尻), 지치부(秩父), 아사히카와(旭川)공장, 알루미늄을 생산하는 요코하마(横浜), 기타카타(喜多方)공장, 가성소다를 생산하는 히로타(広田), 요코하마(横浜)공장도 같은 상황이었다.

---

27) 昭和電工株式会社川崎工場(未詳), 『川崎工場史(稿)』, 310쪽.

<표 2> 타사와 비교한 쇼와전공의 노동 효율과 1인당 생산량(1949년 6월 현재)

제품별	회사	공장	종업원 수	월생산량 (t)	판매액 (천 엔)	노동효율 (명/t)	1인당생산량 (천 엔)
유안	쇼와전공	가와사키	2,700	10,804	185,900	6.25	69.0
	닛산화학	도야마	1,829	9,490	163,000	4.83	89.3
	닛도화학	요코하마	1,002	5,000	88,600	5.00	88.5
	토요고압공업	오무타	2,512	10,765	19,000	5.81	75.7
석회질소	쇼와전공	가세	2,077	5,182	102,500	10.0	55.0
		도야마	1,328	2,038	42,900	16.3	35.3
		시오지리	1,026	1,597	33,700	16.2	32.4
		지치부	757	1,187	24,900	16.0	35.0
		아사히카와	577	466	4,530	31.0	21.3
	신에츠화학	나오에츠	1,480	4,442	87,530	8.3	59.5
	일본카바이트	우오즈	1,449	3,960	78,400	9.2	56.0
	덴카화학	오우미	2,580	6,639	131,500	9.7	51.0
알루미늄	쇼와전공	요코하마·기타카타	1,223	500	74,641	61.2	61.0
	일본경금속	시미즈·우라하라	1,828	1,114	167,370	41.0	91.5
	닛신알루미늄	니이하마	982	535	83,756	46.0	85.3
가성소다	쇼와전공	히로타	94	65	1,884	36.2	20.0
		요코하마	307	239	5,330	32.1	17.3
	일본소다	니혼키	570	879	25,173	16.2	44.1
	아지노모토	가와사키	199	374	9,002	13.3	45.2

자료: 『石川一郎文書』, N9-2; 昭和電工川崎工場労働組合(1952), 昭和電工川崎工場労働組合, 135쪽.

(2) 조직 개편 및 손익 예상

이상의 조사 결과에 기초하여 쇼와전공은 구조조정을 추진하기 위해 '종업원 여러분에게 고함'을 발표하였다. "대다수 종업원 여러분의 생활기반을 확보하기 위해, 일부 종업원 정리라는 비통한 결의를 할 수밖에 없게 되었습니다."[28]라고 하는 구조조정의 논리를 전개하였다. 뒤이

---

28) 昭和電工株式会社, 『石川一郎文書』N9-2 (昭和電工企業合理化 1947-49), 이하

어 "1948년 10월 이후 경영 효율의 향상을 계기로 획기적인 사업본부 제도를 채용했습니다만, 그 후 경제 정세의 격변에 대응하여 당사도 태세의 변화가 필요하다는 것을 느끼고 지난(1949년) 9월 이후 본사 기구, 특히 판매 부문의 종합적 통일화를 꾀하는 한편, 사업본부 제도의 장점을 살린 생산부를 갖춘 현 기구를 채택하여 지금에 이른 것입니다."라고 회사는 사업본부제를 강화시키면서 조직의 재편 계획을 알렸다. 또한 이상의 조직 재편을 구체화하기 위해 "각 사업장에서는 다음 사항을 고려하여 재적 총수 1만 3,000명으로 사업을 운영한다. ① 적자 공장은 채산성(採算性)을 감안하여 최저 필요 인원으로 축소한다. ② 흑자 공장에서도 앞으로의 자유경쟁에 대비하여, 다른 기업과 비교했을 때 손색없는 부문에 대해서는 일반 수준에 맞도록 인원을 조정한다. 더욱이 각 사업장 공동관리 방식을 합리화하여 직제의 간소화를 꾀하는 것은 물론, 복리후생 시설에 관해서는 모두 독립채산제를 기본으로 한다. 각종 시험연구는 본사의 통일된 방침에 따라 중복 경합을 피하는 등 여러 방면에 있어서 합리화에 노력한다."[29]는 내용을 제시하였다.

쇼와전공은 이상의 조직 재편성이 성공하면 경영이 적자에서 흑자로 대폭 전환할 것이라고 예상하였다(〈표 3〉 참조). 앞에서 언급한 것과 같이 적자 상태였고 노동 효율도 낮다고 판단된, 기타카타(喜多方), 아사히카와(旭川), 요코하마(横浜), 히로타(広田)공장에서의 인원 조정 비율이 평균보다 높았던 것으로 확인된다.

'『石川』 N9-2'로 표기).
29) 「当社の現状と会社の経営方針(第二次試案)」, 『石川』 N9-2.

<표 3> 인원 정리와 손익 예상(1949년 10월 20일 현재)

	재적인원(인)	조정 후 인원(인)	조정률 (%)	손익예상액(천 엔)	
				조정 전	조정 후
본사	544	440	19.1		
가와사키(川崎)공장	2,809	2,516	10.4	261,429	469,569
시오지리(塩尻)공장	1,372	1,130	17.6	80,938	111,613
지치부(秩父)공장	812	697	14.2	36,023	62,053
고다키(小滝)광업소	18	4	77.8	-1,800	—
오오마치(大町)공장	1,409	1,070	24.1	-34,676	8,915
기타카타(喜多方)공장	713	516	27.6	-192,984	-71,784
오키츠(興津)공장	98	29	70.4	-7,977	-583
마츠모토(松本)공장	85	75	11.8	4,566	5,442
가와구치(川口)주조소	24	14	41.7	-507	—
가세(加瀬)공장	2,150	1,950	9.3	232,119	268,814
도야마(富山)공장	1,39	1,130	16.2	103,479	130,076
아사히카와(旭川)공장	499	386	22.6	-46,263	-28,345
요코하마(横浜)공장	953	749	21.4	-12,864	-10,755
히로타(広田)공장	679	416	38.7	-28,054	12,339
다테야마(館山)공장	46	5	89.1	-4,165	—
고우미(小海)공장	204	171	16.2	-5,086	2,130
도요사토(豊里)광업소	2,312	1,949	15.7	8,265	66,547
합계/평균	16,076	13,247	17.6	392,443	1,026,031
가동중지공장관리비					-2,115
금리				-459,200	-459,200
순손익				-66,757	564,716

자료: 『石川一郎文書』, N9-2; 昭和電工川崎工場労働組合(1952), 昭和電工川崎工場労働組合, 135쪽.

3.2. 노사협의와 구조조정 방식

3.2.1. 노사협의 과정

(1) 자치위원회의 발족과 노동조합의 설립

고용조정 시의 노사 교섭에 대해 고찰하기 전에, 패전 후 새로운 노사 교섭의 주체로 등장한 노동조합의 설립 과정에 대해, 당시 주력공장

 협조적 노사관계의 행방 : 전후 일본의 노동과 경영의 변용

이었던 가와사키공장의 예를 통해 살펴보도록 한다. 제2차 세계대전 전에 쇼와전공에서 발생한 쟁의는 1937년의 쟁의가 유일했다. 가와사키공장의 '자치위원회'는 패전 직후인 1945년 9월 대량 해고가 실시된 후, 공원(工員)과 직원(職員)을 구성원으로 하여 설립되었다.[30] 이 자치위원회는 설립과 동시에 임금 5엔 인상을 일률적으로 요구하고 회사의 승인을 받아내는 성과를 올렸다. 또한 자치위원회는 노조를 설립하여 노동자의 지위와 노동조건을 향상시키기 위해 다음과 같은 방침을 정하였다.[31]

즉, '① 회사는 노조를 승인할 것. ② 노조는 직원과 공원을 분리하지 말고 하나의 조직으로 결집할 것. ③ 노동협약을 신속하게 체결하고 노조설립과 함께 가와사키공장의 민주화를 도모하여 노동자 지위의 향상을 확보할 것. ④ 생활난을 타파하고 우리의 생활 향상을 확보하기 위해 임금 인상을 요구할 것. 임금 인상은 현재의 2.5배를 목표로 할 것. 그외에도 노조 운영자금의 적자를 메우기 위한 후생 자금을 획득할 것. ⑤ 직원과 공원의 차별 철폐 제1보로서 유급휴가의 차별 대우를 폐지하고 직원과 공원 모두 연 12일로 할 것. ⑥ 유급 공휴일 3일 및 8시간제 실시를 요구할 것. ⑦ 퇴직위로금 요구, 후생시설 문제, 여자 생리휴가 요구' 등이었다.

이상에서 살펴본 쇼와전공의 노동조합 설립 과정에서 노동조합이 패전 직후 공직(工職) 혼합 형태로 설립되어 경영자와 대립 관계가 아닌

---

30) 昭和電工株式会社川崎工場, 301-302쪽 ; 昭和電工川崎工場労働組合, 『組合五年史.』, 1952, 8-9쪽.
31) 昭和電工川崎工場労働組合, 9-10쪽.

회사 구성원으로서의 '종업원성(從業員性)'을 가지게 되었다는 점은 종래의 연구에서 밝힌 일본 노동조합의 특징이라 할 수 있다.[32] 특히 이 위원회는 노조의 호칭을 둘러싸고 '온건보수적'이라고 취급되는 '종업원조합'이라고 호칭할 것인지, '급진적'이라고 취급되는 '노동조합'이라고 호칭할 것인지에 대해 논의가 있었는데 전자의 명칭이 선정되었다.[33] 또한 이 위원회는 경영의 일익(一翼)을 담당하는 과장이 설립하였고, 기업이 신설한 총무과의 조사계장이 노조 설립을 구체적으로 준비하였다. 이상과 같은 방침에 기초하여 활동을 추진해 온 자치위원회는 노조의 규약, 선언, 강령의 초안 작성에 심혈을 기울였다.

가와사키공장에서의 종업원조합 결성 대회는 1946년 2월 22일에 개최되어 총무과장이 설립 경과를 보고하고 공장장이 축사를 하는 순서로 진행되었다. 이 대회에서 결정된 의안(議案)에 '퇴직위로금' 항목이 삽입되는 등, 회사가 노조의 요구를 대부분 승인함에 따라 노조의 존재는 가와사키공장에서 처음 실질적으로 공인되었다. 2월 24일 제1회 단체교섭이 이루어졌는데, 노조 위원장이 파업하지 않을 것을 약속한 뒤 교섭을 진행했기에 회사는 요구 사항의 대부분을 승인하였고 '다른 산업, 인근 노조에서는 예가 없을 정도로 원만하게 타결'되었다. 이러한 회사의 승

---

32) 三宅明正, 「東芝争議(1945-46年)―敗戦と従業員組合の生成」, 労働争議史研究会編, 『日本の労働争議(1945-80年)』, 東京大学出版会, 1991; 二村一夫, 「戦後社会の起点における労働組合運動」, 坂野潤治他編, 『戦後改革と現代社会の形成-シリーズ 日本近現代史 構造と変動』 第4巻, 岩波書店, 1994.

33) 昭和電工株式会社川崎工場, 301-302쪽; 昭和電工川崎工場労働組合, 『組合五年史』, 8-12쪽.

인에 대해 노조는 감사하는 의미로 '감사대회'를 개최하였다.

한편, 가와사키공장뿐만 아니라 쇼와전공의 각 공장에서 노조가 결성됨에 따라 같은 해 6월 26일에는 가와사키노조, 도야마(富山)노조, 요코하마(横浜)노조가 중심이 되어 '쇼와전공주식회사 노동조합연합회'를 결성하였다.[34] 이 연합회는 7월 4일, 9개 공장의 노조대표자로 구성된 중앙위원회에서 회사안을 비교·검토하여 최종안을 결정하였다. 7월 23일에는 회사와 함께 '노동협약에 관한 기본 협정서'에 조인하였는데, 그 가운데 주목할 만한 내용은 "회사는 인사와 관련해 필요한 경우 미리 노조와 협의하고 노조는 그 경우 의견을 전달한다. 회사는 노조의 의사를 존중하고 공정한 인사를 도모할 것"과 "회사는 노조와 의견이 맞지 않을 경우 해당 공장의 경영협의회에 의안(議案)을 제출하여 해결을 위해 노력하고, 협의가 이루어지지 않을 경우에는 쇼와전공 경영협의회(본사-필자)에 의안을 제출하여 원만한 타결을 도모한다."[35]였다. 이상과 같이, 자치위원회의 방침에 의해 결정된 내용이 계승되면서 구체화된 것을 알 수 있다. 또한 인사 문제에 관해서는 회사와 노조 양자가 필요 시 협의할 것을 약속하고 있고 그것이 제대로 진행되지 않을 때라도 원활한 의사소통을 통해 해결하려는 강한 의지가 엿보인다. 그렇지만 이러한 관계가 순조롭지만은 않았다.

---

34) 昭和電工川崎工場労働組合労働組合横浜支部, 『組合十五年史』, 1962, 4-6쪽.
35) 昭和電工川崎工場労働組合労働組合横浜支部, 『組合十五年史』, 5쪽.

(2) 구조조정과 노사협의

쇼와전공에서의 인원 정리는 앞에서 언급한 것과 같이 '정비 계획 안'이 승인된 다음날 공장장 회의를 개최하여 '정비대책본부'(〈그림 2〉 참조)를 설치한 뒤 본격적으로 진행되었다. 5일간의 공장장 회의 끝에 본부는 먼저 '퇴직자 수당 기준안'을 각 공장에 전달하였다. 인원 정리에 임하는 경영진의 결속을 다지기 위해 '사상 통일' 회의를 개최하고, 각 공장은 정리 대상자를 본부에 알리는 한편, '정리 대책 지부'가 설치되었다. 본부는 인원 정리 시 제시할 서류와 통지 서류를 완성하고 '지부 요원'의 서약서를 사장에게 제출한 뒤 정리 대상자를 결정하여 공장장에게 전달하였다. 이시카와 회장, 나가이(永井) 사장을 포함한 임원과 공장장은 '사상 통일'을 위해 긴급 공장장 회의를 개최했고 본부는 인원 정리에 필요한 서류와 '기밀비'를 공장장에게 전달하였다. 이러한 준비 끝에, 경영진은 인원정리 안을 발표하고 노조와의 교섭이 시작되었지만 결렬되어 본부는 해고 통지서를 개인에게 발송하였다. 노조는 투쟁을 선언하였고 이 투쟁은 19일간 계속되었다. 그동안 노조는 '자발 퇴직자' 외의 '부당 해고자'에게 통지서를 투쟁 본부에 지참하도록 지시했지만 그럼에도 자발 퇴직자가 속출하였다. 최종적으로는 본부가 자발퇴직자에게 퇴직금 지불을 개시하고, 노조와 13일간 교섭을 벌인 끝에 노사 간의 협정을 체결하게 되었다.

〈그림 2〉 쇼와전공의 합리화대책본부 기구

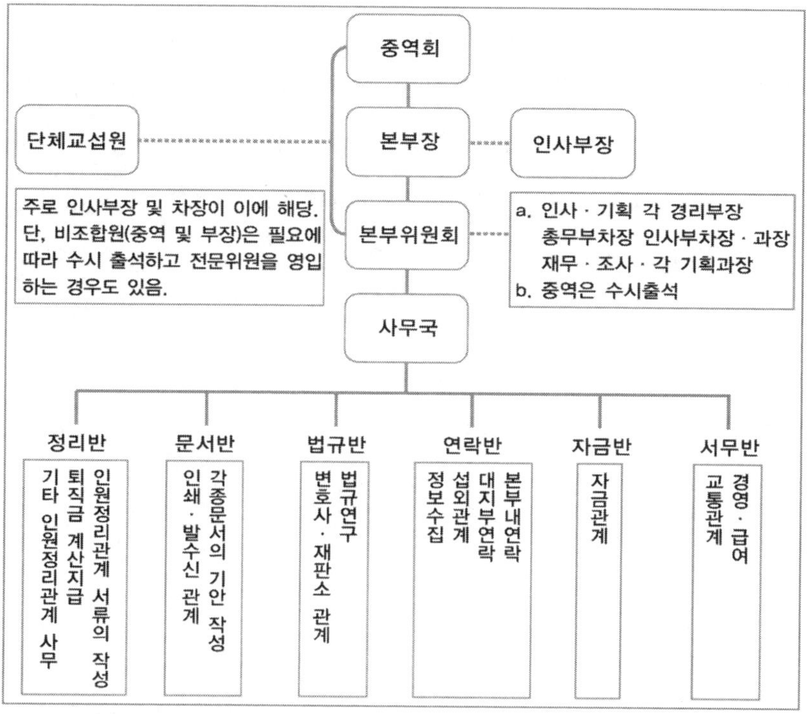

중역회

단체교섭원
본부장 — 인사부장

주로 인사부장 및 차장이 이에 해당. 단, 비조합원(중역 및 부장)은 필요에 따라 수시 출석하고 전문위원을 영입하는 경우도 있음.

본부위원회

a. 인사·기획 각 경리부장 총무부차장 인사부차장·과장 재무·조사·각 기획과장
b. 중역은 수시출석

사무국

정리반	문서반	법규반	연락반	자금반	서무반
인원정리관계 서류의 작성 / 퇴직금 계산지급 / 기타 인원정리관계 사무	각종문서의 기안 작성 / 인쇄·발수신 관계	법규연구 / 변호사·재판소 관계	본부내연락 / 대지부연락 / 섭외관계 / 정보수집	자금관계	경영·급여 / 교통관계

자료: 『石川一郎文書』, N9-2.

쇼와전공의 나가이 사장과 가와사키공장 노조중앙투쟁위원장 야마모토 기요시(山本潔) 사이에 체결된 협정서는 "1. 기업합리화에 관한 건 (A) 인원 정리에 관한 건 (B) 직제 개정에 관한 건 (C) 복리후생시설에 관한 건 2. 예비 자금 등에 관한 건 (A) 예비 자금 (B) 생산수당"의 내용으로 구성되었다.[36] 쇼와전공의 경영자와 노조는 과잉 인원을 정리하는 것과 함께 '직제 개정'이라는 또 한차례의 합리화에 합의하였던 것이다.

---

36) 昭和電工株式会社川崎工場(未詳), 『川崎工場史(稿)』, 367-370쪽.

경영진은 직제 개정에 따른 업무 분장 안을 미리 노조에 제시한 뒤 또 한 차례 개정하여 1950년 1월 21일까지 실시하는 것으로 하였다. '직제 개정에 따른 이동(異動, 직장 내 이동-필자)에 대해서는 본인의 의향을 충분히 존중하고 노조에 예고하여 의견을 청취한 뒤 공정 타당한 인사'를 단행하고, '이번의 배치전환 발령에 대해 불만을 가지고 퇴직하는 자 가운데 이종(異種)의 직무에 배치된 자 및 회사의 사정으로 잔류를 요구한 자에 한하여 발령 후 14일 이내에 퇴직원을 제출한 경우에는, 이번 자발 퇴직자와 동일하게 취급'하기로 하였다. 이제부터는 인원 정리와 관련된 합의 내용이 일본 노사관계에서 지니는 역사적 의미에 대해 고찰하기로 한다.

3.2.2. 구조조정 방식

(1) 기준과 대상

1949년 전후 각 기업 인원 정리의 기준과 대상이 알려져 있음에도 불구하고, 기업이 의도하였던 실질적 내용은 확인되고 있지 않다.[37] 그러나 쇼와전공 사례에서는 합리화대책본부가 발족 직후인 1949년 11월 8일 각 사업장장(事業場長)에 전달한, 정리의 기준과 대상에 관한 해설에서 그것을 확인할 수 있다. 즉, 그 대상에 대해 "① 노후자, ② 근속연수가 적은 자, ③ 근무 성적이 불량한 자, ④ 업무 능력이 낮은 자, ⑤ 신체가 허약한 자, ⑥ 장기 휴무자, ⑦ 회사 업무의 운영에 협력하지 않는다고 인

---

37) 宣在源, 「日本の雇用制度—復興期(1945-49)の雇用調整」(東京大学経済学会), 『経済学論集』第64巻 第1号, 1998.

정되는 자, ⑧ 기구 간소화에 의해 과잉하는 자, ⑨ 사업 축소에 의해 직책이 없어진 자, ⑩ 배치전환이 곤란한 자, ⑪ 가정생활상 비교적 어렵지 않은 자"[38]라고 한 뒤 그 실질적 기준에 대해 설명을 덧붙이고 있다. 필자의 분류에 따라 인원 정리의 기준과 대상을 정리하면 다음과 같다.

첫째, 처음으로 언급된 기준이 ① 연령과 ② 근속연수였다. 즉, 정신적으로도 육체적으로도 능력이 저하되었다고 판단되는 50세 이상인 자와 숙련의 축적이 적다고 인정되는, 근속연수가 짧은 자가 대상이 되었다. 여기서 주목할 만한 점은 기업이 제시한 연령의 기준에 대해 노조가 '대체적으로 정년에 가까운 50세 이상인 자'[39]로 받아들였다는 점이다.

둘째, ③ 근무 성적이 불량한 자와 ④ 업무 능력 자체가 낮다고 판단된 자가 대상이 되었다. 먼저 지각, 조퇴, 결근이 많거나 일터를 자주 떠나는 자가 대상이 되었다. 또한 여기에서 업무 능력이 낮다고 판단된 자는 근속연수가 길고 근무 성적이 좋더라도 본인의 '소질'이 나쁘기에 직무 수행에 지장이 있다고 판단된 자, 즉 귀가 잘 안 들린다든지 눈이 나쁘다든지, 신체장애에 해당된다든지 또는 신경쇠약 등의 심신에 장애가 있다든지 하는 자였다.

셋째, ⑦ 회사 업무의 운영에 협력하지 않는다고 인정된 자가 대상이 되었다. 즉, 근무 태도가 성실하지 않고 직장 규율을 잘 지키지 않는 자, 동료를 선동한다든가 복무규율을 어기는 등 의식적으로 사내질서를 어지럽히는 자, 또는 사상이나 성격이 편향되어 상사, 동료, 부하와 융

---

38) 「対本発第三号」, 1949年 11月 8日, 『石川』 N9-2.
39) 昭和電工川崎工場労働組合労働組合横浜支部, 『組合十五年史』, 37쪽.

화·협력이 되지 않는 자였다.

넷째, ⑨ 사업 축소 및 ⑧, ⑩ 조직의 축소 개편에 따라 발생한 과잉 인원이 대상이 되었다. 생산 중지 또는 축소한 업무에 종사하는 자, 조직의 축소 개편에 따라 사업장 내에 배치전환시킬 업무가 없는 자와 우수한 요원(要員)임에도 불구하고 본인의 사정에 의해 배치전환이 곤란한 자였다.

다섯째, 업무 능력과 관련이 낮은 ⑤ 허약한 자, ⑥ 장기 휴무자, ⑪ 생활이 곤란하지 않은 자가 대상이 되었다. 군대에서 돌아오지 않은 자와 2개월 이상 장기 결근자는 전원 대상이 되었는데, 장기 결근자 가운데 부상 또는 질병에 걸린 경우에는 1개월 이내에 전치될 가능성이 있었고 우수한 자는 대상에서 제외할 것을 고려하고 있었다. 또한 근무 성적이 양호하고 심신 및 외형상의 장애가 없더라도 힘든 일을 할 수 없거나 고열 작업을 견디지 못하는 등 심신이 허약하고 업무 수행에 있어서 어떤 제약을 받는 자 또는 가계 보조자, 퇴직하더라도 가정생활이 그다지 곤란하지 않은 자였다.

이상과 같이 쇼와전공의 인원 정리 기준과 대상은 크게 업무 능력과 관련 있는 사항과 그렇지 않은 사항으로 나눌 수 있다. 종업원의 업무 능력과 직접 관련된 기준으로는 명확하게 판단되는 연령, 근속연수, 근무 성적, 신체 능력과 함께, 결과에 따라서는 논란의 여지가 있는 '낮은 소질' 이 있었다. 업무 능력과 직접 관련되지 않은 기준으로 정해진 대상으로는 노조의 지도층이라고 판단되는 자, 사업 및 조직 축소에 따라 발생한 과잉 인원, 그리고 장기 휴무자, 허약자, 생활이 곤란하지 않은 자였다.

이상의 사실로부터 쇼와전공의 경영진은 인원 정리를 실시할 때 업무능력이 높고 우수한 요원을 미리 확보했다는 점, 노동조합법 제정 이후 노조의 교섭력이 강해져 그 기준을 보다 명확히 제시하려고 했다는 점이 확인되었다.

한편, 쇼와전공의 인원 정리 기준은 8개월 전인 같은 해 3월에 한국경영자총협회에 해당하는 일경련(日経連)이 발표한 기준과 유사한 점이 많다. 일경련은 구체적인 기준으로 "① 퇴직희망자, ② 미복귀자, ③ 회사에 대해 비협력적인 자, ④ 능력이 낮은 자(협력적이나 능력이 낮은 자)"를 제시하였다.[40] 비협력적인 자란 회사에 협력하지 않을 것이라고 공언하고 이를 실행한다든지 직장 질서를 어지럽히는 자 또는 고의로 결근을 자주 하는 자를 말하고, 능력이 낮은 자란 심신장애 또는 노령으로 근무를 제대로 하지 못한다든지 신체적인 이유로 출근 일수가 적은 자 그리고 경험이 적은 자를 말하였다. 이상의 사실로부터 쇼와전공의 경영진은 일경련(日経連)이 제시한 고용조정 기준을 참고로 회사의 사정을 고려하여 그 기준과 내용을 정하였다고 판단할 수 있다.

패전 직후 1945년 쇼와전공의 주력 공장이었던 가와사키공장의 인원 정리 기준에 대해 살펴보면 다음과 같다. "회사는 다음의 기준에 의거하여 종업원을 정리할 것을 결정하였다. 가와사키공장은 이 통첩에 따라 신속하게 해고자의 명부를 본사에 제출하기 바란다. 1. 1943년 이후 입사자 전원 2. 근로 성적이 나쁘고 결근이 많은 자 3. 퇴직을 희망하는 자. 이

---

40) 大河内一男編, 『資料・戦後二十年史』, 第4巻(労働), 日本評論社, 1966, 139-140
쪽.

해고로써 가와사키공장에 남는 인원은 450명을 한도로 한다."라고 전하고 있으며 퇴직 방법은 '의원(依願) 퇴직'의 형태를 띠었다.[41] 동일한 기업은 아니지만 제2차 세계대전 이전과 비교하면 고용조정의 기준이 구체화되었고, 더욱이 스스로 퇴직하는 형태가 퇴직 방법의 한 형태로 등장했다는 점이 확인된다. 그러나 1946년부터 노동운동의 고조로 인해 노조 일반의 강력한 교섭력을 경험한 쇼와전공 경영진의 기준과 비교하면 상당히 간결한 내용이었다.

이상의 고찰에서 1949년 쇼와전공 경영진이 제2차 세계대전 이전은 물론 패전 직후와 비교해도 구체적이고 노동자들 내부에서도 받아들일 수 있는 연령, 근속연수 등을 인원 정리 기준으로 제시했다는 점을 확인할 수 있다.

(2) '자발 퇴직'·퇴직금·임시급여금

경영진은 고용조정이 진행되는 가운데 노사 간의 마찰을 경감시키기 위해 '자발 퇴직'을 유도하여 퇴직금과 해고예고수당 및 임시급여금을 지급하였다.[42] 즉, 첫째 '자발적으로 퇴직을 신청한' 종업원에 대해 회사 사정에 의한 경우 소정의 퇴직금 이외에, 임시급여금을 지급하였다. 부양자가 있는 경우에는 기준임금의 3개월, 독신자의 경우는 기준임금의 2개월분이었다. 둘째, 자발적으로 퇴직을 신청하지 않고 해고당한 자에 대해서는 회사 사정에 의한 경우에 소정의 퇴직금과 법정 해고예고수

---

41) 昭和電工株式会社川崎工場(未詳), 『川崎工場史(稿)』, 299-300쪽.
42) 「従業員諸君に告ぐ」, 『石川』 N9-2.

당을 지급하였다. 셋째, 개인적인 상해 및 질병으로 인한 장기 휴무로 퇴직한 자에 대해서는 자발적으로 퇴직한 자에게 지급한 것 이외에도, 결근 개시 1년간을 한도로 상해와 질병이 치유되지 않은 경우 특별 급여금을 지급하였다.

여기에서 무엇보다도 주목해야 할 점은 당시의 '자발적 퇴직'이 실질적인 지명해고였음에도 불구하고 노사의 합의에 기초하여 협정서에 "제2차, 제3차의 인원 정리는 실시하지 않는다."[43]라는 내용을 넣은 점이다. 이 사실을 강조하는 이유는 이후 일본에 있어서 중요한 고용조정 수단의 하나가 되는 '희망퇴직'이 실시될 때 그 중요한 조건인 "추가모집을 실시하지 않는다."라는 내용과 동일하기 때문이다.

또한 경영진은 고용조정에 응한 종업원에 대해 퇴직금과 임시급여금 이외에도 취직을 알선하고 재고용도 약속하였다. 먼저, 취직 알선부의 구상은 1949년 11월 8일에 명확해져, 같은 달 17일 규정이 정해진 뒤, 고용조정에 관한 노사 간의 협정이 체결된 7일 전에 발족하였다.[44] 본사 내에 설치된 본부 사무소는 각 공장 사업장의 지부를 통괄하였다. 본부의 조직은 사장 겸임 본부장, 총무부장 및 인사부장을 각각 겸임하는 두 명의 본부 차장, 그리고 본부장이 임명한 본부원 및 서기로 구성되었다. 이 조직은 설치된 날로부터 6개월간 운영될 예정이었는데 기간 내에도 목적이 달성되었다고 인정되면 해산하고 그 잔무는 인사담당부과에 인계하게 하였다. 쇼와전공과 국철 및 도시바의 사례에서도 확인할 수 있

---

43) 昭和電工株式会社川崎工場(未詳), 『川崎工場史(稿)』, 367쪽.
44) 「対本発第三号」, 1949年 11月 8日; 「対本発第十三号」 1949年 11月 17日; 『石川』, N9-2.

는 것처럼 경기가 회복되었을 때 퇴직자를 우선적으로 재고용한다는 회사의 약속이 이루어지고 있었다.[45]

이상의 패전 직후 구조조정정책이 기업에 적용된 과정과 노사관계의 고찰을 〈그림 3〉과 같이 정리할 수 있다.

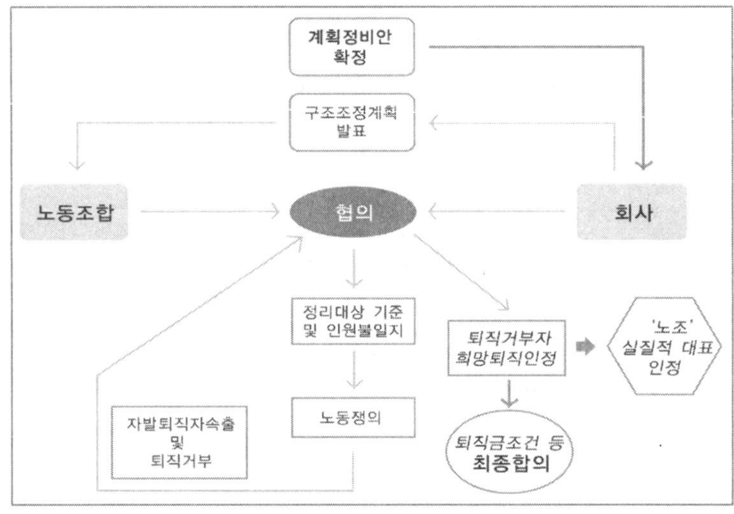

〈그림 3〉 패전 직후 일본 기업의 구조조정과 노사관계

자료: 본문 참조.

---

45) 禹棕杬, 『身分の取引'と日本の雇用慣行』, 日本経済評論社, 2003; 宣在源, 「日本の雇用制度―復興期(1945-49)の雇用調整」; 「従業員諸君に告ぐ」, 『石川』 N9-2.

4. 구조조정과 노동조합의 공인

　패전 직후 부흥기 일본의 구조조정은 각 기업과 노동조합이 각각의 전략에 기초하여 대응하고 일본 정부의 기업 재건정비 정책이 촉진되는 가운데 실시되었다. 기업 재건정비 정책의 목적은 각 기업의 재무구조 개선과 고용조정을 통해 기업을 재건하여 일본 경제를 부흥시키는 것이었다. 구조조정이 진행되는 과정 중 노·사·정 3자는 각자의 입장에서 불만이 있었지만 일본 경제를 재건한다는 대전제에 대해서는 반대할 수 없었다. 한편, 노동조합은 기업을 재건하기 위하여 통과해야 했던 기업 재건정비 계획의 인가 과정에서 이의 제기를 할 수 있는 권한을 기업 재건정비 정책을 통해 보장 받았다.

　이상의 사실은 기업 재건정비 정책이 구조조정을 통해 노동자에게 대량해고라는 고통을 안겨준 것은 사실이지만 그 과정에서 노동자의 권익도 보장하는 '양날 검'의 정책 효과를 발휘하였다는 것을 알 수 있다. 또한 패전 직후 부흥기 일본의 구조조정 과정은 패전 후 공인된 노동조합이 경영자와 실질적인 협의 상대로 인정되는 과정이기도 하였다.

현대일본생활세계총서 5

협조적 노사관계의 행방
: 전후 일본의 노동과 경영의 변용

고도성장기 일본의 노사관계*
기업별조합 체제의 성립을 중심으로

김삼수

1. 고도경제성장과 기업별조합 체제

일본 경제의 고도성장기(1955-1973년)에는 대량생산 체제의 도입을 위한 대규모의 설비투자와 기술혁신이 활발하게 이루어졌다. 생산 설비의 자동화를 수반하는 합리화 투자로 인해 과잉 인원이 발생하고 직무의 재편성에 따라 배치전환이 이루어졌으며 이를 둘러싸고 노사 분쟁이 빈발하였다. 연평균 10% 정도의 고도성장으로 인한 노동수요 증가는 진학률의 상승과 더불어 신규 학교 졸업 청년층을 중심으로 한 노동력 부족을 초래하여 대폭적인 임금 인상의 기반이 되었다. 뿐만 아니라 장기 고용과 연공임금 등 일본적 고용 관행 성립에 유리한 환경을 조성하였

---

* 이 글은 『韓日經商論集』 제55권(2012.5)에 「고도성장기 일본의 노사관계 : 기업별조합체제의 성립을 중심으로」라는 제목으로 게재된 것을 본 단행본의 취지에 맞게 수정·보완한 것이다.

다. 1964년 IMF 8조국 이행에 따른 개방경제화에 대응하여 대규모 기업 합병이 이루어지면서 주요 산업에서의 과점화가 더욱 심화되었다. 그리고 보수 양당 합동에 의해 '55년 체제'가 성립하여 정치의 안정화가 이루어졌으며, 이 체제하에서 1960년과 1970년의 안보투쟁을 겪으며, 마르크스주의 이데올로기를 지주로 하는 사회주의 정당인 사회당이 분열하고 사회당·총평 블록의 사회적 영향력 또한 크게 쇠퇴하였다.

이와 같은 환경 변화 가운데, 패전 직후 조성되어 아직 대립적인 양상을 보이고 있던 일본의 노사관계는 고도성장기에 크게 안정되었다. 그러나 다바타가 주장하는 것처럼 고도성장기의 노사관계는 여전히 분쟁적인 측면이 남아 있었다. 1960년대 중반까지 노동 손실 일수는 높은 수준을 유지하고 있었으며, 노조 조직률 또한 같은 기간 중 줄곧 33-34% 전후에서 안정적인 추세를 보이고 있었다.[1] 그리고 같은 기간을 통해 노사관계가 안정된 것은 민간 부문에 한정되었다. 국철 등 공공 부문의 노사관계는 계속하여 대립적인 양상을 보였다.

이 논문은 고도성장기 일본 노사관계의 전개 양상을 기업별조합 체제의 성립에 초점을 맞추어 살펴보는 것을 과제로 한다. 이와 같은 과제의 설정은 구미의 선진 제국과 비교하여 일본 노사관계의 가장 중요한 제도적 특징이 무엇보다도 기업별조합에 있으며, 제2차 세계대전 후 기업별조합이 중심이 되는 안정적인 기업별조합 체제가 형성되어 자리 잡게 된 것이 바로 고도경제성장기를 통해서였다는 점에 의거한다.[2]

---

1) 田端博邦, 「現代日本社會と勞使關係」, 東京大學社會科學硏究所編, 『現代日本社會5, 構造』, 東京大學出版會, 1991. 228-229쪽.

일본의 특징적 노동조합 조직인 기업별조합은 일찍부터 일본의 지배적인 조합 조직 형태였다. 니무라가 주장하는 것처럼, 본질적 의미에서 초기업적인 노동조합 조직은 일본의 근대화 개시 이후 찾아보기 힘들며, 또 패전 이후에도 줄곧 기업내조합이 지배적이었다.[3] 패전 직후에 실시된 도쿄대학 사회과학연구소의 조사에 의하면, 당시 결성된 노동조합은 사업소나 직장을 기본단위로 하는 직장별 노조나 사업소별 노조로서, 기업내조합이 중심이었다. 동일한 기업에서도 사업소별로 조합이 분열되어 각각 별도의 상부 단체에 가입한 경우도 적지 않았다. 조합원 자격은 특정 기업의 종업원(정규직)에 한정되고, 통상 블루칼라와 화이트칼라가 함께 가입하는 공직(工職) 혼합조합의 성격을 띠고 있었다.[4] 역시 니무라가 주장하는 것처럼 전근대 사회에서 길드적 전통이나 자치도시의 전통이 정착하지 않았던 역사적 조건이 일본에서 기업별조합이 성립된 근거로 유력하다.[5]

그러나 이와 같은 패전 직후의 기업별조합이 곧바로 기업별조합 체제로 귀결된 것은 아니었다. 1950년대와 1960년대를 통해 기업별조합을 극복하기 위한 여러 가지 시도가 전개되었기 때문이다. 제2차 세계대전

---

2) 기업별조합 체제란 기업별조합을 당연한 전제로 하여, 기업별조합주의 노선의 노동운동 세력이 주도권을 장악하는 노동조합 체제를 말한다.
3) 二村一夫, 「日本労使関係の歴史的特質」, 『社会政策学会年報 : 日本の労使関係の特質』第32集, 1987.
4) 東京大學社會科學研究所編, 『戰後勞動組合の實態』, 東京大學出版會, 1950.; 久本憲夫, 『企業内労使関係と人材形成』, 有斐閣, 1998; 兵頭淳史, 「企業内労働組合体制の成立」, 『地域と労働運動』, 第124号, 2011, 24쪽.
5) 二村一夫, 「日本労使関係の歴史的特質」, 『社会政策学会年報 : 日本の労使関係の特質』.

후 일본의 기업별조합 체제는 1949년 개정 노동조합법 체계하에서 일본 노동조합총평의회(이하 총평)가 시도한 산업별 조합 운동이 좌절하는 과정을 통해 형성되었다. 그리고 기업별조합 체제는 패전 직후의 경영협의회6)가 노사협의회로 재편되거나 노사협의회가 신설되는 과정과 표리일체를 이루면서 형성되었다.

이 논문에서는 1949년 개정 노동조합법에 의해 체계화된 노동정책하에서 전개된 노사 간의 대립과 분쟁이 고도성장기에 기업별조합 체제의 성립으로 귀결되었다는 점에 주목하여, 기업별조합 체제의 성립을 축으로 이 시기의 노사관계 전개 과정을 살펴본다. 기업별조합에 대해서는 규정적 요인이나 특징에 관련하여 여러 가지 유력한 연구가 있다.7) 본고에서는 단체교섭과 노사협의의 기능을 동시에 담당하는 존재로서 기업별조합의 기능이, 안정적인 기업별조합 체제가 성립하는 과정 중 어떻게 변화하게 되었는지에 초점을 맞추어 분석한다.8) 1950년대 이후에 초기

---

6) 경영협의회는 패전 직후 활발하게 전개된 노동자 생산관리운동을 대체하기 위해 제정된, 중앙노동위원회(중노위)의 '경영협의회지침'(1946년 7월 17일)에 의해 제도화되었다. 노동협약에 의거해 상설되는 협의 기관으로서 경영·생산 사항에 대한 협의·결정이나 인사 사항에 대한 동의 약관에 의해 경영권을 크게 구속하는 상황을 초래하였다.
7) 일본에서 기업별조합에 관련해서는 그 성립 원인을 내부 노동시장의 형성에서 찾는 내부 노동시장 규정론(小池和男, 1991), 전근대사회에서 크래프트(길드) 규제의 전통을 갖는 동업자조직의 결여에서 그 연원을 찾는 역사적 규정설(二村一夫, 1987), 그리고 블루칼라와 화이트칼라의 범종업원적 특성(single status: 공직 혼합조합)을 중시하는 논의(久本憲夫, 1998) 등이 대표적이다.
8) 본고는 노동조합과 종업원 대표 조직이 엄격히 구분되어 있는 유럽(특히 독일)의 예에 따라 단체교섭과 경영참가(노사협의)를 구분하는 시각을 취한다. 이와 같은 시각에서 제2차 세계대전 이후 일본 노사관계의 제도적 특징을

 협조적 노사관계의 행방 : 전후 일본의 노동과 경영의 변용

업적 조합으로서 전개된 산업별조합 운동 등의 좌절, 경영 규제적인 경영협의회의 해체(재편)와 직장투쟁의 붕괴가 주요 분석 대상이 된다. 아울러 기업별조합의 한계를 극복하기 위한 산업별 공동 임금 인상 투쟁으로서 고안되어 고도성장기에 임금 인상 및 사회적 파급효과를 발휘하였던 춘투의 노동시장 규제력에 대해서 그 기반과 한계에 관해 논한다.

2. 집단적 노사관계 정책과 일경련의 노사관계 구상

2.1. 집단적 노사관계 정책

고도성장기 일본의 노사관계는 1949년 6월에 개정된 노동조합법(이하 1949년 개정노조법 또는 개정노조법)과 1946년에 제정된 노동관계조정법에 의해 규제되었다. 1949년 개정법은 점령 정책의 변화에 따라 반공의 보루대로서 일본 경제를 재건하기 위해 노사관계를 재편하는 것을 목적으로 추진된 것이었다. 이는 일련의 단결 정책을 완성하는 의미를 지녔다.9)

'노사협의'로 파악하는 연구로 栗田健(1994), 森建資(2000), 濱田桂一郎(2006) 등이 있다. 이들에 의하면 일본의 기업별조합은 단체교섭(노동조건에 대한 집단적 시장규제) 기능이 매우 취약한 반면, 기업 내의 생산 및 경영 사항 등에 대한 협의 기능이 두드러진 것으로 파악되고 있다.

9) 단결 정책의 전환은 정부기업 직원을 포함한 모든 정부 직원의 쟁의권과 단체교섭권을 모두 박탈한 연합군 최고사령관 맥아더 서한(政令 201호, 1948년 7월 31일)에서 시작하여, 공무원법의 개정(1948년 11월 30일), 공공기업체 노동관계법의 제정(1948년 12월 12일), 노동조합법의 개정(1949년 6월 1일)에 의해 이루어졌다. 1949년 개정노조법을 중심으로 한 일본의 집단적

1949년 개정노조법에 의해서 체계화된 일본의 집단적 노동정책에 있어 무엇보다 중요한 특징은 1945년 12월의 노동조합법에 비해 노동조합의 기능을 본질적으로 단체교섭에 한정했다는 점에 있다. 경영참가(노사협의제 포함)에 대해서는 특별히 법정화하지 않고 단체교섭(고충처리 포함)을 중심으로 노사관계를 처리한다는 특징에서 미국의 1935년 전국노동관계법(와그너법) 체제와 동질적이라 할 수 있다.

아울러 개정노조법은 노동조합의 조직 형태나 노사협의 등의 경영참가와 관련해서는 아무런 법적 규정을 두고 있지 않다. 노동조합의 조직 형태는 철저히 자유의사에 맡겨지고 있다. 그러나 여기서 유의할 것은 노조 보호를 위해 사용자의 부당노동행위 제도를 도입하고 있음에도 불구하고 미국과는 달리 특정 기업의 종업원 대표 조직인 회사조합(company union)을 특별히 금지하고 있지는 않다는 점이다. 당시 현실에서 지배적이었던 기업내조합을 용인하는 태도를 확인할 수 있다. 그러한 점에서 1949년 개정법에 의해 체계화된 노동정책은 당시 지배적이었던 기업내조합을 용인한 위에서 단체교섭 수단에 의해 노사관계의 제 문제를 처리해 나간 것이라고 할 수 있다.

개정노조법 체계하에서 형성되는 노사관계 제도와 관련하여 중요한 것은, 만일 현실에서 노동조합이 기업별조합으로 고착될 경우 단체교섭이 기업내화할 가능성이 크며, 기업 차원에서 동일한 기업별조합이 주체가 되는 단체교섭과 노사협의의 기능이 명확히 구분되지 않게 된다는

노사관계 정책에 대해서는 김삼수(2006), 遠藤公嗣(1989), 中窪裕也他(1994)를 참조.

 협조적 노사관계의 행방 : 전후 일본의 노동과 경영의 변용

점이다. 노사협의를 특별히 법정화하지 않은 것은 단체교섭과 노사협의를 명확히 구분하지 않는 태도를 반영한 것이라 할 수 있다.

한편, 1949년 개정노조법은 경영 측의 주도하에서 종래의 경영협의회가 해체되고 노사협의제가 보급되어, 일본 노사관계 제도의 중요한 특징을 형성하는 역사적 계기가 되었다. 개정노조법 가운데 노동협약의 자동 연장 금지규정, 그리고 사용자 이익대표의 조합 참가 및 사용자의 조합 경비 원조 금지 규정은 기존의 경영 구속적·경영 유착적 노사관계 관행을 일소하는 데 중요한 역할을 하였다. 이 두 가지 규정은 노사의 명확한 분립 위에서 이루어지는, 단체교섭 중심의 노사관계에 조응하는 것이지만, 당시의 노사관계 상황에서는 노조의 기득권을 박탈하는 데 커다란 역할을 하였다.[10] 실제로 1950년대의 주요 노동쟁의 가운데 이와 같은 노사관계의 규칙이 쟁점이 된 사례가 적지 않다.[11]

2.2. 일경련의 노사관계 구상

노동문제를 전담하는 경영자단체로서 설립된 일본경영자단체연맹(이하, 일경련)[12]은 전투적인 노동조합에 대항하고, 당시 생산관리투쟁이나 경영협의회에 의해 잠식되고 있었던 경영권의 회복을 주된 목표

---

10) 濱田桂一郎, 『新しい労働社会―新しい雇用システムの再構築へ』, 岩波新書, 2009.
11) 전술한 바와 같이 노사협의회를 밑받침하는 법적인 근거는 마련되어 있지 않다. 경영협의회의 해체와 생산위원회의로의 재편('경영협의회의 3분화' 방침) 및 노사협의제로의 이행('생산성 운동')에 대해서는 별고에서 다룬다(木元進一郎, 1987; 沢田幹, 1997).
12) 1947년 5월에 경영자단체연합회로 발족하여 1948년 4월에 일본경영자단체연맹으로 개칭됨.

로 활동하였다.[13) 경영권 회복 운동은 1949년 개정법과 레드퍼지를 수반하는 노동조합 재편 정책(산별회의의 해체와 총평의 설립)의 지원을 받으면서 추진되었다.

당시 일경련의 노사관계 구상은 노동협약 기준안(1953년 1월)에 명확히 드러나 있다. 이 기준안은 총평의 '통일협약 투쟁' 전개에 대한 대응으로 제시되었다. '통일협약 투쟁'은 미 군정의 지원을 받아 결성된 총평이 1951년 평화 4원칙(전면강화, 중립 견지, 군사기지화 반대, 재군비 반대)의 채택을 계기로 좌선회하여 임금강령(1952년 2월)에 의해 기업별조합의 약점을 극복하고 산업별노조로서의 단일 산업별노동조합(이하, 단산(單産))[14)을 강화하고자 한 것이었다.

일경련의 기준안은 경영권 행사가 방해 받고 있는 당시의 노사관계 상황을 새로운 노동협약 체결로써 개선하는 것이었다. 이를 위해 단체교섭 중심의 노사관계 구축을 꾀하는 한편, 교섭권의 제3자(상부 노동단체) 위임을 금지하고 있다. 1949년 개정노동법에서와 같이 노동 측의 교섭 주체로서 기업별조합을 상정하고 있음을 알 수 있다.

일경련의 기준안은 기업별조합을 전제로 한 단체교섭, 즉 '기업별

---

13) 南雲智映, 「使用者団体の活動」, 『久本憲夫編, 労使コミュニケーション』, ミネルヴァ書房, 2009, 210-211쪽.

14) 단산이란 단일 산업별노동조합 또는 산업별단일노동조합의 약칭이다. 일본에서 연합체에 대해서까지 단산이라는 용어를 사용하는 것은 원래 산업별 단일체를 지향한다는 뜻에서이다. 실제로는 단일체와 연합체를 구분하지 않고 단산이라고 약칭하고 있으며, 통상 기업별조합을 단위로 하는 산업별 연합체를 의미한다. 이에 비해 기업별조합은 기업 단위의 단위노조나 그 연합체인 기업연(企業連)을 말한다(白井泰四郎・花見忠・神代和欣, 1986, 119- 120쪽). 더 나아가 자본 계열 단위의 자본 계열별 노련까지도 기업별조합에 포함시킨다.

교섭' 중심의 노사관계를 구상하고 있다. 기업별조합의 기능은 좁은 의미의 노동조건에 한정되고 있다. 단체교섭은 노동협약의 체결 범위에 한정하여 교섭 사항을 제한하고 이를 경영권 사항과 분리시키고 있다. 조합 활동은 원칙적으로 취업시간 외에 행하거나 회사 시설 밖에서 행하며, 조합의 기업 내 활동은 모두 허가제가 원칙이다. 구체적으로 노조의 인사·경영권에 대한 개입 금지, 오픈숍 제도 채택, 직장 내에서의 각종 조합 활동 규제 등이 제시되고 있다.[15]

이상에서 살펴본 대로 1949년 개정노조법의 노사관계 구상과 일경련의 기준안은 일치하며 서로 보완적이다. 기업별조합을 전제로 한 '단체교섭(기업별 교섭)' 중심의 노사관계로 재편하기 위한 정책 구상이다. 경영권의 확립 또한 당연한 전제이며, 경영권에 관련되는 사항은 교섭 사항에서 제외된다. 그러한 점에서 당시 단일산별 노조 강화를 추진하였던 총평의 통일협약 투쟁이나 직장투쟁에 정면으로 대립하는 성격을 갖는다.

3. 산업별조합 운동의 좌절과 기업별조합 체제의 성립

3.1. 조합의 산업별 정리와 통일협약 투쟁

전술한 바와 같이 1950년 7월 결성된 총평은 1949년 개정노조법하

---

15) 栗田健, 『日本の労働社会』, 東京大學出版會, 1994, 96-110쪽. 규제되는 조합 활동에는 취업시간 중의 노조 활동 금지, 조합의 시설 이용 허가제, 조합 전임자에 대한 동의권 등이 포함됨.

에서 일경련 결성을 계기로 경영권이 급속히 회복되는 가운데, 기업 내에서 공동화하고 있는 노동조합의 교섭력을 높이기 위해 산업별조합 운동을 추진하였다.

산업별조합 운동은 1951년 총평이 평화 4원칙 채택을 계기로 좌선회한 이후 다카노(高野実) 사무국장 체제(이하 다카노 체제)하에서 조합의 산업별 정리, 산업별 통일협약 투쟁, 직장투쟁의 방식으로 전개되었다. 한편, 산업별조합 운동이라고 할 수는 없지만 역시 다카노 체제하에서 전개된 '모두 다 함께 투쟁(ぐるみ闘争)'[16]이 있다. 이 투쟁들은 1955년 이후 호경기하에서 춘투가 전개됨에 따라 대부분 소멸하였지만 당시 총평 지도부가 지향하는 노동조합운동의 정치투쟁적 성격을 상징하였다. 산업별조합이 취약한 상황에서 평화 4원칙을 구체적으로 실현하기 위한 대중적 기반을 다지려는 운동이었다는 점에서 그 이데올로기적 지향성을 확인할 수 있다.[17]

산업별 정리는 비슷한 산업 및 노동조건하에 있는 노조를 결집하여, '조합원 개인을 단위'로 하는 산업별조합을 건설하는 '조직상의 혁명'을 꾀함으로써 단산으로서 단일 교섭권을 획득하는 것을 목표로 하였다.

---

16) 조합원 이외에 가족이나 지역 주민 등을 쟁의에 참가시키는 쟁의 전술을 말한다. 1952년 탄광쟁의, 1954년 아마가사키제강소(尼崎製鋼所)쟁의 등의 경험을 살려 전개한 '가족 모두 다 함께 투쟁', '지역 모두 다 함께 투쟁' 등이 대표적인 사례이다. 정치투쟁 중시의 운동 노선에 대한 비판이 전개되는 가운데 전국섬유 등 4개 단산이 탈퇴하고 전노회의(全労会議)가 결성되었으며, 경제투쟁 중시의 이와이 사무국장 체제[오타＝이와이(太田＝岩井) 라인의 지도부]로 전환하는 결과가 초래되었다.
17) 兵藤ツトム, 『労働の戦後史(上)』, 東京大学出版会, 1997, 114-119쪽.

이에 따라 금속, 화학을 전략산업으로 하여 중산별(中産別) 수준에서 산업별조합 연합체를 강화하거나 새로 결성하였으며, 기업별조합-산업별조합(연합회)-전국조합(총연합회)으로 체계화되는 노동조합 조직 체계의 원형이 형성되었다.[18]

산업별 통일협약 투쟁은 1952년의 임금강령에 의해 제시되었다. 최초의 투쟁은 총평의 좌선회를 주도하고 또 단산으로서의 조직이 강했던 일본전기산업노동조합(이하 전산(電産)노조)과 일본탄광노동조합(이하 탄광(炭勞)노조)의 쟁의에서 시도되었다. 두 조합 모두 단일의 산별조합(산업별조합)이었다. 1952년에 발생한 '전산·탄로쟁의'는 전년도의 임금수준 회복을 목표로 전개된 추계 투쟁으로, 단일 산별조합운동의 시험대가 되었다. 전산노조는 전년도에 지역별로 분할·민영화된 9개사의 전기사업경영자회의를 상대로 통일 교섭을, 탄광노조는 중앙과 4개 지방별로 블록별 단체교섭을 확립하기 위해 석탄광업연맹을 상대로 집단 교섭을 요구하였다. 두 산업에서 모두 일단 통일 교섭과 집단 교섭 형태의 초기업적인 교섭이 이루어졌다. 그러나 사용자 측이 모두 임금 인상을 거부하는 한편 역으로 직계급(職階給) 제도의 도입(전력)이나 표준작업량의 인상(석탄)을 제안하여 파업에 돌입하게 되었고, 일경련과 총평이 개입하여 일종의 '총자본 대 총노동의 대결' 양상을 띠게 되었다. 파업이 장기화됨에 따라 일부 지역 본부에서 제2조합이 결성되고 또 개별 교섭으로 이행하는 케이스가 발생하였다. 이러한 사태에 직면하여

---

18) 兵藤ツトム, 『労働の戦後史(上)』, 101-102쪽; 仁田道夫, 「労働組合」, 仁田道夫·久本憲夫編, 『日本的雇用システム』, ナカニシヤ出版., 2008, 208-210쪽.

전산노조는 결국 도쿄, 중부, 관서의 각 사에 대해서 개별 교섭에 의한 협정 체결을 인정하지 않을 수 없게 되었다. 탄광노조 또한 중앙투쟁위원회의 승인을 얻지 않은 채 지방 블록별로 이탈하여 개별 교섭을 이행하는 케이스가 발생하여, 정부의 긴급 조정에 의거한 중앙노동위원회의 알선안을 받아들이지 않을 수 없게 되었다. 쟁의의 결과, 전력 산업에서는 조합 분열에 의해 9개 사 모두 기업별조합이 결성되었으며, 1956년에는 전산노조 조직 자체가 붕괴하게 되었다. 한편, 이 기업별조합들의 연합체로서 전국전력관련산업노동조합연합회(이하 전력노련)가 조직되었지만 총평에는 가입하지 않고, 1954년에 결성되는 반총평 세력의 전일본노동조합회의(이하 전노회의(후에 동맹))에 가입하여 그 주력 조합 가운데 하나가 되었다.[19]

이와 아울러 전일본자동차산업노동조합(이하 전자동차노조)도 1952년부터 산별로서의 단일화를 강화하기 위해 경험 연수에 따른 숙련도별 통일 요구 기준을 설정하여 산업별 통일 임금 인상 투쟁을 전개하였다.[20] 도요타, 닛산, 이스즈의 3분회 공동 투쟁을 중심으로 각 사별 교섭이 진행되었는데, 회사 측이 임금 인상 요구를 거부하는 한편 기업 내 조합 활동에 관한 협약 사항의 개정을 역제안하게 됨에 따라 3사 모두 무

---

19) 兵藤ツトム, 『労働の戦後史(上)』, 103-105쪽. ; 仁田道夫・久本憲夫編, 『日本的雇用システム』, 220-222쪽. ; 河西宏祐, 「「電産二七年争議」論」, 清水愼三編著, 『戦後労働組合運動史論』, 日本評論社, 1982.

20) 1948년 3월 닛산, 도요타, 이스즈의 노조가 중심이 되어 조직된 전자동차노조는 조직적으로는 개인 가맹의 형식을 취하고, 또 각 단조의 명칭을 분회로 변경하는 등 산업별조합의 실질화를 지향하였지만 여전히 기업별조합(단조)의 연합체 성격이 강한 상태였다.

기한 파업에 들어갔다. 회사 측의 요구 사항은 과장의 비조합원화, 취업 시간 중 조합 활동에 대한 회사의 승인 권한 확보, 무노동 무임금 원칙 등 이었다.

이스즈 분회에 조합 분열이 표면화되는 가운데 이스즈와 도요타에 서 타결이 이루어져 닛산 분회만이 고립하여 투쟁하는 상황이 초래되었 다. 1949년 개정노조법 시행으로 인해 무협약 상태에 들어간 이후에도 강력한 직장 규제를 행하고 있던 닛산 분회는 독자적으로 100일에 걸쳐 시한부 파업, 무기한 파업 등의 투쟁을 전개하였다. 그러나 경영 측의 단 호한 직장 폐쇄를 수반한 장기간의 파업 과정 중 직원 및 현장감독 층을 중심으로 조합 탈퇴와 조합 분열이 이루어지면서 회사 측의 요구안을 그 대로 승인하지 않을 수 없게 되었다. 분열에 의해 결성된 기업별조합인 닛산노조는 그 후 3차례에 걸친 탈퇴 과정을 거쳐 닛산 분회(제1조합)를 능가하는 다수파가 되었고, 경영 측의 지지를 받아 노사관계에서 주도권 을 장악하게 되었다. 쟁의의 결과 1954년에는 단산인 전자동차노조 자체 가 해산하고, 뒤이어 닛산 분회도 소멸하였다.[21]

이상에서 살펴본 것처럼 조합의 산업별 정리 위에서 추진된 산업별 통일협약 투쟁은 당시 단일체 형식을 갖춘 대표적인 단산에 의해서 시도 되었다. 쟁의는 모두 통일 임금 인상 요구에서 발단하였으나 쟁의 과정 에서 사용자 측이 종래 노조가 행해 오던 직장 규제적인 기업 내 조합 활

---

21) 김삼수, 「일본」, 전명숙 외, 『복수노조 환경하의 노사관계 연구』, 한국노동 연구원, 2006, 44-46쪽; 栗田健, 『日本の労働社会』, 東京大學出版會, 1994, 111-119쪽; 兵藤ツトム, 『労働の戦後史(上)』, 105-107쪽; 上井喜彦, 『労働組合 の職場規制』, 東京大学出版会, 1993.

동에 관한 협약 사항이나 관행을 개정하기 위해 역제안을 함으로써 파업으로 이어졌다. 그러나 회사 측의 강력한 저항에 부딪혀 파업이 장기화되는 가운데, 공동 투쟁에 참가한 단위노조가 이탈하여 기업별 교섭으로 전환하거나(탄광노조, 전자동차노조), 조합 분열을 통해 제2조합으로 기업별조합이 결성되어 주도권을 장악하게 됨에 따라 단산이나 분회 자체가 붕괴하는(전산노조, 전자동차노조, 닛산 분회) 결말에 이르렀다. 특히 닛산쟁의는 일경련이 경영권 회복 지침을 제시한 노동협약 기준안이 적용된 시범 케이스로서 사용자 측이 완승하였다는 역사적 의의가 있다. 협약의 자동 연장을 금지하고 사용자의 경비 지원을 금지한 1949년 개정노조법이 이와 같은 협약 체제의 개편을 가능하게 한 법적 기반이 되었음은 물론이다.

3.2. 직장투쟁

3.2.1. 직장투쟁의 전개

1950년대에는 이와 같이 산업별 협약 투쟁이 좌절되는 한편 직장투쟁이 전개되어 상당한 성과를 얻는 케이스가 발생하였다. 직장투쟁은 1947년 2.1 파업 이후 '직장에 노동운동을'이나 '간부 투쟁에서 대중투쟁'과 같은 슬로건 아래, 기업합리화와 직제 강화로 노사 대립이 집중되는 생산 현장에서 노동자의 노동조건이나 노동환경상의 요구 실현을 중심으로 투쟁하는 대중투쟁으로서, '간부 청부적' 노동운동을 불식하고 직장에서의 노동운동을 강화하기 위해 추진되었다. 대표적인 성공 사례로 1952년부터 전개된 호쿠리쿠철도(北陸鉄道)노동조합의 직장투쟁과 1953년부터 전개된 기업연의 미쓰이탄광노동조합연합회(이하, 삼광연(三鑛連))의 직장투쟁이 있다.

이 두 쟁의는 기업별 노조 본부와의 관계에서 직장의 독자성 정도에 차이가 있기는 하지만, 현장 직제(계장, 계원 또는 鑛長)의 지배를 배제하려 한 점에서 공통적이다. 호쿠리쿠철도의 직장투쟁에서는 근무시간의 세목, 요원 및 적정 배치 등 직장 수준의 일상적인 문제에 대해 직장투쟁위원회를 설치하여 협약 투쟁을 전개하고 그 성과를 협약화하고자 하였다. 삼광연에서 직장투쟁의 발단은 석탄산업이 경영 부진에 처한 가운데 제시된 기업정비안의 지명해고에 대한 반대투쟁이었다. 파업 성공 후 삼광연 산하의 미이케(三池) 탄광노조를 중심으로 직장에서 집단 교섭의 성과를 각서화하는 '메모화 투쟁'이 전개되었다. 그 결과 직장 내 배치에 관한 현장 직제의 권한이 축소되고 윤번제(로테이션방식의 갱내 작업 배치)[22]가 실시되기에 이르렀다.[23]

이와 같이 근무시간의 세목, 요원 및 배치 등 생산 및 작업과 관련하여 직장에서 발생하는 일상적인 문제들을 가능한 한 모두 협약 사항으로 정하려고 했다는 점에서, 직장투쟁은 본질적으로 직장교섭의 성격을 갖는다고 할 수 있다. 경영협의회의 해체에 대응하는 직장 수준에서의 교섭 및 협약 투쟁으로서의 성격이 강하다. 다만 교섭 사항은 종래의 경영협의회와는 달리 직장 수준의 생산 및 작업과 관련한 사항에 한정된다.

---

22) 윤번제는 노조의 직장조직(분회)이 평등주의적으로 직무를 배치하는 관행으로서, 전통적인 노무관리 수단으로 이용되어 왔던 직제의 차별적인 직무 배치를 배제하기 위해서 도입되었다.
23) 兵藤ツトム, 『労働の戦後史(上)』, 109-113쪽.

총평은 직장교섭의 기능을 하는 직장조직의 강화를 통해서 산업별조합
의 기업 내 기반을 강화하고자 하였던 것이다. 직장교섭의 성격을 가지
는 직장투쟁은 1949년 개정노조법과 정부 정책, 일경련의 노사관계 구
상, 그리고 뒤에 서술할 생산성 운동의 노사협의제를 중심으로 하는 노
사관계 정책과도 충돌하는 것이었다.

3.2.2. 미이케쟁의

직장투쟁을 둘러싼 노사 간의 대립은 이미 살펴본 닛산 쟁의를 비롯
해 1950년대의 많은 쟁의에서 표출되었다. 대립이 정점에 이른 것은 1960
년의 미쓰이미이케(三井三池) 탄광쟁의에서이다. 당시 미이케노조는
탄광노조를 견인하는 삼광연 산하의 중심적인 조합으로서 총평 직장투
쟁의 상징이었다. 쟁의는 1959년 기업정비안의 대규모 인원 삭감 방침에
서 발단하였지만, 그 최대 쟁점은 300여 명에 이르는 직장의 조합활동가
(사회당원 120명, 공산당원 31명 포함)에 대한 대규모 지명해고조치였
다. 파업과 직장 폐쇄를 수반하고 총평과 일경련의 전면적인 지지를 받
아 전개된 이 쟁의에서 미이케노조는 조합 분열과 삼광연의 파업 대열
이탈, 안보투쟁 종식으로 인해 고립된 상황에 처하게 된다. 그리고 결국
중노위의 제2차 알선안을 받아들이게 되었다. 알선안은 '자연 퇴직'이라
는 형태로 사실상 사용자의 지명해고를 인정하는 것이었기 때문에 미이
케노조의 패배를 의미하였다.[24] 당시 총평 직장투쟁의 상징이었던 미이

---

24) 清水慎三編著, 『戦後労働組合運動史論』, 日本評論社, 1982; 兵藤ツトム, 『労働
　　の戦後史(上)』; 김삼수, 「일본」, 『복수노조 환경하의 도시관계 연구』, 2006.

케노조가 전면 패배함에 따라 노동조합운동의 우선회에 결정적인 역할을 했다고 평가되는 이 쟁의에서, 주목되는 점은 다음의 두 가지이다.

첫째, 직장 활동가의 지명해고에 의해 직장 규제를 불식하는 것이 경영자 측의 최대 목적이었다는 점이다. 사용자는 현장협의제 하에서 윤번제나 안전위원제(갱내 안전 점검) 등 조합(직장조직)의 생산컨트롤로 인해 사실상 현장 직제가 마비되는 상황을 제거하여 현장의 경영 질서를 확립하고자 하였다.[25] 이러한 회사 측의 의도는 결국 중노위와 정부 정책에 힘입어 관철되었다. 사용자의 제1차 알선안 거부로 중노위 위원장의 교체까지 수반하면서 이루어진 이와 같은 정책에서 직장교섭은 용인하지 않겠다는 확고한 태도를 확인할 수 있다.[26]

둘째, 미이케탄광에서도 역시 직원과 현장감독자를 중심으로 기업별조합의 제2조합이 결성되어 결국 다수파가 됨으로써 산업별조합을 지향하였던 미이케노조(제1조합) 자체가 사실상 붕괴하게 되었다.

'총자본 대 총노동의 투쟁'으로 전개된 이 쟁의는 기업에 대한 협조융자 33억 엔, 노조의 투쟁자금 22억 엔, 노조 조직가 연인원 30만 명, 동원경찰 연인원 50만 명에 이를 정도로 규모가 컸다(平井陽一, 2011, 5-6쪽). 이하, 미이케쟁의와 미쓰비시중공업쟁의의 상세한 내용에 대해서는 김삼수(2006)를 참조할 것.

25) 생산 컨트롤이란 채탄 현장에서 현장 직제의 작업 지시를 배제하고, 자동채탄기의 진행을 직장 집단이 직접 규제함으로써 생산, 노동강도, 임금 등을 규제하는 관행을 말한다.

26) 上田眞士,「労働·労使関係政策の展開ー規制と誘導の体系ー」, 玉井金吾·久本憲夫編,『高度成長の中の社会政策ー日本における労働家族システムの誕生ー』, ミネルヴァ書房, 2003, 22-23쪽. 제1차 알선안은 당시 중노위 위원장이었던 나카야마(中山伊知郎)의 이름을 따 '나카야마 알선안'이라 불린다. 그리고 전술의 제2차 알선안 역시 당시 중노위 위원장이었던 후지바야시(藤林敬三)의 이름을 따 '후지바야시 알선안'이라고 불린다.

3.2.3. 미쓰비시중공업 나가사키조선소의 사례

그러나 미이케쟁의의 패배로 총평의 직장투쟁이 소멸한 것은 아니었다. 예컨대 미쓰비시중공업 나가사키(長崎)조선소에서의 직장규제 사례가 있다. 조선소에서는 '전조선(全造船)'이라는, 산업별조합의 분회 형태로 조직된 조합이 1965년까지 매우 강력한 직장 규제를 하고 있었다. 승급·승진·승격·잔업 등에 대한 조합 규제, 직장에서의 비공식 교섭, 취업시간 내의 직장교섭, 직장위원의 취업시간 내 조합 활동 등 여러 측면에서 현장 직제의 기능을 저해할 정도로 강력한 직장 규제가 이루어지고 있었다.

미쓰비시중공업에서는 3사 합병, 경영합리화안, 3사 합병에 수반하는 조합의 조직 통일 등의 문제로 파벌 간에 복잡한 합종연횡이 이루어졌다. 특히 1965년 9월 회사 측이 제시한 경영합리화안을 계기로 나가사키조선소에서는 민사당계의 쇄신동지회를 중심으로 기업별조합의 제2조합이 결성되어 압도적인 다수파가 되었다.[27] 다수파가 된 민사당

---

27) 당시 나가사키조선소는 전국적 정치 상황을 반영하여 4대 파벌이 심각하게 대립하고 있는 상황이었다. 사회당계의 동지회, 민사당계의 쇄신동지회, 공산당계의 공산당, 신좌익계의 사회주의연구회(공산당에서 제명된 활동가 중심)가 그것이다. 나가사키조선소의 제2조합은 타 2사의 기업별조합과 함께 기업 차원의 협의회를 구성하고, 1966년 12월에 미쓰비시중공업노동조합연합회(기업연)를 결성하여 1968년 12월에 동맹에 가입하게 된다. 그 후 1972년에는 타사의 기업별조합(기업연)과 연합하여 산별 연맹으로서 조선중기노련(造船重機労連)을 결성하였다. 그리고 재편된 기업별조합 체제를 기반으로 하는 조선중기노련이 초계파적 금속산업노동조합의 협의체인 금속노협(IMF·JC)에 마지막으로 참가함으로써 협조주의 노선의 일본 노사관계 구조가 성립하였다.

계 쇄신동지회의 운동 이념은 기업 기반 강화를 전제로 하여 성과 배분을 추구하는 것이었다. 조합원을 노동자가 아니라 종업원으로 파악하고, 교섭 방식도 투쟁을 기반으로 한 단체교섭에서 생산 문제를 중심으로 한 노사협의제로 전환해야 한다는 것이었다. 그간 나가사키조선소에서 형성되어 온 노사관계의 틀과 직장 규제를 전면 부인하는 것이라고 할 수 있다.[28]

이상에서 살펴본 바와 같이 총평은 기업내조합이 지배적인 상황에서 이를 극복하기 위한 산업별조합 운동을 전개하였다. 직장투쟁은 1960년 미이케쟁의의 패배로 결정적인 타격을 입었지만 나가사키조선소의 사례에서 보듯이 1960년대 중반까지도 잔존하여 강력한 직장 규제를 행하고 있었다.

3.3. 기업별조합 체제의 성립

총평은 이 밖에도 기업별조합을 극복하기 위한 시도를 하였다. 중소 영세기업 노동자의 조직 활동이 그것이다. 이 활동은 1950년대 중엽에 개시되어 고도성장기를 통해 지속되었다. 조직의 형태는 기업이나 산업을 넘어 지역을 단위로 노동자를 조직하는 개인 가맹 방식의 일반합동노조('총평 전국일반노동조합') 형식을 취했으며, 중소기업 대책 조직가를 전국적으로 배치하여 조직화 사업을 추진하였다. 1955년 90명이던 조직가는 그 후 대폭 증가하여 1959년 300명, 1967년 338명이 되었다. 그 결

---

28) 上田修, 「三菱長崎造船の『組合分裂』(1965年)」, 労働争議史研究会編, 『日本の労働争議(1945—80年)』, 東京大学出版会, 1991.

과 전국 일반의 조합원 수는 1960년 약 5만 5천 명이던 것이 1965년에는 10만 명을 초과하게 되었다. 총평 주도의 조직 확대에 의해 1960년대 전반기, 조직화에 상당한 진척이 있었음을 확인할 수 있다. 그러나 1960년대 후반에는 조직화 활동이 한계에 부딪히게 되었다.[29]

이상에서 살펴본 대로 기업별조합이 지배적인 상황에서도 노동조합의 조직 형태를 둘러싼 대립은 1960년대 전반까지 계속되었다. 일본의 근대화 이후, 특히 패전 이후 줄곧 기업내조합이 지배적이었지만 기업별조합 체제가 곧바로 성립하였던 것이 아니었음을 확인할 수 있다.

'대규모 쟁의→조합 분열→제2조합의 성립 및 우세화'와 같은 패턴을 거치면서 전개된 1950, 1960년대의 노사관계는 산업별조합주의 운동이 좌절되고 기업별조합 체제가 형성되는 과정 중에 있었다고 할 수 있다. 이 과정을 통해서 직장투쟁의 성과인 직장 규제가 붕괴되었다.[30] 기업별조합 체제의 형성은 '쟁의에서의 패배를 통한 제2조합 결성'의 루트만이 아니라 '기업별조합 자체의 리더십 전환'이라는 루트를 통해서도 이루어졌다. 예컨대 도요타자동차의 1950년 쟁의, 철강산업에서의 1957년과 1959년의 쟁의가 대표적이다. 특히 후자의 쟁의에서 총평 산하 철강노련은 '확대중앙투쟁위원회' 체제(파업권 비준 방식)를 구축하여 통일 임금 투쟁을 조직하나 사용자 측의 강력한 결속에 의한 '제로 회답(零回答)'과 '일발회답(一發回答)'에 부딪혀 전면적으로 패배하였다. 이 쟁

---

29) 兵頭淳史, 「企業內労働組合体制の成立」, 『地域と労働運動』第124号, 2011, 31-33쪽.
30) 일본에서의 조합 분열을 통한 복수 노조의 형성에 대해서는 김삼수(2006)를 참조.

의에서의 패배는 사회당 좌파 프랙션이었던 '동지회(同志會, 철강노련 내의 좌파)'의 주도권이 붕괴하고, 경영 협조적 '기업별조합주의' 노선의 리더십(미야다 요시지(宮田義二)를 리더로 하는 '맹우회(盟友會)' 중심 의 우파 그룹)으로 전환하는 계기가 되었다.31)

　　1962년에는 이들 기업별조합 노선이 야하타제철조합의 임원을 독 점하였고, 1968년까지는 야하타제철뿐 아니라 후지제철, 일본강관 등의 대규모 철강조합 집행부에서 사회당 좌파와 공산당파가 배제되었다.32) 철강노련과 철강기업의 노조를 중심으로 한 노동조합 리더십의 전환은, 전노회의를 계승하여 1964년에 결성된 전일본노동총동맹(이하 동맹)과 금속노협(IMF · JC)33)이 민간 부문의 노동조합운동을 주도하는 것과 밀 접하게 연관되어 진행되었다. 그 결과 1960년대 중반 이후 민간 대기업 의 기업별조합이 총평을 탈퇴하여 전노회의와 동맹을 맺는 사례가 속출 하였으며, 1967년 이후 민간 부문에서는 동맹 조직이 총평을 상회하기에 이르렀다. 그리고 금속노협에 가맹한 민간 주력 단산에서는 대기업의 기

---

31) 松崎義,「鉄鋼争議(1957・59年)」, 労働争議史研究会編,『日本の労働争議(1945-
　　80年)』, 東京大学出版会, 1991; 田端搏邦,「現代日本社會と勞使關係」, 東京大學
　　社會科學研究所編,『現代日本社會5 構造』, 東京大學出版會, 1991, 238-241쪽.
32) 兵藤ツトム,『労働の戦後史(上)』, 249쪽; 鈴木玲,『協調的労働運動の政治的側面
　　-鉄鋼労働運動における少数派と組合政治』, 1998.
33) 전일본금속산업노동조합협의회의 약칭임. 국제금속노련 일본협의회로 1964
　　년에 결성된 금속 4단산의 협의회이며, 1975년에 금속노협으로 명칭이 변경
　　되었다. 4단산은 철강, 조선, 전기(電機), 자동차의 단산을 말하며, 미야다 요
　　시지가 결성에 중심적인 역할을 하였다. 야하타제철소 출신의 미야다 요시
　　지는 1959년에 철강노련의 서기차장에, 1960년에는 서기장에 취임한다.
　　IMF · JC의 결성, 석유 위기 시의 임금 결정, 노동전선 통일 등에 있어서 주
　　도적인 역할을 하였다(宮田義二,『組合ざっくばらん』, 東洋経済新報社, 1982).

업별 노조가 형식적으로는 총평에 소속되어 있으면서도 지역 조직에서는 실질적으로 탈퇴하는 경향이 나타나 총평과 사회당의 조직 기반이 현저히 약화되는 결과가 초래되었다.[34]

이와 같은 과정을 통해 1960년대 중엽에는 기업별조합을 당연한 전제로 하고, 기업 내 생산 협력을 우선시하여 성과 배분을 요구하는 경영 협조적 기업별조합주의 노선이 주도권을 장악하는 기업별조합 체제가 성립하였다. 이러한 기업별조합 체제와 밀접한 연관을 가지면서 형성된 노사협의제에서는 초기업적인 노동시장 규제 기능이 약화될 수밖에 없다. 그리고 직장투쟁을 둘러싼 쟁의의 결과 '직장교섭'이 배제됨으로써 노사협의는 '의견 교환'의 수준을 넘어서지 못할 것으로 전망된다.

4. 춘투의 기능과 한계

4.1. 춘투

춘투는, 다카노 체제에서 전개된 총평의 산업별단일노동조합운동이 기업별조합의 벽에 부딪혀 좌절되는 가운데 기업별조합 자체를 주어진 여건으로 하여 조직한 산업별 공동투쟁으로서의 춘계 임금투쟁을 말한다. 각 단산별로 통일된 요구액, 투쟁 스케줄, 타결 기준을 설정하여 공동투쟁을 실시하였다.[35] 1955년 봄 '오타-이와이 라인'의 지도부하에서

---

34) 兵頭淳史, 「企業内労働組合体制の成立」, 32-33쪽.
35) 兵藤ツトム, 『労働の戦後史(上)』, 128쪽.

총평 산하 8개 단산의 공동투쟁으로 시작된 춘투는 총평 및 중립계 노조가 조직하는 춘투공동투쟁위원회에 의해 대규모 운동으로 발전하였다. 고도성장기는 춘투가 형성·정착하는 시기이다.[36]

춘투에서 노동조합은 '전년도 실적 플러스알파'의 방식으로 대폭적인 베이스 업을 요구하고, 사전에 짠 쟁의 일정에 맞추어 회담을 끌어내는 '스케줄 투쟁'의 전술을 사용하였다. 춘투는 고도성장기의 호경기에 힘입어 1960년대에 들어 민간 부문을 중심으로 순조롭게 발전하였다. 이케다 내각의 소득배증계획하에서 두 자릿수의 임금 인상을 실현하였다. 1963년에는 '유럽 정도의 임금' 획득을 목표로 하고, '전년도 실적 플러스알파'라는 요구 방식이 춘투의 임금 결정 관행으로 정착되었다. 일경련은 생산성기준원리나 실질 GDP 성장률 이내의 명목임금 인상(정기승급 포함)을 주장하였지만, '전년도 실적 플러스알파'의 관행이 지속되었다. 그리고 1964년에는 관공 노동자의 임금을 민간부문에 준거하여 결정하는 민간준거원칙이 공적으로 확인됨으로로써 춘투는 임금 결정의 사회적 기구로 정착하게 된다.

춘투는 임금 인상 시세 형성자(pattern setter)가 되는 주요 단산을 선도자(top batter)로 하여 시세를 형성하고 타 산업에 파급시킴으로써 임금수준의 고위 평준화를 꾀하였다. 〈표 1〉에서 보는 것처럼 시세 형성자는 그 형성기(1955-1963년)의 사철(私鐵), 공로협(公勞協), 화학 산업 중

---

36) '오타-이와이 라인'이란 당시 총평의 의장 오타(太田薫)와 사무국장 이와이(岩井章)의 지도 체제를 말한다. 이하 춘투의 전개 과정에 대한 설명은 특별한 언급이 없는 한 다음을 참조. 春鬪研究會編(1989), 김삼수(1994).

심에서, 성숙기(1964-1973년)에 철강 산업 중심으로 바뀌고, 오일쇼크 이후 금속 4단산으로 변경되었다. 성숙기에 철강이 시세 형성자의 위치를 차지하게 된 것은 산업으로서의 표준성, 대표적인 과점 산업으로서 산업 연관상의 중요한 위치, 안정적인 수익성이라는 경제적 원리를 반영한 것이었다.

<표 1> 춘투의 추이

연도	임금 상승률(%)	임금 인상액(엔)	분산계수	고용임금 인상액(엔)	패턴설정자	춘투참가 인원(만 명)	노동조합 조직률(%)
1956	6.6	1,063	0.29	-	私鉄	300	33.5
1957	8.6	1,518	0.20	-	石炭	310	33.6
1958	5.6	1,050	0.29	-	私鉄	365	32.7
1959	5.5	1,281	0.20	-	私鉄	392	32.1
1960	8.7	1,792	0.17	2,831	鉄鋼	411	32.2
1961	13.8	2,970	0.14	4,043	公企体	439	34.5
1962	10.7	2,515	0.13	5,004	鉄鋼	484	34.7
1963	9.1	2,237	0.16	4,815	私鉄(?)	660(523)	34.7
1964	12.4	3,305	0.10	5,548	鉄鋼	467(519)	35.0
1965	10.6	3,150	0.16	6,214	私鉄	645(557)	34.8
1966	10.6	3,403	0.12	6,623	化学	689(568)	34.2
1967	12.5	4,371	0.07	7,025	鉄鋼	698(579)	34.1
1968	13.6	5,296	0.07	8,305	私鉄	729(582)	34.4
1969	15.8	6,865	0.07	9,840	鉄鋼	746(593)	35.2
1970	18.5	9,166	0.06	11,795	鉄鋼	850(606)	35.4
1971	16.9	9,727	0.07	13,991	公企体	880(603)	34.8
1972	15.3	10,138	0.08	15,432	鉄鋼	895(600)	34.3
1973	20.1	15,159	0.05	18,894	電力(?)	919(611)	33.1
1974	32.9	28,981	0.07	35,177	私鉄・繊維	927(622)	33.9
1975	13.1	15,279	0.16	37,447	鉄鋼	968(651)	34.4
1976	8.8	11,596	0.10	23,793	鉄鋼	971(658)	33.7
1977	8.8	12,536	0.07	22,181	自動車	981(658)	33.2
1978	5.89	9,218	0.20	19,621	鉄鋼	967(660)	32.6
1979	6.00	9,959	0.10	14,668	鉄鋼	967(659)	31.6

1980	6.74	11,679	0.06	15,157	鉄鋼	966(650)	30.8
1981	7.68	14,037	0.06	18,735	鉄鋼	970(651)	30.7
1982	7.01	13,613	0.06	18,080	金属 4 業種	986(660)	30.5
1983	4.40	8,964	0.15	15,005	金属 4 業種	997(663)	29.7
1984	4.46	9,354	0.12	13,615	金属 4 業種	1008(663)	29.1
1985	5.03	10,871	0.09	15,507	-	-	28.9
1986	4.55	10,146	0.14	16,391	-	-	28.2
1987	3.56	8,275	0.18	12,861	-	-	27.6

자료: 春闘委員会編, 『春闘かわるのか』, エイデル研究所, 1989, 31쪽.

4.2. 춘투의 기능과 한계

〈표 1〉에서 보는 것처럼 타결 임금 인상률은 1950년대 후반에 6-8% 대에서 추이하고, 1960년대에는 10%에서 18% 정도로 상승하였다. 고도성장기(1955-1970년)의 연평균 실질 GDP 상승률 9.7%를 상회하였다 (1960-1974년 기간 중 연평균 춘투 임금 인상률은 14.8%). 그리고 동일 산업 내에서뿐만 아니라 산업 간에도 임금 인상액의 분산 계수가 작아졌다. 임금 인상액의 분산 계수는 거의 매년 하락하였다. 1955년 0.29였던 분산 계수는 1960년 0.2 미만으로, 1967년 이후에는 다시 0.1 미만으로 하락하였다. 그만큼 임금 인상의 사회적 파급이 확대되었다는 뜻이다. 다만 여기에서 유의할 점은 춘투에서 정해지는 임금 인상액은 어디까지나 임금 베이스(평균임금)이기 때문에 차별 승급을 내포하는 임금체계에서 개별 임금의 평준화를 의미하지는 않는다는 점이다. 고도성장기 춘투에서는 생산성을 상회하는 임금 인상과 임금 인상의 평준화 효과가 달성되었다고 할 수 있다.

그러나 이 시기 대폭적인 임금 인상에 있어서는 단산 수준의 통일투쟁을 배경으로 한 기업별조합의 교섭력보다 노동시장적 요인이 더 큰 역할을 하였다는 점에 유의할 필요가 있다. 노동 수급 상황을 보면 노동 수요의 증대와 진학률 상승으로 노동력이 부족하였고, 특히 기술혁신에 적합한 청년 노동자의 부족이 심각하였다. 청년 노동자를 중심으로 하는 판매자 주도의 노동시장을 배경으로, 임금이 인상되고 평준화가 초래되었다. 1960년대에 들어 기업 규모별 임금격차가 축소된 것은 이러한 노동력 부족의 노동시장을 반영한 것이다.[37] 아울러 기업의 급속한 성장으로 인해 대기업을 중심으로 기업의 지불 능력이 증대된 점, 또 과점적 경쟁 체제에서 노무비의 평준화로 경쟁 조건을 맞추는 데 대한 사용자의 인식이 제고된 점 등이 임금 인상과 평준화를 가능하게 한 요건이었다고 할 수 있다.[38]

1970년대에 고도성장이 종료하고 저성장 경제로 전환하게 됨에 따라 이와 같은 노동시장 조건은 소멸한다. 그리고 이미 1960년대 후반에 기업별조합을 당연한 전제로 하여 생산 협력을 우선시하는 동맹과 금속노협이 민간 부문에서 노동운동의 주도권을 장악하였다. 1967년부터는 '총평 춘투'와 '동맹·금속 임투(JC 임투)'가 동시에 전개되고, 점차 금속노협(IMF·JC)이 주도하는 춘투로 전환하게 된다. 춘투가 JC춘투가 되고,

---

37) 한편, 고도성장기에 크게 축소되었던 기업 규모별 임금격차와 산업별 임금격차는 저성장기로 접어든 1970년대 중반 이후에는 정체되거나 심지어 확대되는 경향마저 보였다(春鬪硏究会編, 1989, 43-44쪽).
38) 石田英夫,「日本の労使関係と賃金決定」, 東洋経済新報社, 1976; 兵藤ツトム,『労働の戦後史(上)』, 128, 146-148쪽; 田端博邦,「現代日本社會と勞使關係」, 東京大學社會科學研究所編,『現代日本社會5, 構造』, 東京大學出版會, 1991, 236쪽.

임금 인상이 생산성 상승률 범위 내로 억제됨으로써 춘투에 의한 노동시장 규제력이 상실될 조짐이 이미 고도성장기 후반부터 보이고 있었다고 할 수 있다.[39]

아울러 동맹이나 금속노협의 운동 세력이 주도권을 잡게 됨에 따라 마르크스주의를 이념으로 하는 사회당·총평 블록이 쇠퇴하고, 그간 평화 4원칙 등 정치사회적 이슈를 중심으로 초기업적 연대를 가능하게 하였던 기반이 붕괴되었다는 점에도 유의할 필요가 있다. 원래 춘투도 그 모체가 되는 1954년의 5단산공투회의(5單産共鬪會議)에서 임금 인상과 더불어 미일상호방위원조협정(MSA) 및 재군비 반대 등 정치적 이슈를 투쟁 목표로 하였던 경위가 있다.[40] 경제주의 노선으로 전환하였다고 평가되는 '오타-이와이' 라인의 총평은 여전히 사회주의적 정치 세력으로서 춘투를 전개하였으며, 스나가와투쟁(1957-1959년), 경찰관직무집행법개정반대투쟁(1959년), 안보투쟁(1차, 2차) 등의 정치투쟁을 전개하였다.[41] 그러나 제1차 안보투쟁('60년 안보')을 겪는 과정에서 혁신 진

---

39) 저성장기 이후를 중심으로 한 춘투의 전개와 기능에 대해서는 김삼수(2005)를 참조할 것. IMF·JC와 동맹은 오일쇼크기에 정부와 재계의 임금 억제 캠페인에 적극적으로 호응하여 1975년 춘투에서 주도권을 장악하게 되고, 국민경제와의 정합성을 고려해 임금 투쟁을 주장하는 '국민경제 정합성론'이 노조운동의 주류 정책으로 정착하게 된다.

40) 田端博邦, 「現代日本社會と勞使關係」, 『現代日本社會5, 構造』, 234-235쪽. 5단산공투는 탄로(炭労), 사철총연(私鉄総連), 합화노련(合化労連), 전산(電産), 종이펄프노련(紙パ労連) 등 5개의 단산(산업별단일조합)으로 조직된 공동투쟁회의를 말한다.

41) 鈴木玲, 「戦後日本労働運動の政策志向の分析」, 『生活経済政策』 No.543, 2007. 스나가와투쟁(砂川闘争)은 1957-1959년에 전개된 미군기지 확장 반대 투쟁을 말한다. 경찰관직무집행법개정반대투쟁은 1958년 10월에 기시(岸信介) 내

영의 분열이 초래되어 사회당이 분열되고 민사당·동맹(전노회의) 블록이 결성되었다. 제2차 투쟁('70년 안보') 과정에서는 사회당·총평 블록의 사회적 영향력이 더욱 작아지는 결과가 초래되었다. 기업별조합 체제와 노사협의제의 형성, 그리고 사회당·총평 블록의 쇠퇴에 따라 노동조합은 더욱더 '종업원 조직화'하게 된다.

5. 기업별조합 체제와 노사협의제

이상에서 살펴본 대로 일본의 노사관계는 고도성장기를 통해 기업별조합 체제로 성립되었다. 패전 직후 결성된 노동조합은 일관되게 기업별조합이 지배적인 형태였지만 고도성장기의 노사관계가 처음부터 기업별조합 체제의 성립을 전제로 하여 전개되었던 것은 아니다. 노동협약의 자동 연장을 금지한 1949년 개정노조법 아래 경영협의회가 해체되는 과정에서 총평은 기업별조합의 한계를 극복하기 위해 조합의 산업별 단일 조직을 목표로 한 '산업별 정리'를 행한 다음 통일협약투쟁과 직장투쟁을 중심으로 산업별조합 운동을 전개하였다. 이에 대해 일경련의 지원을 받은 사용자의 저항은 완강하였다. 이 시기 단일 산별노조가 주도한 쟁의에서는 많은 경우 쟁의가 장기화되는 과정에서 조합 분열을 통해 제2조합(기업별조합)이 결성되어 다수파 조합이 되거나 기업별조합주의

각이 제1선 경찰관의 권한 확대를 위해 제출한 개정안에 대해서 반대한 광범위한 국민운동을 말한다. 그리고 안보투쟁(安保鬪争)이란 미일안전보장조약 개정에 반대하여 전개된 국민운동을 말한다.

자가 리더십을 장악하게 되었다. 산업별조합 운동이 좌절되는 과정에서 1960년대 중엽에는 기업별조합을 당연한 전제로 하여 기업 내 생산 협력을 최우선시하는 경영 협조주의 노선의 기업별조합 체제가 동맹과 금속노협의 주도하에서 성립하였다.

한편, 산업별 공동 투쟁으로 전개된 춘투는 고도경제성장기에 고액의 임금 인상 시세 형성과 평준화라는 성과를 거두었다. 춘투의 이와 같은 성과는 조합의 교섭력 자체보다는 고도성장으로 인한 노동력 부족 등 노동시장적 요인에 힘입은 바가 컸다. 그러나 1970년대에 들어 고도성장이 종료하게 됨에 따라 이와 같은 노동시장 조건은 소멸한다.

동맹이나 금속노협의 운동 세력이 주도권을 잡게 됨에 따라 마르크주의를 이념으로 하는 사회당·총평 블록이 쇠퇴하고, 그간 평화 4원칙 등 정치·사회적 이슈를 중심으로 초기업적 연대를 가능하게 하였던 기반도 붕괴하였다. 1960년과 1970년의 두 차례 안보투쟁을 겪는 과정에서 사회당의 분열로 인해 민사당·동맹(전노회의) 블록이 결성되고 이에 따라 사회당·총평 블록의 사회적 영향력이 크게 저하되었다. 기업별조합 체제와 노사협의제의 형성 그리고 사회당·총평 블록의 쇠퇴에 따라 노동조합은 더욱더 종업원 조직화될 것이 전망된다.

이미 1960년대 후반에 기업별조합을 당연한 전제로 하여 생산 협력을 우선시하는 동맹과 금속노협이 민간 부문 노동운동의 주도 세력이 되어, 생산성 상승률 범위 내에서 임금 인상이 억제되는 방향으로 춘투가 전개되었다. 생산 협력을 최우선시하는 경영 협조주의 노선의 기업별조합 체제하에서 고도성장이 종언함에 따라, 저성장기에는 춘투 등을 통한 조합의 노동시장 규제력이 힘을 잃게 된다.

이와 같은 기업별조합 체제의 성립 과정은 한편으로 경영협의회의 재편을 통한 노사협의제의 형성 과정이기도 하다. 1949년 개정노조법에 의거해 추진된 경영협의회의 재편 정책은 1955년에 설립된 생산성 본부의 생산성 운동에 의해 커다란 동력을 얻게 되었다. 노사협의를 단체교섭과 구분하는 생산성 본부의 원칙은 당시 산업별조합 운동이 좌절되고 기업별조합 체제가 확고해지는 상황에서는 단체교섭을 결여한 채 노사협의제 중심으로 노사관계 제도를 구축하는 결과를 초래하게 되었다.

에너지혁명기 일본 석탄산업의 노동운동*
석탄정책전환투쟁을 중심으로

정진성

Ⅰ. 에너지혁명과 석탄산업의 사양화

일본에서의 에너지혁명 — 액체 에너지(석유)에 의한 고체 에너지(석탄)의 대체 — 은 대체로 1950년대 후반기부터 1960년대 전반기에 걸쳐 진행되었다. 일본의 1차에너지에서 차지하는 국산 석탄의 비중은 〈그림 1〉에서 보는 바와 같이 1957년 약 43%에서 1963년 약 23%로, 6년 간 20%포인트나 감소하였다.

---

* 이 글은 『韓日経商論集』 제56권(2012.8)에 「에너지혁명기 일본석탄산업의 노동운동」이라는 제목으로 처음 발표된 것을 본 단행본의 취지에 맞게 수정·보완한 것이다.

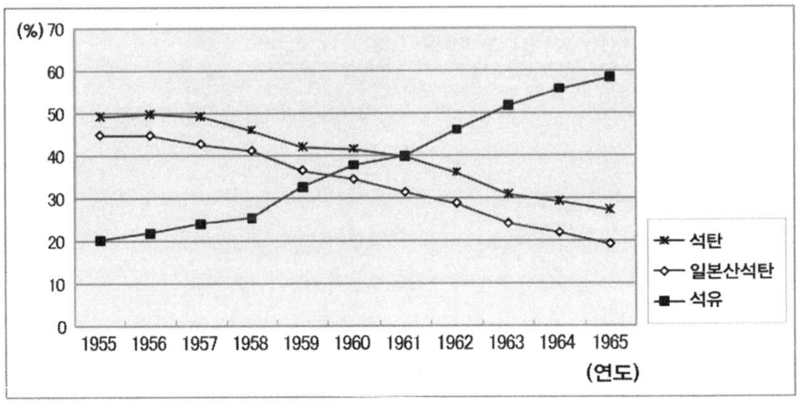

〈그림 1〉 1차에너지 공급 중의 석탄과 석유의 구성비

자료: 通商産業省, 『石炭・コークス統計年報』.

같은 기간 중 석탄 생산량은 큰 변화가 없었으니, 경제성장에 따른 에너지수요의 증대는 오로지 석유로 충당된 것이다. 한편 탄광부(상용 노동자)는 30만 명에서 12만 명으로 무려 18만 명이나 감소했다(〈그림 2〉).

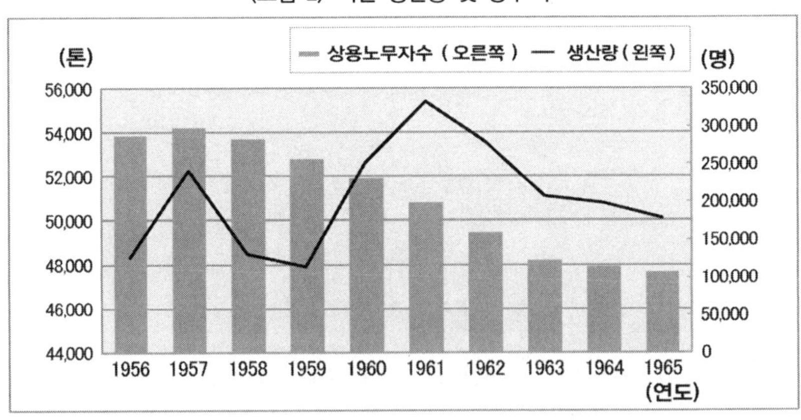

〈그림 2〉 석탄 생산량 및 광부 수

자료: 通商産業省, 『石炭・コークス統計年報』

이 시기에 석탄산업에서 진행된 합리화와 이에 따른 생산성의 급속한 향상이 생산량을 유지하면서 노동자의 감소를 가능하게 했다. 석유가격의 하락이 '석유에 의한 석탄의 대체'를 가져온 결정적 요인이었다. 메리트를 고려할 경우 1952년에 이미 중유 가격은 석탄 가격을 밑돌고 있었다.[1] 1953년에 탄가가 하락함으로써 석탄은 중유에 대한 가격 경쟁력을 일단 회복하지만, 에너지혁명이 본격화되기 시작하는 1957, 58년경부터는 중유 가격이 크게 하락함으로써 석탄에 대한 중유의 가격 경쟁력상의 우위는 명백해졌다.[2]

석탄산업의 사양화와 광부 수의 급속한 감소는 석탄산업의 노동운동에 심각한 영향을 미쳤다. 일본 석탄산업의 산별노조로는 총평(総評)계의 탄로(炭労)와 전로회의(全労会議)계의 전탄광(全炭鉱)이 있었다.[3] 이 중 탄로는 총평 산하의 최강 노동조합으로서, 경영측과 대립적

---

1) 메리트를 고려하지 않으면, 석탄 산지와 가까운 한신(阪神) 지방에서는 탄가와 중유 가격이 거의 같은 수준이었지만 게이힌(京浜) 지방에서는 중유 가격이 더 낮았다. 메리트는 중유와 석탄 각각의 칼로리당 가격이 경제적으로 등가가 되는 경우의 비율로, 대개의 경우 중유 가격을 100으로 했을 때의 석탄 가격으로 표시한다. 즉 중유에 대한 석탄의 메리트가 80이라면 같은 칼로리에 대해 석탄은 중유의 80% 수준의 경제성밖에 없음을 의미한다. 이러한 메리트의 차이는 석탄에 비해 중유가 더 관리가 용이하고 연소율이 높으며 품질이 균일하다는 등의 이유로 발생한다.
2) 石炭経済研究所, 『石炭鉱業の諸問題—新石炭政策の背景』, 石炭経済研究所. 1962, 327쪽.
3) 총평(日本労働組合総評議会)은 1950년 7월에 결성한 산업별노동조합의 통일 조직이다. 총평은 반공파, 민주화동맹 세력이 점령군의 지원을 받아 반공 조합으로서 발족했지만, 단독강화반대운동을 계기로 좌경화하여 투쟁력을 강화하면서 급속히 발전했다. 총평의 좌경화에 비판적인 우파 조합이 54년에 탈퇴하여 전로회의(全労会議 ; 全日本労働組合会議)를 결성한 이후에도 총평은 최대의 전국 조직으로서 노동운동의 중심적 존재였다. 1958년 3월 15일

인 관계에서 파업을 비롯한 강력한 노동운동을 전개해 왔다. 반면, 전탄광은 노사협조주의를 표방하고 생산성향상운동에 협조하면서 노사분규를 거의 일으키지 않았다. 탄로는 조합원 수에서 전탄광을 압도하고 있었기 때문에 석탄산업에서의 노동운동은 탄로에 의해 주도되었다. 탄로는 에너지혁명기에 진행된 석탄광업의 합리화와 그에 따른 인원조정에 강력히 반발하였는데, 본고는 탄로에 의해 주도된 정책전환투쟁(1960-63년)을 사례로 하여 급속히 사양화되어 가는 산업에서의 노동운동의 가능성 및 그 역할에 대해 검토하는 것을 과제로 한다.

에너지혁명기에 탄로가 주도한 노동운동 중에서도 미이케쟁의(三池争議, 1959-60년)와 정책전환투쟁은 그 규모와 영향력이 가장 두드러진 것이었다. 이 중 미이케쟁의에 대한 연구는 상당히 축적되어 있으나 정책전환투쟁에 대한 본격적인 연구는 대단히 빈약하다.[4]

미이케쟁의에 연구자의 관심이 집중된 것은 미이케쟁의가 전후 일본 노동운동의 분수령으로 파악되고 있기 때문이다.[5] 즉, 미이케투쟁에

현재, 총평 산하 조합원 수는 333만 8,800명, 전로회의 산하 조합원 수는 99만 1,100명이었다. 탄로(日本炭鑛労働組合)는 1950년에 결성된 탄광 노동자의 산업별 단일 조직으로서 총평 산하의 최강 조직이 되었다. 1958년 3월 15일 현재, 탄로 산하 조합원 수는 19만 8천명이며, 전로 산하인 전탄광(全国石炭鑛業労働組合)의 산하 조합원 수는 5만 3,500명이었다(『石炭労働年鑑』 1959년판).

4) 전후 일본의 노사관계나 노동운동을 다룬 연구로서 미이케쟁의를 다루지 않은 것은 없을 것이다. 미이케쟁의를 특히 중점적으로 고찰한 대표적인 연구성과로서는 平井(1991; 2000), 清水(1963; 1982)를 참조. 미이케쟁의에 관련되는 문헌정보에 대해서는 平井(2000)가 자세하다. 반면에 정책전환투쟁에 대해서는 통사적 문헌에서는 반드시 언급되고 있지만 이것만을 따로 고찰한 연구성과는 찾아볼 수 없었다.

서의 노조의 패배는 아래로부터의 조합 강화와 직장의 저항력 배양에 수복하기 힘든 타격을 주었으며[6] 이를 계기로 일본의 노사관계는 종전 직후의 노동조합주도형 · 노사대립주의 시대에서 고도경제성장기의 경영자주도형 · 노사협조형으로 전환하였다고 보고 있다.[7]

미이케쟁의가 이처럼 일본의 전후 노사관계사 및 노동쟁의사에서 중요한 위치를 차지하고 있는 것은, 미이케노조가 총평의 핵심 세력인 탄로의 최강 노동조합이었을 뿐만 아니라, 미이케노조가 전개한 직장투쟁(職場闘争)의 성격 때문이다. 1950년대 중반부터 호쿠테쓰(北鉄; 北陸鉄道)노조나 미이케노조에서 선구적으로 전개되었던 직장투쟁은, 직장(생산점)에서의 조직 구축을 기반으로 하여 직장에서의 교섭 기능을 확립함으로써, 여전히 봉건적 성격을 띠고 있던 직장의 민주화를 목표로 하면서, 사실상, 40년대 이후 경영권 확립을 추구하여 온 자본 측의 관리 기구 강화에 대한 저항과 도전이라고 할 수 있다.[8]

총평은 직장투쟁을 '노동조합활동의 기조'로 삼고자 했다. 1958년 7월 총평 제10회 대회에 제시된 「조직강령초안」(이하 「초안」)은 직장투쟁을 노동조합활동의 기조로 하여 기업별조합의 '계급화'를 도모하고 나아가 이를 통해 노동자가 '직장의 주인공'이 되는 길을 열고자 하는 야심찬 전망을 제시하였다.[9] 그러나 「초안」은 미이케쟁의 패배와 더불어 결국

---

5) 清水慎三, 「三池争議小論―八〇年代からの再論」, 清水慎三編, 『戦後労働組合運動史論』, 日本評論社, 1982, 7쪽.
6) 清水慎三, 「三池争議小論―八〇年代からの再論」, 20쪽.
7) 河西宏祐, 『企業別組合の理論 ―もう一つの日本的労使関係』, 日本評論社, 1989.
8) 兵藤釗, 「職場の労使関係と労働組合」, 清水慎三編, 『戦後労働組合運動史論』, 1982, 217-220쪽.

햇빛을 보지 못한 채 그저 「초안」으로 유산되고 말았으며, 직장투쟁은 총평 산하 노동조합 사이에서 광범위한 공감을 불러일으켰지만 결국 노동조합활동의 기조로 정착되지 못한 채 끝나버렸다.[10)]

그러나 이러한 연구 성과들은 미이케쟁의를 노사관계론적 문맥에서만 보고 있기 때문에 '노동조합이 사양화라는 산업적 조건에 어떠한 대처를 하고자 했는가'라는 시점에서의 언급은 찾아보기 어렵다. 탄로나 총평이 석탄산업의 사양화 자체를 인정하지 않으면서[11)] 투쟁의 타깃을 오로지 해고 반대에만 두고 있었기 때문에 그러한 문제의식 자체가 생성되지 않았던 것이라고 생각된다.

사양화에 대한 노조의 대응이라는 시점에서 볼 때, 미이케쟁의 패배 후 60년 가을부터 63년 3월까지 전개된 탄로의 정책전환투쟁을 주목

---

9) 兵藤釗, 『労働の戦後史 (上)』, 東京大学出版会, 1997, 213쪽.

10) 효도(兵藤, 1997, 228쪽)는 그 이유의 하나로 일본의 노조가 현장 노동자와 직제(職制)인 직원을 함께 구성원으로 포함하는 공직 혼합조합(工職混合組合)이었다는 점을 들고 있다. 전후 노동자와 직원의 신분 차 축소, 즉 종업원 단일 신분화의 진전은 직장에서 노동자와 직제의 적대 관계라고 하는 직장투쟁의 전제가 무너지고 있음을 의미하는 것이었다. 반면, 석탄산업에서는 공직 혼합조합이 형성되지 않았고, 이것은 석탄산업에서 직장투쟁이 강력하게 전개될 수 있었던 기반이 되었다. 석탄산업에서 공직 혼합조합이 결성되기 어려웠던 사정에 대해서는 島西(2011, 177-188쪽)를 참조.

11) 미이케쟁의 당시의 총평 및 탄로는 석탄 위기를 다음과 같이 파악하고 있었다. 총평은 59년 11월에 개최된 제13회 임시대회에서 "정부와 경영자는 '석탄산업의 위기를 … (중략) … 석탄산업은 사양산업이기 때문이다.'라고 하지만, 이 선전은 거짓말이다. 오늘날 석탄산업의 위기는 독점자본의 일관된 고식적 방식에 그 원인이 있다."라고 했으며, 탄로는 같은 해 10월에 개최된 제23회 임시대회에서 석탄 위기의 진정한 원인은 '석탄자본의 정체적 생산기구'와 '미국 제국주의에 종속된 국가독점자본의 에너지 정책'에 있다고 주장했다(『資料労働運動史』1961년판, 513쪽).

할 필요가 있다. 정책전환투쟁은 석탄산업의 사양화를 인정하고 그 전제 하에서 노동자의 고용과 생활을 보장하기 위한 투쟁, 즉 사양화라는 산업적 조건을 정면으로 문제시한 투쟁이었기 때문이다.

정책전환투쟁의 이런 성격은 이미 효도 스토무에 의해 명확히 지적된 바 있다.[12] 효도는 정책전환투쟁을, 직장에서 노동조합을 교섭 주체로 확립하고자 한 직장투쟁이 사양산업화라는 혹독한 산업적 조건하에 자본의 두터운 벽을 넘어설 수 없게 된 상황에서 그 대안으로 나온 것이라고 보고 있다. 그에 의하면, 인간다운 노동 방식의 추구가 기업경영의 효율성과 양립한다는 보증은 없으며 따라서 그러한 현실에서 인간다운 노동 방식을 추구하는 노동운동을 뒷받침할 수 있는 조건을 만들어 나가야 하는데, 이것은 노동운동이 기업경영의 존재 방식을 문제시하고 보다 넓게는 기업경영하에 있는 노동자의 생활을 둘러싼 산업적, 사회적 조건을 문제시할 필요가 있음을 의미한다. 정책전환투쟁은 바로 그런 산업의 존재 방식을 문제시한 노동운동이었다. 이러한 효도의 문제의식은 직장에서 교섭 주체로서의 노동조합을 확립하고자 한 직장투쟁과 정책전환투쟁을 하나의 운동 사상 안에 통합하는 것이었다.

효도는 이러한 문제의식을 바탕으로 총평 지도하에 전개된 정책전환투쟁을 고찰하면서, 노동조합은 정책전환투쟁과 직장투쟁을 통합하는 데 성공하지 못하고 양자는 분리되어 타협하는 것에 그쳤다고 말한다.[13] 즉, 총평은 1961년 이후 저항 투쟁을 기초로 한 정책전환투쟁을 제

---

12) 兵藤釗, 「職場の労使関係と労働組合」.
13) 兵藤釗, 「職場の労使関係と労働組合」, 264-265쪽.

창했지만, 실제로는 활동의 중심이 본부 레벨에서의 플랜 작성이나 경영 협의 대책으로 옮겨져 직장 활동의 에너지를 충분히 흡수하지 못하는 상황이 나타난 것이다.[14]

이와 같이 효도는 정책전환투쟁의 본질적 특징, 즉 산업적 조건을 문제시한 투쟁이라는 점을 정확히 지적했지만, 그의 관심은 직장에서의 인간다운 노동을 저해하는 기업 질서를 노조에 의해 개혁한다는 점에 있었기 때문에, 정책전환투쟁이 어떠한 성과를 가져왔는지, 즉 석탄산업의 산업적 조건에 어떤 변화를 가져왔는지에 대해서는 구체적인 분석을 하고 있지 않다. 그러나 정책전환투쟁의 목표가 정책 변경을 통한 석탄노동자의 고용 및 생활 안정인 만큼, 그것이 어떤 정책 변화를 가져왔고, 그러한 정책 변화가 석탄산업과 노동자 및 노동조합에 어떤 영향을 미쳤는가에 대한 분석은 정책전환투쟁을 평가하는 데 불가결한 것이다.

따라서 본고는 정책전환투쟁의 전개 과정과 그 성과를 구체적으로 분석함으로써, 산업의 축소 및 이에 수반하는 고용의 축소에 대해 노동조합이 어떤 대응을 하였는가, 이러한 노동조합의 대응은 노동조합 노선의 어떠한 변화를 의미하는가, 석탄산업의 산업적 조건에는 어떤 변화를 가져왔는가, 노동조합에는 어떤 영향을 주었는가와 같은 질문에 대답하고자 한다. 이러한 대답을 통해 사양화라는 산업적 조건하에서 노조의 역할과 노동운동의 가능성에 대한 구체적인 비전 제시도 가능하게 될 것

---

14) 兵藤(1982, 227쪽). 예를 들면, 당시 총평 산하의 유력 노조였던 국로(国労 ; 国鉄労働組合)에서 전개된 정책전환투쟁에서는 '직장에서의 저항 체제' 강화를 기축에 두면서 투쟁을 진행시켜야 한다는 주장에도 불구하고 사실상 직장에서의 투쟁을 경시하는 방향으로 흘러갔다고 한다(兵藤, 1982, 250쪽).

이다.

2. 탄로의 합리화반대투쟁의 좌절

2.1. 석탄정책의 전환
: '탄주유종(炭主油從)'에서 '유주탄종(油主炭從)'으로

앞에서 본 바와 같이 에너지 혁명은 1958년경부터 급속히 진행되었
지만, 고탄가 문제, 즉 국내 석탄 가격이 상대적으로 비싸 산업 경쟁력을
저해한다고 하는 문제는 50년대 초부터 석탄 수요 업계에서 꾸준히 제기
되어 왔다.[15] 고탄가 문제를 해결하기 위한 본격적인 정부정책은 1955년
석탄광업합리화임시조치법(이하 합리화법)의 제정으로 나타났다. 합리
화법은 탄광의 '스크랩 앤드 빌드(scarp and build)'[16]에 의한 합리화를 통
해 코스트 삭감을 실현하여 고탄가 문제에 대처하고, 다른 한편으로는
석유 수요를 억제하면서 증가하는 에너지 수요를 국내 자원, 즉 석탄의
증산으로 충당하고자 하는 것이었다.[17] 즉, 합리화법은 국내 에너지자

---

15) 고탄가 문제는 1950년 1월 일본철강연맹이 기관지에서 석탄의 선철에 대한
   상대가격이 과거에 비해 대단히 높다는 사실을 지적하면서 고탄가 문제 해
   결의 필요성을 각 방면에 진정하면서 비롯되었다. 고탄가문제에 대해서는
   通商産業省石炭局編(1953), 정진성(2009)을 참조.
16) 생산성이 낮은 탄광을 정리(scrap)하고 생산성이 높은 탄광을 건설(build)하
   는 정책을 의미한다.
17) 합리화법은 1960년도의 석탄 생산 목표를 1954년도의 실적보다 약 20% 많
   은 5,100만 톤으로 설정했다.

원인 석탄을 에너지 공급의 중심으로 하는 '탄주유종(炭主油從)' 정책에 대응하는 것으로, 합리화법 제정 당시 정책당국이 석탄산업을 사양산업으로 파악하는 인식은 희박하였다.[18] 더구나 합리화법 제정 당시부터 시작된 고도경제성장에 따라 석탄 수요가 증가함으로 석탄 공급의 확대가 요청되자, 정부는 1957년 12월에 내각에서 결정한 '신장기경제계획'에서 1975년도 국내 공급탄을 7,200만 톤으로 상정하고, 1958년 4월에 국회에서 가결된 합리화법 개정안은 1967년도의 생산 목표를 6,900만 톤으로 설정함으로써 '탄주유종' 노선을 명확히 했다. 석탄수급사정이 급박해지는 가운데 '스크랩 앤드 빌드'에 의한 합리화를 도모한다는 합리화법의 취지가 '증산을 통한 합리화'라는 방향으로 궤도를 수정한 것이다.[19]

그러나 신장기계획에 따라 석탄 증산 정책을 추진하던 중 1958년도에 들어 석탄업계가 심각한 불황 국면을 맞이하게 되었다. 더구나 1958년 말부터 일본 경제가 다시 호황국면으로 접어들었음에도 불구하고 석탄 수요는 전혀 회복될 조짐을 보이지 않았으며, 중유 가격만 더욱 하락하여 석탄은 중유에 대한 가격 경쟁력을 상실하게 되었다. 이와 같은 상황에 직면하여 정부는 '탄주유종' 방침에 대한 전면적인 재검토가 불가피해졌다. 정부는 우선 당면한 석탄산업 위기에 대한 대책을 마련하는 한편, 석탄광업심의회에 석탄정책의 전환에 대한 검토를 지시했다. 1959

---

18) 1950-60년대 통상산업성의 석탄정책 및 에너지정책에 대해서는 通商産業省
(1990; 1991), 石炭鉱業合理化政策史研究会(1990), 정진성(2007), 小堀(2010;
2011)을 참조.
19) 通商産業省編, 『通商産業政策史』 第7巻, 東京: 通商産業調査會, 1991, 369쪽.

년 12월에 발표된 석탄광업심의회 기본문제부회의 중간답신(中間答申, 이하 중간답신)은 석탄산업의 불황을 경기변동에 따른 순환적인 것이 아닌 구조적인 것으로 파악하고 석탄에 대한 석유의 우위가 결정적임을 선언하였다. 이에 따라 에너지 정책은 '탄주유종'에서 '유주탄종(油主炭從)'으로 전환되었으며, 63년도까지 탄가의 톤당 1,200엔 인하를 목표로 하는 합리화대책이 강화되었다. 이와 같은 정부정책의 전환으로 석탄 기업은 합리화를 강력히 추진하게 되었으며, 그 결과 석탄광업 노동자는 급속히 감소하였다.

2.2. 탄로의 합리화반대투쟁 전개

탄로는 설립 초기부터 합리화반대투쟁 방침을 명확히 해 왔으며, 특히 1955년의 합리화법 제정에 따른 기업정비반대투쟁에서는 큰 성과를 올렸다.[20] 탄로는 55년 8월, 이른바 장계(장기계획)투쟁을 탄로 전체의 투쟁으로 전개할 것을 결정하고 지령을 내려 그 취지를 전 지부, 기업련(企業連)[21]에 전했다. 장계투쟁은 제1차~3차의 3단계 투쟁을 통해 회사 측이 출탄계획, 자금계획, 노무계획, 광산의 입지조건, 판매계획 등을 명시하도록 하고, 이를 전제로 장기조업계획에 의한 안정직장 확보,

---

20) 탄로의 활동에 대한 기술은 日本炭鉱労働組合(1964; 1991), 『石炭年鑑』, 『石炭労働年鑑』, 『資料労働運動史』에 의거하고 있다.
21) 기업련은 한 기업 산하에 여러 광업소가 있을 경우 광업소마다 조직된 노동조합의 연합체를 의미한다. 예를 들어 북해도탄광기선회사 산하 각 광업소의 노동조합은 북탄노련(北炭労連)이라는 기업련을 구성하였다. 기업과의 교섭은 기업련이 중심이 되어 이루어진다.

안정직장의 보안 확립, 노동력 자연감모(減耗) 무보충 방침의 철회, 자연감모의 충전이라는 통일 지표에 입각한 요구를 장기 계획 중에 확립해 가고자 하는 것이었다.[22] 이 투쟁에서 탄로는 미쓰이(三井)광산 노조를 비롯해 완전고용을 획득하는 성과를 올렸으며, 스스로 "해고 합리화에 대한 하나의 제어장치가 확립되었다는 점에서 커다란 진전"이라고 평가했다.[23] 특히 미쓰이광산의 장기계획협정은 당시 경영 측으로부터 '완전한 인사권의 포기', '경영권의 일방적 포기'라는 혹평을 샀다.[24]

2년 후 장기계획협정을 갱신(기존 협정은 1958년 12월로 만료)하게 됨에 따라, 탄로는 제21회 임시대회(58년 9월 25-30일)에서 추투(秋鬪) 중에 개정 투쟁을 전개하기로 결정하고, "회사는 조합원의 완전고용을 확립하고 안정직장의 확립을 도모할 것", "회사는 장기조업계획을 밝히고 그 실시에 대해서 보안우선, 노동조건 향상을 기본으로 하여 조합과 협의 결정할 것"을 요구했다. 이와 같은 탄로의 지도하에 12개 대기업(大手)[25]의 기업련은 회사와의 교섭을 진행하였지만, 당시의 석탄 불황으로 인해 탄로는 후퇴가 불가피했다. 호쿠탄(北炭; 北海道炭礦汽船)을

---

22) 日本炭鑛労働組合篇, 『炭労四十年史』, 日本炭鑛労働組合, 1991, 327쪽.
23) 日本炭鑛労働組合篇, 『炭労四十年史』, 328쪽.
24) 三井鑛山株式会社, 『資料 三池争議』, 三井鑛山株式会社, 1963, 194쪽.
25) 대기업 12사는 三菱鑛業, 北炭, 住友石炭, 古河鑛業, 明治鑛業, 雄別炭礦, 太平洋炭礦, 日本炭鑛(日炭), 日鉄鑛業, 貝島炭礦, 大正鑛業, 宇部興産이다. 이들 기업에 三井鑛山, 杵島炭礦, 常磐炭礦, 大日本炭礦, 麻生産業, 松島鑛業를 더한 기업을 오테(大手) 18사라고 했는데, 오테는 일본석탄협회의 멤버 기업을 의미한다. 중소 석탄기업은 1951년 일본석탄협회를 탈퇴하여 따로 일본석탄광업연합회를 발족시켰다. 三井와 杵島가 장기계획협정투쟁에 참여하지 않은 것은, 이 2사의 장계협정이 무기한이었기 때문이다. 常磐炭礦, 大日本炭礦, 麻生産業, 松島鑛業의 노조는 전탄광 산하였다.

선두로 하여 1958년 11월 26-28일에 걸쳐 갱신된 신협정에서는 ① '완전고용'이란 자구를 삭제하고 "조합의 협력을 얻어 안정직장의 확립을 도모하며, 기업정비적 해고는 하지 않는다."라는 표현으로 취지를 밝혔으며, ② 종전에는 미쓰비시(三菱), 스미토모(住友)의 협정에만 있었던 면책조항이 대기업 12사 전부에 신설되었다. 면책조항이란, 심각한 경제변동, 천재지변, 가채탄량(可採炭量) 고갈의 경우에는 안정직장에 관한 항목을 적용하지 않는다는 것이다.

장기계획협정의 개정에 의해 완전고용이란 자구를 삭제함으로써 인원정리에 대한 자유도를 확대한 석탄기업들은 1958년 시작된 불황 국면이 1959년에도 계속되자 합리화 대책을 본격적으로 실시하기 시작했다. 1959년 1월에 미쓰이광산이 제1차 합리화안을 제시한 것을 효시로 하여, 이후 각 석탄 기업에서 잇달아 노동조합에 합리화를 제안하였다. 각 석탄 기업이 제시한 합리화 대책의 주요 내용은 인원정리(희망퇴직자 모집 및 재취업 알선), 노동조건의 하향 조정(표준작업량의 증대, 수당의 폐지 등), 일부 탄광의 경영 분리(제2회사화), 후생시설 등의 비생산 부문 및 갱외 직장의 경영 분리 등 다양하나, 특히 이 시기에는 대폭적인 인원정리를 포함한 합리화안을 제시한 기업들이 많았다.

기업의 합리화안에 대해 탄로는, 제22회 대회(1959년 6월)에서 합리화안에 대해서는 철회투쟁을 원칙으로 하고, 이 목표를 관철하기 위해 산업별 통일투쟁체제와 직장투쟁을 강화하기로 하는 투쟁 방침을 결정했다. 이와 같은 탄로의 방침하에 각 탄광에서는 스트라이크를 수반하는 격렬한 합리화반대투쟁이 전개되었지만 1959년도의 제1차 인원정리는 미쓰이를 제외하고는 대체로 달성되었다.26) 그러나 미쓰이광산의 미이케탄광에서는 회사의 합리화안에 대한 노조의 강력한 반발로 전후 최대의 쟁의로 일컬어지는 미이케쟁의가 1년여에 걸쳐 일어나게 되었다.

2.3. 미이케쟁의

미이케쟁의는 일본 전후 최대의 쟁의로, '총자본 대 총노동'의 대결이라고 불릴 정도로 경영 측과 노동조합 측이 합리화(해고)를 둘러싸고 격렬하게 대립한 노동쟁의였다. 미이케쟁의의 과정을 간단히 정리하면 다음과 같다.

2.3.1. 경과

미쓰이광산은 1959년 1월 제1차 합리화안(기업재건안)을 발표하여 희망퇴직자 모집에 의한 인원삭감(6천 명), 장기계획협정에 의한 퇴직자 자제 대체채용 원칙의 정지, 배역(配役)·배전(配轉)에 관련된 작업관리의 확립 등을 제기했다. 이 재건안을 둘러싼 교섭은 희망퇴직의 모집, 대체채용 인원수의 축소 등을 조합 측(탄로, 삼광련(三鉱連),27) 삼사련(三社連)28))이 인정하여 일단 타협안을 보았지만, 희망퇴직자가 예정 수에 도달하지 못하자 미쓰이광산은 8월에 제2차 합리화안을 제시하였

---

26) 『石炭年鑑』, 大同通信社, 1961년판, 163쪽.
27) 全国三井炭鉱労働組合連合会. 1959년 당시 미쓰이광산을 구성하는 전국 6개 광업소의 6개 단위노조(砂川, 芦別, 美唄, 三池, 田川, 山野)로 구성된 연합조직(企業連)이었다.
28) 三井鉱山社員労働組合連合会. 미쓰이광산 직원조합의 연합체.

다. 그 주 내용을 볼 때, 각 탄광별로 인원을 정하여 계 4,580명의 희망퇴
직자를 모집하고, '원활한 배역(配役)'의 확보 및 '노동시간의 규율화, 직
장 운영의 정상화'에 협력을 요구하는 데서 알 수 있는 바와 같이 직장투
쟁의 억제를 도모하는 것이었다.

회사 측 제안에 대해 조합 측은 곧바로 단체교섭에 들어가 합리화방
안의 전면적 철회를 요구했지만, 쌍방의 주장은 줄곧 평행선을 달리며
좁혀지지 않았다. 노사의 격돌을 우려한 중앙노동위원회(이하 중로위)
가 직권알선에 나서 11월 12일 나카야마(中山) 알선안을 제시했으나 미
쓰이광산은 알선안을 거부하고 12월 1일 지명 퇴직 권고를 실행, 권고에
응하지 않은 1,278명(300명의 직장활동가 포함)에게 해고를 통보하였다.

결국 미이케탄광은 분쟁 상태에 빠지게 되어, 1960년 1월 회사 측에
의한 미이케광업소의 작업장 폐쇄(lockout), 그리고 이에 대항하는 미이
케노조의 무기한 파업 돌입으로 실력 대결이 시작되었다. 그러나 이러한
대립 중에 미이케에서의 제2조합 발생(3월 17일), 제2조합에 의한 생산
재개 시도, 직원으로 구성된 삼사련의 탄로 탈퇴(3월 18일), 삼광련에 의
한 탄로 통일 스트라이크 지령의 반환(3월 27일)이 잇달아 발생하여 미
이케노조는 궁지에 몰렸다.

탄로는 3월 27일 중로위에 사태 수습을 위한 알선을 신청하였고, 중
로위는 4월 6일 알선안(제1차 후지바야시(藤林) 알선안)을 제시했다. 후
지바야시 알선안은 지명해고를 취급상 자발적 퇴직으로 바꾸는 것을 골
자로 하는 것이었으나, 탄로는 제25회 임시대회에서 격렬한 논쟁 끝에
미이케를 제외한 삼광련 대의원이 퇴장하는 가운데 알선안을 거부하고

투쟁을 계속하기로 결정했다(삼광련은 4월 23일 회사와 타협하였으며, 미이케노조는 18일 삼광련에서 탈퇴했다).

이후 탄로, 총평의 지지를 받은 미이케의 투쟁은 당시 안보투쟁이 고양되는 가운데 '안보와 미이케는 하나'라는 슬로건 아래 지속될 듯이 보였다. 그러나 6월 19일 국회에서 이루어진 미일안전보장조약개정안의 자연 승인 이후 안보운동이 퇴조하는 가운데 홋파(貯炭槽) 사수로 생산재개를 저지하던 미이케 현지 투쟁은 고립되어 갔다. 결국 4개월 전의 알선안과 거의 동일한 내용의 제2차 후지바야시 알선안(8월 10일 제시)에 노사가 합의함으로써(8월 19일) 쟁의는 수습되었다. 그 결과 회사의 지명해고자 1,164명은 자발적 퇴직으로 처리되었으며,[29] 10월 19일 탄로와 미쓰이광산 사이에 협정이 맺어져 11월 2일 무기한 스트라이크가 해제되고, 12월 1일 312일만에 취로가 재개되었다.

2.3.2. 미이케쟁의의 귀결

미이케쟁의는 노조의 전면적 패배로 끝났다고 할 수 있는데, 특히 노조의 '직장투쟁'이 부정되었다는 점이 중요하다. 미이케노조는 1953년 기업정비투쟁에서 직장의 전원을 투쟁위원으로 하는 직장투쟁위원회

---

29) 당초 지명해고자는 1,202명이었으나, 이 중 60년 9월 29일까지 34명이 퇴직, 4명이 사망하였다. 1,164명 중 995명은 용퇴(勇退)를, 169명은 자발 퇴직을 선택했다. 자발 퇴직이란 퇴직계(退職屆)를 제출하지 않음으로써 자연 퇴직하는 것을 가리키며, 이들은 자신들의 지위에 대해 법정투쟁을 계속했다. 자발 퇴직을 선택한 사람은 대개 직장위원 이상의 조합력을 가진 자, 혹은 사회당원이나 공산당원에 한정되어 있었다고 한다(三井鑛山株式会社, 『資料 三池争議』, 732쪽).

를 조직하여 이것을 축으로 한 직장투쟁을 전개함으로써, 해고를 거부한 1,815명 전원의 해고 철회를 획득했다. 이후 미이케에서는 직장에서의 집단 교섭을 통해 직장 요구의 해결을 도모하는 직장투쟁이 일상화되었다.[30] 그러나 미이케의 직장투쟁은 "사실상 현장 직제의 작업지위권을 유명무실화하는 지점까지 진전되어 있었으며, 이것은 '경영 기능의 본질'에 관련되는 문제로서, '직장 규율의 확립'을 추진하고자 하는 회사 측과 심각한 대항 관계"를 만들고 있었다.[31]

　'원활한 배역' 확보, '노동시간의 규율화, 직장 운영의 정상화' 도모에 협력을 요구한 데서 단적으로 나타나고 있는 바와 같이, 직장투쟁의 봉쇄 내지는 근절이 미이케쟁의에서의 회사 측 목표였다. 회사 측이 직장활동가(회사 측에서는 업무 저해자) 300명을 포함하는 지명해고를 집요하게 요구한 것도 경영자가 해고를 '양'의 문제가 아니라 '질'의 문제로,[32] 즉 단순한 인원정리가 아니라 직장투쟁의 봉쇄를 위한 것으로 파악했기 때문이다. 후지바야시 알선안은 "직장투쟁의 방식 자체에 문제"가 있으며 미이케 직장투쟁의 실태는 "정상적인 조합운동의 틀을 벗어난 사례였음을 인정하지 않을 수 없다."라고 직장투쟁에 부정적인 평가를 내리고 있다. 이와 같이 직장투쟁이 부정됨에 따라 직장투쟁을 기본으로 하는 총평의 「조직강령초안」도 사장되었고 총평 및 탄로의 노선 전환은

---

30) 윤번제(輪番制)와 생산 컨트롤은 미이케 직장투쟁의 핵심적 내용이었다. 윤번제와 생산 컨트롤에 대해서는 平井陽一, 『三池争議―戦後労働運動の分水嶺』, ミネルヴァ書房, 2000 참고.
31) 兵藤釗, 『労働の戦後史 (上)』, 220쪽.
32) 平井陽一, 「三井三池争議(1960年)―人員整理の「質」と三鉱連離脱問題」, 労働争議史研究会編, 『日本の労働争議(1945-80年)』, 東京大学出版会, 1991.

불가피해졌다.

3. 정책전환투쟁의 전개

미이케쟁의의 패배로 직장투쟁을 기본으로 하는 합리화반대투쟁이 벽에 부딪히게 되자 이를 극복하기 위해 탄로가 새로운 전략으로 채택한 것은, 투쟁 초기부터 개별 기업이 아닌 정부의 석탄정책을 대상으로 하여 산업별투쟁을 조직해 나간다는 정책전환투쟁이었다. 즉, 미이케쟁의의 경험을 통해 "합리화반대투쟁은 기업내투쟁으로 시종하는 한 노동자의 이익을 지킬 수 없음"33)을 통감한 탄로는 "합리화의 근원을 이루는 석탄정책과 전면적 대결"34)을 통해 탄광노동자의 생활 보장을 획득하고자 했다.

하라 시게루 위원장의 회고35)에 의하면, 미이케쟁의 직후 일어난 호쿠탄(北炭)의 3산 분리 문제36)를 계기로 정책전환투쟁이 제기되었다

---

33) 1960년 9월 29일 탄로 중투회의(『資料労働運動史』1960년판, 575쪽).
34) 탄로 제31회 임시대회(『資料労働運動史』1961년판, 495쪽).
35) 原茂, 「いばらの十年 － 63日ストから政転闘争まで」, 日本炭鉱労働組合篇, 『炭労十年史』, 1964.
36) 호쿠탄은 미이케쟁의가 막바지에 이르고 있던 60년 6월 20일, 노조(호쿠탄노련)에 万字, 美流渡, 赤間 3산의 분리 및 직원, 광원의 희망퇴직 모집을 제안했다. 호쿠탄은 3차에 이르는 희망퇴직 모집이 감원 목표에 이르지 못하기 때문에 3산을 분리하여 조광권 탄광으로 하겠다는 방침을 설명하고, 신회사는 9월 16일 발족했다. 탄로는 9월 22일 중투를 열어 분리에 반대하는 방침을 세웠으나 호쿠탄노련은 분리가 불가피하다고 보고 조건투쟁의 방침을 결정함으로써 탄로 방침에 따르지 않았다.

고 한다. 3산 분리 문제는 탄로 조직의 취약성, 즉 기업련의 행동을 탄로 본부가 통제하지 못한 것을 여실히 반영하는 것이었다. 탄로는 이 사태에 직면하여 종래의 '독주에서 통일투쟁'[37] 대신에 처음부터 "통일 요구에 기초한 통일 행동으로'라는 시점에서 문제를 재검토하고 이런 입장에서 합리화투쟁의 새로운 싹을 발견했다."라고 하라는 술회하고 있다. 즉, 정책전환투쟁은, 미이케의 고립이 기업련의 취약함에 기인한 것이라는 반성하에, 개개의 합리화투쟁을 제각기 그때마다 투쟁하는 방식에 한계가 왔음을 인식하고 석탄정책을 변화시킬 수 있는 산업별투쟁을 추진하기 위한 것이다.[38]

탄로가 처음으로 정책전환투쟁을 투쟁 방침으로 결정한 것은 미이케쟁의에서 노조가 패배한 직후에 열린 제28회 임시대회(1960년 10월)에서였다. 이 대회에서는 '기업정비를 중심으로 하는 당면의 투쟁 방침' 중 '정책 요구에 대하여'의 항목에 다음과 같은 요구 사항을 내걸었다.

1. 완전고용정책의 실시를 기본 방침으로 하는 정책변경투쟁의 추진
2. 탄광합리화에 수반되는 사전협의제의 확립
3. 구체적인 석탄시책에 대한 요구
4. 탄광이직자의 완전 취직을 위한 구체적 조치
5. 석탄산업의 최저임금제 확립

---

37) 독주란 개별 노조의 투쟁을 의미한다. 따라서 독주에서 통일투쟁이란 탄로의 각 지부가 개별적으로 투쟁을 하면서 독주 체제를 구축하고 그 기반 위에 통일투쟁 체제를 구축한다는 전략이다.
38) 兵藤釗, 「職場の労使関係と労働組合」, 226쪽.

여기서 제시된 방침은 이후 투쟁의 전개 과정에서 세부적인 내용의 변화는 있어도 그 기본 내용은 달라지지 않았다.

제28회 임시대회에서 정책 변경을 투쟁 방침으로 정한 탄로는 1961년 9월 제31회 임시대회에서 그 명칭을 정책전환투쟁으로 변경하고 총평 및 사회당과의 밀접한 공투 체제[39]하에 광부의 대규모 동원을 포함하는 본격적인 투쟁을 전개하였다(〈표 1〉).

〈표 1〉 정책전환투쟁의 경과

1960	10.13	사회당 구조개혁 제창	
	10.12~19	탄로 제28회 임시대회	탄로 정책변경요구
1961	2.5~11	탄로 제29회 임시대회	
	8.17~19	탄로 제30회 임시대회	
	9.9~12	탄로 제31회 임시대회	정책전환투쟁 개시
	9.14	탄로, 총평	통산대신, 노동대신에게 요망서 제출
	9.20	탄로, 전광탄, 탄직협	공투연락회의 설치
	9.25	사회당, 총평, 탄로	'석탄정책전환최고지도자회의' 발족
	9.25~10.12	탄로	석탄정책전환투쟁 대행진
	10.10	〃	이케다수상, 오히라 관방장관 면담, 요망서 제출
	10.23~11.2	〃	제1차 4,000명 동원
	10.31	중의원본회의	'석탄산업위기타개에 관한 결의 채택'
		참의원 상공위원회	'석탄4법안에 대한 부대결의'
		탄로	「石炭政策転換中央行動総括会議」
	11.21~25	탄로	제1차 「黒い羽根운동」 동원
	11.27~12.2	〃	제2차 300명 동원
	12.3~7	〃	제2차 「黒い羽根운동」 동원
	12.16~22	〃	제3차 700명 동원

39) 9월 25일에는 総評, 社会党, 炭労가 삼위일체가 되어 '石炭政策転換最高指導会議'를 구성하고, 그 실천 기관으로 石炭政策転換闘争本部를 사회당 내에 설치했다. 총평과 사회당은 이와 같이 탄로와 삼위일체가 되어 정책전환투쟁의 전 과정에서 탄로를 적극 지원하며 밀접히 개입했다. 한편 탄로와는 달리 노사협조 노선을 표방해 온 전탄광, 탄직협(炭職協)과도 연대를 추진했다. 10월 3일 탄로는 이들 단체와 함께 '石炭政策共闘連絡会議'를 설치해 정책전환투쟁에서 협조하였다.

1962	1.29~2.1	탄로 제32회 임시대회	정책전환투쟁에 대한 중간 총괄
	2.12~24, 18~23	탄로	제4차 500명 동원
	3.9~10	탄로, 중앙투쟁위원회	조합원 '전원(根こそぎ) 동원'(통칭 '10만 명 동원') 지령
	3.23~24	탄로 제33회 임시대회	'根こそぎ' 동원을 1주 앞당겨 실시
	3.27~4.6	탄로	'根こそぎ' 동원
	4.6	각료회의 결정	조사단 파견 결정, 노사 휴전
	5.23~26	탄로 제34회 정기대회	정책전환투쟁의 총괄과 금후의 투쟁방침
	8.21~22	탄로 제35회 정기대회	재차 동원에 의한 정책전환투쟁을 결기
	8.27~9.3	탄로	제1차 500명 동원
	9.10, 9.16~10.5	〃	제2차 400명 동원
	9.28	석탄광업조사단 답신내용 탄로에 내시	
	9.29	탄로	조사단에 '申入書' 제출
	10.10~13	탄로 제36회 정기대회	정책전환투쟁에 관한 방침 결정
	10.13	석탄광업조사단	석탄광업조사단답신대강 발표
	10.16~31	탄로	제3차 3,000명 동원
	10.18	〃	정부에 [석탄산업에 관한 요구] 제출
	10.25	이케다수상	정부의 기본방침에 대한 회답
		구로가네 관방장관 회견	정부·탄로 간 문서확인사항
	11.24	총평 제21회 임시대회	정책투쟁 지원, 12.14 제네스트 방침 등 결정
	11.21	탄로	제4차 2,000명 동원
	11.29	정부	석탄대책대강 결정(제1차 석탄정책)
	11.27~12.16	탄로	'根こそぎ' 동원
	12.8	〃	산하 대기업 전탄광, 무기한 스트라이크 돌입
	12.17	자민/사회 양당 4항목 합의 성립	
	12.18	석탄관계4법안 심의미료로 폐안	
	12.20	탄로	스트라이크 중지, 데모단 귀산
1963	1.11~12	탄로, 중앙투쟁위원회	국회정상화의 조건으로 확인 4항목을 돌파구로 하여 중점요구항목의 획득을 도모
	1.25	확인 4항목 중 취직촉진수당을 제외한 3항목에 대해 자사 양당 간 양해 성립	
	1.30~2.3	탄로 제37회 정기대회	집행부에 대한 비판 분출
	2.6	탄로, 중앙투쟁위원회	사회당을 중심으로 강력한 원내활동, 정부절충을 추진
	2.6	사회당	정부에 '申入書' 제출
	2.22~27	탄로	제1진 50명 동원
	2.27~3.5	〃	제2진 58명 동원
	3.8	석탄관계4법안 중의원 통과	
	3.7~8	탄로, 중앙투쟁위원회	정책투쟁의 총괄, 금후 이번 성과를 토대로 직장 지역의 투쟁을 결합하여 강력한 반합리화투쟁을 추진

자료: 『炭労四十年史』, 『石炭労働年鑑』 昭和38年版.

그 결과 정부는 1962년 4월 6일, '특별조사단 파견(석탄광업의 근대화, 합리화 및 고용의 실정 조사), 조사단답신에 기초한 신석탄정책 결정, 정책 결정까지의 노사 휴전(인원정리와 노동쟁의 중지)'이라는 결정(4·6 각의 결정)을 내렸다. 조사단은 6월부터 산탄지를 답사하면서 조사를 개시하여 10월 13일 「석탄광업조사단답신대강」(이하 조사단답신)을 발표하였고, 이를 기조로 하여 정부는 11월 29일 '석탄대책대강'(제1차석탄대책)을 결정했다. 정부의 석탄대책에 불만이었던 탄로는 정부 시책이 심의되는 임시국회 단계에 최후의 희망을 걸고 강력한 항의 투쟁을 전개했으나, 결국 제43회 통상국회 중의원 예산위원회에서 사회당의 질문에 수상이 답변하는 형태로 타협이 이루어져(1963년 3월 2일), 같은 날 63년도 예산안이, 8일에는 석탄관계4법안이 중의원에서 통과되었다(최종 예산안은 3월 30일, 법안은 3월 27일 가결, 성립).

탄로는 3월 8일 중투위에서 정책전환투쟁을 총괄하여 "정부 답변의 내용은 기본 요구에 비해 만족할 수 있는 것은 아니지만 현 단계에서의 힘 관계의 귀결로서 승인하지 않을 수 없다."는 태도를 명확히 하고, "앞으로 이 성과를 바탕으로 하여 직장 지역투쟁을 결합한 강력한 반합리화투쟁을 추진할 것"을 결정했다. 이로써 1961년 10월부터 63년 3월까지 약 2년 반의 기간에 걸쳐 전개된 탄로의 정책전환투쟁은 일단락을 짓게 되었다.

4. 탄로의 방향 전환

정책전환투쟁은 투쟁 초기 탄로의 방향 전환으로서 여론의 환영을 받았다. 그것은 탄로가 석탄산업의 사양화를 인정하고 합리화에 탄력적인 대응을 할 것이라는 기대 때문이었다. 탄로는 제28회 임시대회에서 "금일 우리는 석탄산업이 놓여 있는 위치에 대해서 합리화의 필연성을 완전히 부정하고 11만 명 해고체제의 절대 반대 투쟁만으로는 탄광 노동자의 생활과 권리를 지킬 수 없음을 인식하지 않을 수 없다."[40]라고, 합리화의 불가피성을 인정하고 해고 절대 반대 방침의 탄력적 운용을 시사하고 있었다. 또 제29회 정기대회에서는 "석탄정책을 변경시킨다."라는 목표에 모든 역량을 결집하여 투쟁할 것을 기본 태도로 하였다. 희망퇴직 모집에 대해서는, 일정 조건이 충족되면 본인의 의사 존중을 전제로 인정하고, 폐산대책으로서 고용확보를 위해 희망자에 대한 타산업 취업 알선 등을 사전에 협의하여 무리 없이 실시하도록 할 것을 요구했다.[41] 이와 같은 탄로의 태도 변화에 대해『石炭年鑑』은 탄로가 '석탄 산업합리화 계획'의 필연성을 어느 정도 인정하는 방향으로 일보 나아가 지금까지의 '완전고용'이라는 기본 원칙을 수정하고 다면적 내지 탄력적으로 방향 전환을 보여준 것으로 주목 받고 있다고 하면서, 탄로의 '180도 전환', '투쟁지상주의에서 대화주의로의 전환'이라는 신문의 평판을 소개하였다.[42]

---

40) 『石炭労働年鑑』1961년판, 129쪽.
41) 『石炭労働年鑑』1961년판, 132-133쪽.

그러나 탄로가 합리화의 불가피성을 인정하고 탄력적 대응을 한다
는 것이 노사협조적 방향으로의 전환을 의미하는 것은 아니었다. 탄로는
제31회 임시대회 직후에 발표된 석탄정책투쟁본부의 성명에서, "정책전
환투쟁은 미이케의 오랜 저항투쟁에서 태어나 그것을 발전시킨 것으로,
정책전환이라고 하는 탄광 노동자의 통일 요구에 의해 직장, 기업에서의
저항을 전면화시켜 탄로 전체의 산업별 통일투쟁을 목표로 하는 것이
다."43)라고 하여 정책전환투쟁을 저항투쟁의 연장선상에 있는 것으로
파악하고 있었다. 탄로를 지원하며 함께 정책전환투쟁을 전개하던 총평
도 "정책전환투쟁은 미이케투쟁과 같은 철저한 저항투쟁 위에 각 산업별
로 정밀한 정책전환요구가 세워져 노동자에게 밀착하는 것이 중요"44)하
다는 태도를 보였다.

실제의 투쟁 과정 속에서도 탄로는 노동운동이 노사협조의 방향으
로 흐르는 것에 대해 강한 경계심을 보이고 있었다. 예를 들면, 1962년 12
월 자민·사회 양당 간에 합의된 사항이 백지 환원됨으로써 투쟁이 목표
를 상실하고 노조가 패배감에 빠져 있던 시점에서 다음과 같은 중투지령
이 내려진다. "이러한 결과로 낙담과 패배감이 팽배하고 있다. 더욱 위험
한 징후는 '살아남는 길'은 이제 노사협조 이외에는 없다고 하는 위험한
조짐이 보이기 시작하는 것이다. (중략) 이러한 정세에서 가장 중요한 것
은 지도부가 '투쟁하는 자세'를 확립하는 것이다."45) 이는 곧, 노사협조적

---

42) 『石炭年鑑』1962년판, 184쪽.
43) 『資料労働運動史』1961년판, 537쪽.
44) 1960년 12월 개최한 제3회 평의원회 결정의 춘투 방침(資料労働運動史』1961
   년판, 515쪽).

경향에 대한 강한 경계심과 함께 투쟁 태세의 확립을 강조하고 있는 것이다. 즉 정책전환투쟁은 기본적으로 노사관계를 대립적, 투쟁적으로 보고 있는 점에서는 탄로의 기존 노선과 동일하였다. 한편 전탄광과 전로회의도 정책전환투쟁에 참여하고 있었지만, 탄로, 총평과는 일선을 명확히 긋고 있었다. 예를 들면 1961년 10월 13일의 전로회의 제30회 상임집행위원회에서 "석탄 문제는 에너지 혁명과 무역자유화 등 경제의 필연적인 흐름에서 일어난 것으로 조합은 이것을 힘으로써 저지해야 할 것이 아니라 노동자에 대한 부담 전가를 방지하기 위해 행동해야 한다."라고 하여 총평, 탄로의 정책전환투쟁에 비판적 태도를 보이고, 전로회의가 총평의 방침에 찬성한 듯한 오해를 주지 않도록 주의를 환기하고 있었다.[46]

그렇다면 정책전환투쟁은 노사관계에 아무런 변화를 가져오지 못한 것일까? 투쟁전략의 변화에 불과한 것일까? 탄로의 정책전환투쟁이 당시의 사회당 및 총평의 노선 변화와 밀접한 관련을 맺고 전개되었다는 점은 이 질문에 대한 해답의 실마리를 주고 있다.

정책전환투쟁이 전개되고 있을 때 사회당 내에서는 구조개혁론이 등장하고 있었는데, 당시 신문에는 "정책전환요구는 총평의 후원하에 국민 대중의 광범위한 지지를 얻어 추진하면 보수 정권하에서도 충분히 실현할 수 있다고 하는 것이 탄로 집행부의 설명이다. 이것은 당연히 구조개혁론을 연상시킨다."[47]라고 하여 당시 제기되고 있었던 사회당의

---

45) 1962년 12월 18일 중투 지령 제63호(『資料勞働運動史』1962년판, 494쪽).
46) 『資料勞働運動史』1961년판, 516쪽.
47) 「組合の抵抗の方法」, 『每日新聞』1961년 9월13일(『資料勞働運動史』1961년판, 530쪽).

구조개혁론과의 연관성을 추측하고 있었다.

구조개혁론이 사회당의 방침으로서 인지된 것은 1960년 10월 13일 제19회 임시당대회에서 위원장대행 에다 사부로(江田三郎)가 제안한 「방침」, 즉 「총선거와 당의 승리와 전진을 위하여(総選挙と党の勝利と前進のために)」라는 문서 중에 '구조개혁'이 삽입되면서부터였다.[48] 그 취지는 정권 획득 이전 단계에서 정책전환요구를 내걸고 부분적 개혁을 쌓아감으로써 사회주의의 실현을 도모한다는 것이다. 노동조합운동에 대해서도 미쓰이쟁의 패배에서 나타난 바처럼 독점이 낳은 결과에 대해 국지적으로 저항하는 것만으로는 승리를 장담할 수 없다고 하여, 이른바 원인을 향한 선제적 공격, 즉 독점 정책 그 자체의 변경을 요구하는 정책전환투쟁이 필요하다는 주장이었다.[49]

탄로의 정책전환투쟁이 실제로 구조개혁론의 영향을 받은 것인지는 분명하지 않다. 오히려 탄로는 구조개혁론과 거리를 두고자 했다. 탄로는 앞에서 인용한 석탄정책투쟁본부의 성명에서 정책전환투쟁을 사회당의 구조개혁노선에 연결되는 개량주의라고 비난하는 것에 대해 "정책전환투쟁은 이데올로기나 정당의 정치 노선에서 발생한 것이 아니다. 지금까지의 투쟁 경험을 통해 노동운동의 필연적 발전 방향으로서 태어난 것이다."라고 반박하고 있다. 그러나 탄로가 주관적으로 정책전환투

---

48) 「방침」은 "구조개혁의 중심 목표는 '국민 제 계층의 생활향상'을 달성하기 위한 것이다."라고 하고, 구조개혁 체계가 '생활향상', '반독점', '중립'의 3개의 기둥으로 집약되는 것을 강조했다. 중요한 것은 이 '세 개의 기둥'이 현 자본주의 경제의 틀 내에서 실시될 수 있는 변혁이라고 한 점이다(原彬久, 『戦後史のなかの日本社会党』, 中央公論社, 2000, 184-185쪽).
49) 兵藤釗, 『労働の戦後史 (上)』, 231쪽.

쟁이 구조개혁론과는 별개의 것이라고 주장을 해도, 개별적 투쟁만으로
는 한계가 있으며 정책 자체를 변경시켜야 한다는 점에서는 구조개혁론
과 궤를 같이한다고 할 수 있다.[50]

　　총평도 구조개혁론에 비판적이었다. 총평은 구조개혁을 사회당 전
략의 기조로 하는 것은 개량주의로 타락할 위험이 있다고 하여 반대하였
으며, 정책전환투쟁에 대해 "저항투쟁을 아무리 하여도 별 수가 없다는
분위기"를 띠고 있는 것에 대해 강한 우려를 표시하였다.[51] 이처럼 구조
개혁론에 비판적인 총평이 탄로의 정책전환투쟁을 지원했을 뿐만 아니
라 스스로도 정책전환투쟁을 운동 방침의 핵심으로 삼은 것은 논리적으
로 모순처럼 느껴진다. 기존 체제의 인정을 전제로 하고 있는 정책전환
투쟁을 채택하면서 그 이론적 기초라고 할 수 있는 구조개혁론을 부정하
고 있기 때문이다. 이러한 모순을 총평의 지도부가 인식하고 있었는지는
분명하지 않다. 그러나 적어도 총평이 표면적으로는 구조개혁론을 비판
했지만 내부에는 구조개혁론에 동조하는 세력이 있었다는 점을 주목할
필요가 있다.[52] 즉, 정책전환투쟁에는 기존 체제의 인정, 그 전제하의 점
진적 개혁 가능성이란 사상이 명시적이지는 않지만 복류하고 있었다고
판단된다.

　　이상에서 본 바와 같이, 탄로와 총평의 정책전환투쟁은 노사대립·

---

50) 兵藤釗, 「職場の労使関係と労働組合」, 226쪽.
51) 兵藤釗, 『労働の戦後史(上)』, 1997, 232쪽.
52) 총평 내부에는 구조개혁노선을 지지하는 유력한 그룹이 형성되고 이것은 나
　　중에 오타·이와이(太田·岩井) 체제를 지탱하고 있던 민동좌파(民同左派) 그
　　룹의 분열로 나타난다(神代·連合總合生活開發研究所編, 1995, 326쪽).

계급투쟁을 전제로 하고 있다는 점에서는 종전의 노선과 달라진 바가 없으나, 정책전환을 통해 기존 자본주의 질서 속에서 노동자의 지위 향상을 도모했다는 점에서는 구조개혁론과 통하는 '전환'이 있었다고도 할 수 있다.

5. 정책전환투쟁의 성과

정책전환투쟁의 목표는 석탄정책의 전환에 있기 때문에, 정책전환투쟁에 대한 평가는 이 투쟁의 성과, 즉 정책전환의 구체적 내용을 보지 않고는 불가능하다. 탄로가 정책전환투쟁을 통해 요구한 사안은 다양하며 투쟁 시기에 따라서도 약간씩 달라진다. 그러나 전체적인 요구는 고용안정(해고 반대, 이직자 대책, 조부 및 제2회사 금지), 석탄 수요의 안정과 생산 확대, 최저임금제 확립, 산탄지역진흥이라는 네 가지 항목으로 수렴된다.[53] 이하에서는 이 네 가지 요구 사항을 중심으로 정책전환투쟁의 성과를 검토한다.

5.1. 고용안정

탄로가 주장하는 '고용의 안정'은 확정된 내용이 있는 것은 아니며, 그때그때마다 약간의 변동이 있지만, 기존 생활수준의 유지 및 보장이

---

53) 위 네 항목은 62년 10월 1일 政転闘争本部幹事会決定에서 투쟁 목표로 제시되었으며, 제36회 임시대회(62년 10월 10~13일)에서 다시 투쟁 지표로 제시되었다.

없는 해고의 반대, 이직자 대책 및 제2회사나 조부 고용 등에 의한 현 고용상황의 악화 방지를 주 내용으로 포함한다고 할 수 있다. 이하에서는 위 세 항목에 대해 어떤 성과가 있었는지 보도록 한다.

5.1.1. 해고 반대

탄로는 처음에는 사전협의제의 확립을 통해 해고 방지를 도모했다. 탄로는 제28회 임시대회에서 '탄광합리화에 수반되는 사전협의제의 확립'을 요구하여, "정부, 학식 경험자, 석탄 자본, 노동자 대표로 구성되는 대책 기관을 설치하여, 자본이 이 기관의 심의를 거치지 않고 수시돌발적으로 부당한 노동 행위를 하거나 폭력적 배경하에 기업정비를 추진하는 것을 금지하는 조치의 실현을 요구하는 투쟁을 조직할 것"을 투쟁 방침으로서 제시하였다. 즉 탄로는 사전협의제의 확립을 통해서 이직 후의 생활 보장이 없는 기업의 일방적 고용조정을 사전에 저지하고자 한 것이었다.

사전협의제의 요구는 석탄대책대강에서, 합리화정비계획을 책정할 때 정비계획과 고용계획을 석탄광업심의회에 함께 부의하도록 하고, 석탄광업심의회의를 강화하여 중립 위원만으로 구성되는 심사회를 설치하도록 한 것에 반영되었다. 최종적으로는 석탄광업합리화임시조치법의 일부 개정(1963년 2월 14일 제출, 7월 6일 가결, 성립)에 의해 정비계획 실시에 수반되어 발생하는 탄광 이직자의 재취업 계획을 작성하게 되었으며, 석탄광업합리화심의회를 개조 · 강화하여 합리화부회(合理化部會) · 고용부회(雇用部會)의 구성은 동수의 사용자 및 노동자 대표와 그 외 약간 명의 중립 위원으로 구성하고, 의결 방법은 다수결제를 취하지만 의사는 민주적으로 운영하며 가능한 한 전원의 양해를 얻도록 노력하는 것으로 되었다. 또한 석탄광업합리화사업단의 업무 방법도 개정되어 석탄광산정리촉진교부금 대상 광산의 조사에 있어서 노동조합의 동의서가 필요하게 되었다.

결국 사전협의제를 통해 기존 생활수준을 보장하지 못하는 해고를 방지하고자 했던 탄로의 의도는 달성되지 못했다. 그러나 석탄광업합리화심의회의 3자 구성과 민주적 운영에 대한 규정 및 재취업 계획의 작성 의무화는 경영 측 사정에 의한 일방적 해고를 제약하는 기능을 함으로써 사전협의제 도입의 의도가 일부 실현된 것이라고 볼 수 있다. 이러한 결과가 탄로에게 만족스러운 것은 아니었지만, 탄로는 제37회 임시대회(1963년 1월 30일~2월3일)에서 이 규정에 근거하여 기업의 장기계획에 대한 사전협의의 확립을 합리화반대투쟁 방침으로 결정했다.

5.1.2. 이직자 대책

이직자 대책의 중요성은 정책 당국도 인식하고 있었으며, 정부는 이미 1959년 말에 탄광이직자임시조치법을 제정하고 그에 의거하여 탄광이직자원호회를 설립하는 등 이직자 대책을 강화하고 있었다(원호회의 업무는 1961년 6월에 설립된 고용촉진사업단으로 승계). 정책전환투쟁은 이와 같은 정부의 이직자 대책을 대폭 강화하는 데 크게 기여했다.

정책전환투쟁이 전개되는 가운데 1962년 3월 탄광이직자임시조치법의 개정에 의해 이직자를 고용한 사업주에 대해 고용장려금을 지급하게 되었다. 이는 물론 탄광이직자의 고용 촉진을 꾀하기 위함이었다. 석탄대책대강에서는 이직자 대책이 대폭 확충되었다. 특히 탄광이직자구직수첩제도는 획기적인 것이었다. 이 제도는 석탄광업의 합리화에 의해 이직이 불가피하게 된 탄광 이직자(1962년 3월 31일에 탄광 노동자이며, 또한 1961년 4월 1일 이후 당해 이직일까지 1년 이상 계속하여 탄광 노동자로 고용된 경력을 가진 자)에 대해 수첩을 발급, 수첩 발급자에 대해 취직지도관 등이 취직지도를 실시하고, 그 기간 중에 취직촉진수당을 지급하는 제도였다. 이 제도로 인해 이직자는 이직 후 3년간 정부로부터 수당을 받으며 취직지도를 받을 수 있게 되었다. 또한 중소탄광 이직자 대책의 일환으로서, 석탄광산정리촉진교부금의 대상이 된 이직자 중 퇴직금이 없거나 금액이 적은 중소탄광의 이직자의 이직금에 대해서 최고 10만 엔을 가산할 수 있게 되었다.

이와 같은 탄광 이직자 대책의 확충에 의해 정부의 탄광 이직자 대책 예산은 1961년도의 26억 엔에서 1962년도에는 거의 두 배에 달하는 50억 엔으로, 1963년도에는 62억 엔으로 크게 증액되었다(〈표 2〉).[54]

5.1.3. 조부(租夫)·청부부 및 제2회사 규제

탄로가 조부·청부부[55] 및 탄광 분리와 제2회사화[56]에 대해 반대

---

54) 1962년도 예산에는 답신대강에 근거한 특별 대책에 의해 설정된 국고교부금 19억 2천만 엔이 포함되어 있다.
55) 조부와 청부부는 작업 청부업자에 고용된 노동자로서 탄광과 직접 고용관계가 없는 노동자이며, 임시부는 당일, 또는 2개월 미만의 기간을 정해 고용되는 노동자이다.
56) 제2회사란 당년 기업이 경영하고 있던 광구의 일부를 분리하여 본사와 별도

한 이유는 그것이 임금 인하 등 노동조건의 악화를 가져오기 때문이었다. 이러한 탄로의 요구에 대해 조사단답신에서는 원칙적으로 제2회사를 인정하지 않는 것으로 하면서도 고용대책상 불가피한 경우 노사 쌍방이 필요하다고 인정할 때는 허용할 수 있으며, 조부, 청부부를 채굴, 굴진, 운반 등의 경상적(経常的) 작업에 종사시키지 못하게 하는 법적 조치를 강구할 것을 답신하였다. 답신의 내용은 석탄대책대강에서도 그대로 답습되었다.

결국 제2회사 및 조부 금지 규정에는 "고용대책상 불가피한 경우 노사 쌍방이 필요하다고 인정할 때는 허용한다."는 단서로 인해 규제의 효력이 크게 감쇄될 가능성이 남게 되었다. 실제로 석탄대책대강이 결정된 이후 제2회사로 이행하는 사례가 빈번히 일어났으며,[57] 청부부도 여전히 20% 가까운 수준으로 추이하면서 이 규정은 사실상 무력해졌다.[58]

제2회사화 금지규정이 효력을 보지 못한 이유로는 경영자 측의 반대뿐만이 아니라, 노동자 측에도 고용 확보의 입장에서 제2회사 용인론이 있었음에 주의할 필요가 있다. 탄로는 제2회사 이행에 대해 "고용 확보, 산탄지역사회의 황폐 저지의 관점에서 '완전고용', '노동조건 획득' 등의 기본적 요구가 충족되는 한, 굳이 반대의 입장을 취하지는 않았"으며,

---

의 회사를 설립하는 것을 말한다. 제2회사의 임금은 본사 임금보다 20-30% 정도 낮은 수준으로 책정되었다(日本炭鉱労働組合, 『炭労四十年史』, 538쪽).
57) 1963-65년에 걸쳐, 田川·山野(三井), 空知·神威(北炭), 好間(古河), 貝島2, 5광(貝島), 赤池(明治), 美唄(三菱)가 제2회사로 이행했다.
58) 『石炭労働年鑑』1964년판, 128쪽. 통산성 자료에 의하면, 상용 노무자에 대한 청부부의 비율은 1963년 3월에 약 16%였지만, 65년 3월에는 약 18%로 오히려 증가했다(『石炭労働年鑑』1965년판, 통계자료집).

그 결과 제2회사 이행을 반대하는 탄로의 방침은 "결국 실현되지 못한 채 공중에 뜬 형태가 되었다".59)

5.2. 석탄 수요의 안정과 생산 확대

석탄 수요의 안정과 생산 확대 요구에는 다양한 항목이 있지만, 그 핵심은 석탄 수요 확보에 있다고 할 수 있다. 탄로는 정부로부터 수요 확보를 위한 중유 보일러 규제법의 연장, 전력·제철용 석탄의 수요 확대, 장기계약 확보 등의 성과를 올렸지만, 핵심인 석탄 수요 6천만 톤 확대에 대한 보장은 얻어내지 못했다. 탄로가 조사단답신이나 석탄대책대강을 강하게 비판한 것도 정부가 기존의 생산 규모인 5,500만 톤을 넘는 확대 재생산 내지는 수요 확보를 약속하지 않았기 때문이다.

5.3. 최저임금제 실시

최저임금제는 탄로가 정책전환투쟁의 출발점부터 노동자 생활의 안정 확보라는 입장에서 강력히 요구한 항목이었다. 탄로는 1961년 9월 14일, 석탄 불황으로부터 예상되는 임금 인하를 미연에 방지하기 위해 총평과 연명으로 총리 및 통산대신, 노동대신에게 "석탄산업에 종사하는 노동자(갱외부)에 대해서 1개월 12,000엔의 최저임금 확립"을 요청하였는데, 이러한 탄로의 요구에 대해 정부는 동년 10월 25일 노동대신의 자문기관인 중앙최저임금심의회(회장 中山伊知郎)에서, 석탄최저임금

---

59) 日本炭鉱労働組合篇, 『炭労四十年史』, 537-538쪽.

소위원회를 설치하여 석탄 광업의 최저임금제에 관해 검토하기로 하였다.[60]

소위원회가 노동대신에게 석탄산업의 앞으로의 안정적 발전에 기여하기 위해 최저임금제 설정이 바람직하다는 것, 실효성 있는 제도 검토를 위한 전문부회의 설립이 필요하다는 중간답신을 함에 따라(1962년 3월 31일), 노동대신은 전문부회(공익 대표, 사용자 대표, 노동자 대표 각 3명으로 구성)를 설치하고 심의에 착수했다. 전문부회는 1962년 10월 11일 "대상 노동자는 갱내 작업 종사자로 한다. 최저임금액은 16,000엔으로 한다. 실시 기간은 1963년 4월 1일부터로 하고 대기업 이외의 탄광은 2년간 적용을 유예한다. 실시 방법은 법제 16조의 노동대신의 직권에 기초한 결정 방식으로 한다."는 내용을, "법제 16조에 의한 실시에 대해 반대"라는 사용자 측 소수의견을 부기하고 중앙최저임금심의회에 제출했다.

중앙최저임금심의회는 1962년 10월 11일 노동대신에 위 내용을 답신하였으며, 정부는 석탄대책대강에서 중앙최저임금심의회 답신에 의해 조치할 것을 결정하여 석탄광업의 최저임금제는 1962년 12월 12일 공시, 63년 4월 1일부터 대기업에서 실시하게 되었다.

최저임금제의 실시는 기간산업인 석탄산업에서 전국적 규모로 이루어졌고, 더욱이 최저임금법이 규정한 네 개의 최저임금 결정방식 중 그때까지 발동을 한 적이 없었던 법률 제16조 방식(노동대신 직권방식)에 의했다는 점에서 최저임금제 사상 획기적인 것으로 평가 받았다.

---

60) 중앙최저임금심의회의 심의 과정에 대해서는 『石炭労働年鑑』1963년판, 171-176쪽을 참조.

　　최저임금제에 대해 반대했던 경영 측은 노조와 공익위원의 주장에 밀려 불가피하게 최저임금제를 수용하게 되었지만, 심의 과정 중 탄광 경영에 대한 영향을 최소화할 수 있는 내용을 넣는 데 성공했다. 당시 대기업 갱내부의 임금은 거의 최저임금액 16,000엔을 초과하고 있었기 때문에 기업경영에 대한 영향은 크지 않았다.[61] 또 당초 갱외부를 적용 대상으로 하고자 한 탄로의 요구를 물리치고 적용 대상을 갱내부로 한정함으로써, 갱외부를 대상으로 할 경우 운반, 선탄, 공작 등 동일 직종이 있는 타산업 부문으로 영향이 파급될 수 있는 가능성을 차단할 수 있었다. 뿐만 아니라 최저임금제 실시가 대기업에 비해 더욱 절실했던 중소탄광에서의 실시는 2년 후로 연기했다는 점, 경영자가 직접 사용하지 않는 조부는 적용을 받지 않는다는 점 등도 경영자에게 유리한 조항이었다. 이러한 이유로 당시 석탄계는 최저임금제에 대해 "경영 측에게는 이름을 버리고 실을 취하게 한 반면, 노조에게는 일본 최초의 노동대신 직권발동방식이라고 하는 '명분'을 주었다."라는 평가를 하고 있었다.[62]

5.4. 산탄지역진흥

　　산탄지역대책은 전환투쟁 초기에는 이직자 대책의 일부로 제기되

---

61) 당시의 신문 기사는 "대기업 18사의 갱내부 임금은 대부분 1만 6천 엔에 달하고 있거나 상회하고 있는 것이 실정이며, 대기업에 미치는 영향은 1할을 조금 넘는 정도에 그칠 것이다. 그러나 500명 이하의 광산은 33%가 영향을 받게 된다."라고 분석하고 있다(「実利は石炭経営者に、炭労の石炭答申受入れへ布石」, 『毎日新聞』, 1962년 10월 12일).
62) 『石炭年鑑』1963년판, 179쪽.

었으나[63] 곧 독립된 주요 항목의 하나로 요구되었다.[64] 산탄지역진흥대책 요구에 대해 조사회답신은 ①산탄지역진흥계획 수립 ②산업기반정비 ③기업의 도입 ④법인기업의 조성 ⑤보타산[65] 처리 사업에 대한 배려 ⑥시정촌 재정에 대한 배려의 필요성을 지적하였으며, 이것은 거의 그대로 석탄 대책 대강에 반영되었다. 그러나 석탄 수요의 안정·확대와 산탄 지역 진흥책으로 요구하던 산탄지 발전은 결국 채택되지 않았다.

이직자 대책과 마찬가지로 정부는 정책전환투쟁 이전부터 산탄지역진흥 문제에 대해 관심을 가지고 대책을 마련하고 있었다. 석탄광업심의회는 1959년의 중간답신에서 탄광 이직자 다발 지대에서의 종합적 진흥대책 필요성을 지적하였으며, 다음 해에도 산탄지역진흥입법 및 예산조치를 정부에 요망했었다.

정책전환투쟁은 이처럼 준비 중이던 정부의 산탄지역진흥대책 수립을 가속화하는 역할을 했다. 통산성은 1961년 2월 제38회 통상국회에서 '산탄지역진흥임시조치법'을 제출하고, '산탄지역진흥심의회령'을 제정하였으며, 61년 4월에는 통산대신의 자문기관으로서 산탄지역진흥심

---

63) 1960년 11월 15일 탄로가 정부에 요청한 정책 변경 요청(政府への政策変更申入れ)에는 재취직을 촉진하기 위해 산탄지에 기계공업 및 그 외 신규 산업을 도입할 것을 요구하는 내용이 포함되어 있다(『資料労働運動史』1960년판, 577쪽).
64) 1960년 12월 4일의 노동, 통산, 경제기획청에 대한 요청서에서는 산탄지진흥대책을 별도의 항목으로 세우고 다발적 실업 지역의 진흥, 산탄지 댐의 건설, 신규 공업 육성 등을 요구했다(『資料労働運動史』1960년판 580쪽).
65) 보타(ボタ)는 석탄을 채취할 때 발생하는 사석을 말하며 보타산(ボタ山)은 보타의 집적장이다.

의회를 설치하여 산탄지역진흥의 기본적 사항을 심의하도록 했다. '산탄지역진흥임시조치법'은 1961년 11월에 시행되었으며, 동 법은 탄광의 종폐산(終閉山)에 의해 피폐화된 산탄지역 경제의 부양과 산탄지역사회의 안정이라는 목적을 위하여 산탄지역의 기업 유치, 산업기반의 정비촉진, 진출기업의 세제 우대 조치, 지방공공단체에 대한 재정원조 등을 구체적으로 규정하였다. 산탄지역진흥임시조치법은 조사회답신을 뒷받침하기 위하여 1963년 3월 일부 개정되어 보타산 처리 사업을 사업단이 실시하도록 했다. 한편 1962년 4월 산탄지역진흥 실시 기관인 산탄지역진흥사업단의 설립을 내용으로 하는 '산탄지역진흥사업단법'이 제정되고 이 사업단은 1962년 7월 20일 설립되었다. 이처럼 산탄지역대책이 수립, 강화됨에 따라 관련 예산도 증가하여, 1962년도 6천 8백만 엔에 불과했던 예산이 1963년도에는 13억 엔, 1964년에는 20억 엔으로 증가했다(〈표 2〉).

〈표 2〉 석탄 대책 관계 예산 주요 항목의 추이(백만 엔)

연도	탄광이직자 원호대책비	산탄지역 진흥대책비
1960	2,330	
1961	2,607	30
1962	5,077	680
1963	6,172	1,330
1964	6,591	2,048
1965	5,762	1,810
1966	4,633	2,836
1967	5,030	3,046
1968	5,091	3,294
1969	7,637	5,691
1970	8,553	6,483
1971	9,539	7,990
1972	9,941	8,007
1973	10,947	8,232

자료: 石炭鉱業合理化事業団編, 『団史』(整備・近代化編), 石炭鉱業合理化事業団, 1976, 374-375쪽.

5.5. 정책전환투쟁은 성공하였는가?

정책전환투쟁의 성공 여부를 일률적으로 판단하기는 어렵다. 탄광노동자의 생활 안정과 고용 보장이라는 점을 중시한다면, 투쟁에 실패했다고 보는 것이 타당할 것이다. 투쟁의 성과라고 할 수 있는 석탄대책대강은 1959년의 중간답신에서 제시한 '5,500만 톤 체제와 스크랩 앤드 빌드에 의한 합리화'라는 정책 기조를 견지하고 있으며, 따라서 탄로는 이직자가 대량으로 발생하는 것을 피할 수 없었다. 그러나 합리화에 따른 부작용, 즉 실업의 발생, 지역사회의 피폐 등에 대한 대책 확보라는 면에서는 큰 성과를 보았다. 이 측면을 강조하면 석탄대책대강은 사회정책 방향으로 크게 움직였다고 파악될 수 있으며 투쟁은 성공하였다는 평가도 가능할 것이다. 이를 달리 표현한다면, 정책전환투쟁은 석탄 산업의 보호·방위 측면에서는 실패했지만, 구조조정 측면에서는 성과를 올렸다고 할 수 있다.[66]

당시에는 정책전환투쟁을 산업방위투쟁으로 이해하고 있었다. 당시의 신문은 "정책전환투쟁은 일종의 산업방위투쟁"[67]이라고 보도하고 있었으며, 노조 측에서도 '산업방위의 입장'에서 보호정책을 요구하고자 했다.[68] 정책전환투쟁의 산업방위적 성격은 '석탄 수요의 안정과 생산

---

66) 丁振聲(2006)은 산업구조조정정책이란 측면에서 고도경제성장기의 석탄정책을 검토하였다.
67) 「炭労の政転闘争」, 『朝日新聞』(1961.9.15).
68) 총평 제17회 정기대회(61년 8월 2일~6일)에서 결정한 1961년도 운동 방침에서 "정책전환투쟁의 계급적 성격을 명확히 해야 하지만 석탄산업과 같이 합리화의 집중 공격을 받고 있는 절박한 상황에서는 대중이 조합에서 이탈되지 않도록 산업방위적 입장에서 축소 산업에 대한 보호 정책을 요구하는 것

확대'라는 요구에서 전형적으로 나타난다. 이 점에서 노조와 경영 측은 이해관계가 일치하고 있으며 이 때문에 전환투쟁은 '아베크투쟁'이라고 야유 받기도 했다. 실제로 수요 안정 및 생산 확대에 대한 노조 측의 요구는 경영 측이 정부에 요구한 석탄 정책과 거의 동일하였다. 이처럼 노조와 경영 단체는 한목소리로 석탄산업의 보호를 외쳤지만 전술한 바와 같이 이들의 의도는 좌절되었다.

한편, 정책전환투쟁에서 가장 큰 성과를 올린 이직자 대책과 산탄지역진흥대책은 산업보호정책이라기보다는 구조조정정책이라고 할 수 있다. 즉 이 정책은 해고된 탄광부의 이직을 지원하거나 산탄지역의 일자리를 창출함으로써 석탄산업에서의 기업 퇴출을 용이하게 하는 성격을 가지고 있다. 탄광부의 입장에서는 새로운 직장을 구할 때까지의 생활 보장, 직업훈련 등의 지원을 받을 수 있어 이직 비용을 크게 낮출 수 있었으며, 퇴출하고자 하는 경영자 측에서 보면 이직 탄광부에 대한 이러한 지원은 퇴출 비용의 일부를 국가가 부담하는 것이었다. 따라서 이 측면에서도 노동자와 경영 측은 동일한 이해관계에 있다고 할 수 있다.[69]

노조와 경영 측이 동일한 이해관계에 있었는데도 불구하고 산업 보호적 요구는 부정되고 구조조정적 요구가 수용된 것은 정책투쟁의 결착이 국회에서의 의결에 의하지 않을 수 없음에 따른 필연적 결과라고 할 수 있다. 당시 의회에서는 탄로와 공투 관계에 있던 사회당이 소수파였

도 필요하다"라고 했다(『資料労働運動史』1961년판, 516-517쪽).
69) 예를 들면, 탄로는 고용촉진사업단의 설립 과정에서 탄광 이직자 원호에 대한 특별 조치를 요망하는 요청서를 경영 측(석탄경영자협의회)과 공동으로 제출했다(『石炭労働年鑑』1961년판, 418-19쪽).

으며, 다수파인 자민당은 석탄산업 보호에 대해 비판적이었던 경제계[70]의 이해를 무시할 수 없었다. 그러나 이직자 대책이나 지역 대책에서는 사회당과 타협할 여지가 있었다.

탄로의 대규모 광부 동원은 바로 이러한 사회당의 역량 부족을 보완하기 위한 것이었으며, 여기에는 직전의 안보투쟁에서 있었던 대중투쟁의 기억이 작용했다.[71] 탄로와 총평, 사회당은 대규모 광부 동원을 통해 정책전환투쟁을 사회화, 정치화함으로써 안보투쟁 때와 같은 대중적 에너지를 집결하여 정책전환을 이루고자 했다.[72] 그러나 대중투쟁이 국권의 최고기관인 의회 세력에 대해 체크 기능을 할 수는 있어도 의회에서

---

70) 経団連과 같은 재계 단체는 연료의 수급은 자유경제의 일환으로서 연료의 경제적 합리성에 기초한 소비자 자유 선택의 위에서 성립해야 함을 명백히 하고 있었다. 특히 일본 전력업계의 거물인 마쓰나가 야스자에몽(松永安左エ門)은 산업계획회의 및 전력중앙연구소를 통해 에너지 쇄국정책이 일본 경제의 진보를 저해하는 요인이 되고 있다고 하면서 에너지원을 중유로 전환할 것을 강력히 주장했다(정진성, 「무역자유화와 일본의 종합 에너지정책」, 박태호·박철희 엮음, 『동아시아의 로칼리즘, 내셔널리즘, 리저널리즘』, 인간사랑, 2007).

71) 탄로의 위원장이었던 하라(原茂)는, 대중 동원이라는 투쟁 형태는 1959년 당시 서독의 탄광 노동자가 기업정비 반대를 위해 500명을 동원하여 그것이 정치적 운동으로 발전한 것에서 힌트를 얻은 것이지만, 그보다도 안보투쟁에서의 경험, 즉 "국민 전체가 참여(国ぐるみ)하는 대운동으로 발전한 투쟁 형태에서 배운 것"이라고 술회하고 있다(日本炭鉱労働組合, 『炭労十年史』, 884쪽).

72) 탄로 제31회 대회에서 오카(岡) 사무국 차장은 "국민의 이해와 지지가 필요하며 여론을 환기시켜 사회문제화하여 정부가 요구를 받아들이지 않을 수 없게 한다. (중략) 1,000명의 대행진, 5,000명의 대동원을 하여 정부, 관계 방면에 대한 진정, 데모, 도쿄 도민에 대해 어필하고 그 가운데 정책전환의 무드를 만들어 일정 시기에 생산점에서의 대결, 제네스트 체제와 결합함으로써 정책 전환을 획득한다."는 투쟁 방침을 제안했다(『資料労働運動史』1961년판, 527쪽).

 협조적 노사관계의 행방 : 전후 일본의 노동과 경영의 변용

의 결정을 대신할 수는 없는 것이다.73) 그런 의미에서 석탄산업보호적 입법이라는 면에서의 정책전환투쟁의 실패는 예견된 것이었다고 할 수 있다.

　　한편 노조원의 이해와 직접 관련되는 요구, 즉 탄광 노동자의 생활 안정, 해고반대, 최저임금제 확립이란 측면에서는 노조와 경영 측이 대립하였고 탄로는 제한된 성과만을 얻을 수 있었다. 해고반대 요구는 석탄광업심의회의 민주적 운영 및 고용계획의 수립 등을 통해 경영 측의 일방적 인원조정을 견제할 수 있는 정도에서 타협하지 않을 수 없었고, 제2회사 규제는 규제를 피해갈 수 있는 조항 때문에 실질적으로 유명무실해졌으며, 석탄 최저임금제의 도입은 광부 생활의 보장에 실질적인 기여를 했다기보다는 노동대신 직권에 의해 '어쨌든' 최저임금제가 도입되었다는 상징적인 의미가 더 컸다. 당시에도 투쟁의 결과로 나온 석탄대책이 지나치게 이직대책에 편중되어 탄광노무대책이 소홀해졌음을 지적받고 있었다.74)

---

73) 탄로의 이러한 전략, 즉 대중투쟁을 통해 요구를 관철시키려는 전략은, '형식적 의회주의'보다 '대중의 에너지'에 의존한다는 논리하에 의석수에 의한 결착을 '다수의 폭력'으로 기피하는 사회당의 전략(原彬久, 『戦後史のなかの日本社会党』, 171쪽)과 부합하는 것이다.

74) 『石炭労働年鑑』1963년판, 181쪽; 1965년판, 122쪽. 탄광노무자대책의 불비는 63년에 중반부터 불거진 탄광노무자 부족이라는 사태에 직면하여 이직자대책에 편중된 석탄정책의 문제점으로 지적되었다.

6. 정책전환투쟁의 귀결

정책전환투쟁은 탄로의 노동운동에 어떤 영향을 주었을까? 미이케쟁의에서의 패배로 인한 노동운동의 퇴조에 브레이크를 걸고 노동운동의 활성화를 가져왔을까? 아니면, 미이케쟁의와는 다른 방식의 노동운동에 대한 전망을 가능하게 했을까? 결론을 먼저 말한다면, 정책전환투쟁은 노동운동의 부활도, 새로운 방향의 제시도 하지 못한 채 끝나고 말았다. 이 점에 대해 투쟁의 전략과 석탄 대책의 효과라는 두 측면으로 나누어 검토해 보고자 한다.

우선 통일투쟁이라는 전략에 대해서 검토해 보겠다. 정책전환투쟁은 종래의 '독주체제에서 통일투쟁(기업련의 투쟁으로부터 산업별 통일투쟁으로)'으로 노선이 곤란해짐에 따라 전선을 재편성하여 통일적 전개를 가능하게 하고자 고안된 것으로, 전술 면에서는 '무기한 스트라이크와 대량 동원', 그중에서도 대량 중앙 동원에 의거한 것이라고 할 수 있다.

이러한 정책전환투쟁은 효도가 지적한 바와 같이 노조의 활동이 본부 중심이 되어 직장 활동의 에너지를 흡수하기 어려운 난점이 있었다. 미이케노조가 제기한 정책전환투쟁에 대한 비판, 즉 "탄광합리화의 실태를 사회적으로 어필한 점에서 성과가 있었지만 (중략) 생산점에서의 대결은 어쨌든 회피하고 탄광 자본에 압력이 걸리지 않는 한도에서의 중앙 동원이 되기 쉬웠"으며, 조사단답신이 나온 후 "의회 내의 간부투쟁으로 매몰되어 갔다."[75]라고 한 비판은 효도가 제기한 점과 동일한 것이다.

탄로는 '직장투쟁을 기축으로 한 정책투쟁' 노선을 계속 투쟁 방침으로 내걸었지만, 직장투쟁의 주체가 되어야 할 산하 기업련의 투쟁은 활발하지 못했다. 이미 1962년 4·6 각의(閣議) 결정 후의 노사관계 휴전 시기에도 일부 노조는 탄로를 제치고 직접 기업과 타협하여 합리화를 용인하는 케이스가 적지 않았다.[76] 정책전환투쟁이 일단락된 후에도 노사관계에는 기업 내 협조를 최우선하는 분위기가 확산되고, 기업 간 경쟁이 격화되는 가운데 노조가 기업의식을 뚜렷이 하면서 탄로의 지도는 산하 노조와 유리되기 십상이었다.[77] 정책전환투쟁은 직장투쟁의 에너지를 끌어올리지 못했으며, 또한 기업련에 대한 탄로의 장악력도 확보하지 못했다.

둘째, 정책전환투쟁의 정책 효과에 대하여 살펴보도록 하겠다. 정책전환투쟁은 석탄산업의 사양화와 '스크랩 앤드 빌드'를 기조로 하는 합리화정책을 저지하지 못함으로써 탄광 이직자의 대량 배출이 불가피해졌다. 정책전환투쟁의 큰 성과인 이직자대책 및 산탄지역대책의 확충은 이렇듯 대량 배출된 이직자의 생활 안정에 크게 기여하는 것이었지만, 동시에 이직을 촉진하는 역할을 함으로써 자발적 퇴직자(개인 사정에 의한 퇴직자)가 크게 증가했다.[78] 정책전환투쟁의 결과로 얻어낸 석탄대책이 "아이러니컬하게도 석탄의 '사양 무드'를 더욱 촉진하고 도리

---

75) 三池炭鉱労働組合, 『みいけ20年』, 労働旬報社, 1967, 806쪽.
76) 『石炭年鑑』1963년판, 186-87쪽.
77) 『石炭年鑑』1964년판, 131쪽.
78) 고용조정은 석탄 정책의 예상을 상회하는 속도로 진행되었는데, 그 이유 중 하나는 자발적 퇴직자의 증가에 있었다(丁振聲, 2006, 20쪽).

어 '퇴직 무드'를 조장하여 자발적 퇴직자의 증가"라고 하는 예상하지 못한 사태를 초래했다. 고도성장을 배경으로 하여 석탄산업 외부에서 장년의 육체노동자에 대한 대량의 수요가 발생하고 있는 상황에서 특히 청장년층의 자발적 퇴직자가 많이 발생했다.

이러한 자발적 퇴직자의 증대는 노동자 부족이란 사태를 초래하여 석탄산업의 쇠퇴를 더욱 촉진했을 뿐 아니라 탄로의 기반을 약화시켰다. 제1차 석탄대책이 실시되기 직전인 1962년에서 1966년 사이에 탄광 노동자(상용 노동자)는 16만 5천 명에서 10만 4천 명으로, 탄로 조합원 수는 10만 4천 명에서 5만 3천 명으로, 4년 사이에 절반으로 감소하였으며, 그 결과 전체 노동자에 대한 탄로 조합원 수의 비율은 같은 기간 중 63%에서 51%로 감소하였다.[79]

이상에서 정책전환투쟁은 탄로의 노동운동이란 면에서는 부정적인 결과를 가져왔다고 결론지을 수 있을 것이다. 즉, 정책전환투쟁은 직장에서의 에너지를 끌어올리는 데도 실패했으며, 통일 운동을 전개할 수 있을 정도의 산하 노조에 대한 통제력도 확보하지 못했다. 또한 정책전환투쟁의 큰 성과라고 할 수 있는 이직자대책과 산탄지역대책은 탄광부의 이직을 용이하게 함으로써 오히려 탄로 기반의 약화를 가속화시켰다.

이러한 상황에서 탄로의 교섭력은 약화되었다. 1963년의 임금 교섭은 탄로 교섭력의 약화를 상징적으로 보여주는 것이었다. 이 교섭에서 시간외수당의 할증률, 즉 기준외임금이 대폭 인하되었을 뿐만 아니라,

---

79) 상용 노동자는 연말 수치, 탄로 조합원 수는 62년은 7월 1일 현재, 66년은 5월 1일 현재의 수치.

10년 이상 계속되었던 표준작업량의 거치라는 기득권도 상실하였다.[80] 1965년 임금 교섭에서는 정부의 제2차 석탄정책이 임금 상승률 7%를 상정함에 따라, 임금은 중로위의 알선 없이 정책적으로 그 수준에서 억제되었다.[81]

탄로가 정책전환투쟁으로 방향 전환한 시기에 민간 대기업을 기반으로 하여 동맹의 발족(1964년 11월)[82] 및 IMF·JC의 결성(1964년 5월)[83]이라는 노사협조적 기업주의가 대두[84]하고 있었다는 것도 탄로의 교섭력을 약화시키는 배경이 되었다. 석탄산업에서도 스트라이크보다 단체교섭을 중시하는 동맹계의 전탄광에 가입하는 조합이 늘었으며[85] 특히 1963년도의 미이케 신노조의 전탄광 가입은 충격적인 사건으로 받아들

---

80) 그러나 이러한 임금 교섭도 노무비의 저하로는 연결되지 않았다(島西, 2011, 268쪽).
81) 이와 같은 임금 교섭 방식은 탄광 노동운동사상 중대한 전환점이 되는 것이라는 평가도 있었다(『石炭年鑑』1965년판, 128쪽).
82) 전로회의는 그 산하에 전로회의 직결의 단산과 총동맹이라고 하는 내셔널 센터를 두고 있었기 때문에 가맹 조직이 늘어남에 따라 전로회의 직결의 단산 및 총동맹 산하의 산별 조직과의 알력이 발생하게 되어 양 조직의 일원화가 진행되었다. 그 결과 64년 11월 산업별조합을 직결하는 동맹체로서 전일본노동총동맹(동맹)이 발족하였다.
83) 국제금속노련일본협의회(IMF·JC)의 결성은 철강노련서기장 宮田義二를 중심으로 추진되었으며, 결성 시에는 정식 가맹한 전기노련, 조선총련, 전국자동차, 전기금(全機金), 야하타제철노조·나카야마철강노조 및 자동차노련을 비롯한 옵저버 조합을 포함하여 54만 명을 거느리는 노동조합이 결집했다.
84) 이에 대해서는 兵藤(1997) 236-254쪽 참조. 한편, 김삼수(2012)에 의하면, 1960년대 중엽에 기업별조합을 당연한 전제로 하여 기업 내 생산 협력을 최우선시하는 경영협조주의 노선의 기업별조합 체제가 동맹과 IMF·JC 주도하에 성립하였다.
85) 島西智輝, 『日本石炭産業の戦後史—市場構造変化と企業行動』, 慶応義塾大学出版会, 2011, 265쪽.

여겼다.[86]

　탄로는 정책전환투쟁의 이러한 결과를 타개할 새로운 활로를 찾지 못했다. 정책전환투쟁은 사회당의 구조개혁론과 통하는 부분이 있었지만, 구조개혁론은 공식적인 노선으로서는 총평과 사회당에서 부정됨으로써 탄로도 구조개혁론 방향에서 투쟁 지침을 발전시키지 못했으며 노사관계를 대립적, 투쟁적으로 보는 기본 시각은 변하지 않았다. 탄로는 정책투쟁의 연장선상에서 석탄국유화투쟁을 개시했지만 노동운동의 활성화를 가져오지는 못했다.[87] 사양산업이라는 산업적 조건 속에서 탄로의 활동은 노령자대책이나 조건투쟁 일부 지원으로 위축되고 말았다.

　그렇다면, 사양산업에서의 전투적 노조 활동은 불가능한 것인가? 또 노조 활동의 범위는 축소될 수밖에 없는 것인가? 적어도 탄로의 사례에서는 그렇게 보인다. 탄로는 종래의 직장투쟁을 중심으로 한 '독주에서 통일투쟁으로'라는 전략이 벽에 부딪히자 정책전환투쟁이라는 새로운 산업별 통일투쟁을 전개했지만, 사양산업이라는 산업적 조건하에서 성공할 수 없었다. 그렇다면 사양산업에서의 노동운동은 어떤 방향으로 전개되어야 하는 것일까?

　본고는 아직 이러한 질문에 대답을 할 준비가 되어 있지 않다. 그러나 다른 사양산업에서 볼 수 있는 노동조합의 새로운 동향, 즉 지역사회와 연결된 노동운동의 시도는 그 대답에 대한 실마리를 주는 것일지도

---

86) 『石炭年鑑』1964년판, 130쪽.
87) 탄로의 석탄국유화투쟁은 1963년 11월의 제39회 정기대회에서 정식으로 제기되었다. 석탄국유화투쟁에 대해서는 『炭労四十年史』, 496-498쪽, 『石炭年鑑』1965년판, 124-217쪽, 참조.

모른다. 戸塚・兵藤(1995)의 연구에 의하면 1980년대 산업의 재편・합리화가 진전되던 중에 산업의 쇠퇴와 고용 문제에 직면한 지역에서, 지역사회의 유지와 활성화를 목표로 하여 자치체와 연계하면서 기업 전략에 제약을 가하고자 하는 새로운 노동운동이 전개되었다. 철강산업의 불황으로 고용 문제와 지역사회의 쇠퇴가 문제가 되고 있던 무로란(室蘭) 시의 경우, 신일철 무로란 노조(新日鉄室蘭労組)가 지역 문제에 관심을 가지고 무로란 시의 시직로(市職労)와 함께 지역 활성화 운동을 전개했다. 여기에서 효도는 노동조합운동의 새로운 싹을 볼 수 있다고 평가하고 있다.

석탄산업의 경우 이와 같이 노조가 지역사회의 활성화 운동을 전개한 사례는 없었을까? 이에 대한 검토는 본고의 범위를 넘어서는 것이지만, 탄광사회에서 청장년층의 유출과 고령화는 그러한 가능성을 대단히 제약하는 조건이 되었을 것이라고 생각된다. "생활과 직장의 안정을 얻고자(외부로 유출 - 인용자) 하는 탄광 청장년층의 이산은 노조의 힘으로서는 어찌할 수 없는"[88] 것이었으며, 탄광사회는 점차 "고도경제성장에 등을 돌리고 탄광에 머물러 있던 사람들에 의한 정체적인 사회"[89]로 되어 갔던 것이다.

---

88) 『石炭年鑑』1964년판, 130쪽.
89) 市原博, 『炭鉱の労働社会史』, 多賀出版, 1997, 372쪽.

현대일본생활세계총서 5

협조적 노사관계의 행방
: 전후 일본의 노동과 경영의 변용

V. 저성장기 일본 노사관계의 동요와 재편*
1970–1980년대를 중심으로

김양태

1. 문제제기: 저성장기 노사관계의 변화

1.1. 연구 목적

일반적으로 일본적 노사관계란 기업별 노동조합에 기초해 노사협조주의에 입각한 기업별 노사관계를 지칭한다. 일본적 노사관계는 종신고용제, 연공서열제, 기업별 노동조합을 구성요소로 하고 역학관계에서는 경영주도형의 성격을 가지며 이데올로기 측면에서는 노사협조주의를 특징으로 하는 노사관계를 말한다. 따라서 일본적 노사관계는 일본적 인사 · 노무관리와 기업주도형의 협조적 노사관계를 그 성립조건으로 하고 있다. 이러한 특징을 갖는 노사관계를 일본적이라고 부르는 배경에

---

* 이 글은 『동북아경제연구』제24권 제2호(2012)에 「저성장기 일본노사관계 재편과정의 재검토: 1970년대 및 1980년대를 중심으로」라는 제목으로 게재된 것을 본 단행본의 취지에 맞게 수정 · 보완한 것이다.

는 영미의 노사협조주의가 국민경제를 고려한 국가 수준 및 산업 수준에서 합의되는 데 반해 일본의 노사협력주의는 기업별 노동조합을 기반으로 형성된 기업 내 노사관계에 바탕을 두고 있기 때문이다.

일본적 노사관계는 1950년대 노사 간의 첨예한 대립·대결의 역사를 경험하면서 1960년대 중반에 성립된 시스템이다. 하지만 1970년대의 제1차·2차 석유 위기와 1985년의 엔고 불황, 1990년의 버블 경제의 붕괴를 경험하면서 지속적으로 수정과 재편의 과정을 거쳐 왔다.

그 과정에서 이루어진 것은 집단적 노사관계의 쇠퇴와 개별적 노사관계의 진전, 즉 노동조합 기능의 축소와 인사·노무관리 기능의 확대이다. 이에 따라 일본적 경영에 대한 관심도 자연히 노동조합론 및 노사관계론에서 능률관리를 포함한 생산시스템론 및 인적자원관리론으로 이행되어 왔다. 일본적 경영에서 집단적 노사관계의 쇠퇴와 개별적 인사관리의 진전 흐름은 1995년의 '신시대의 일본적 경영'(新時代の日本的経営)이 발표된 이후 강화되고 있다. 전자는 노동조합 조직률의 하락, 노동운동의 쇠퇴를 그 특징으로 하고 있으며 후자는 고용의 포트폴리오로 대표되는 고용의 다양화·유연화와 성과주의 임금으로 대표되는 처우의 유연화 등이 대표적이다.

그런데 일본 노사관계의 역사를 자세히 살펴보면 고용의 유연화, 처우의 유연화로 대표되는 개별 관리의 강화 혹은 개별적 노사관계의 강화는 신시대의 일본적 경영에서 처음으로 제기된 것이 아니다. 그것은 1973년의 제1차 석유 위기를 계기로 나타나고 있는 일본 노사관계의 하나의 특징이며, 따라서 1973년의 제1차 석유 위기는 일본 노사관계에 있어서 매우 중요한 의미를 갖고 있다. 왜냐하면 석유 위기를 계기로 고도 경제성장기의 노사관계는 저성장기의 노사관계로 전환되었으며 이 과정에서 고용의 유연화, 처우의 유연화 등의 개별적 노사관계의 강화와 집단적 노사관계의 약화의 흐름이 현저하게 나타났기 때문이다. 따라서 집단적 노사관계의 쇠퇴와 개별적 인사관리의 진전이라는 일본적 노사관계의 특징을 이해하기 위해서는 1970년대부터 1980년대 사이에 진행된 일본적 노사관계의 재편 과정을 자세하게 규명해 볼 필요가 있다.

본 논문은 이러한 문제의식에 입각해 1973년의 석유 위기부터 1980년대 버블 붕괴까지의 일본 노사관계재편 과정을 거시적으로는 노동운동의 변화와 미시적으로는 인사 노무관리의 변화에 초점을 두고 살펴보고자 한다.

1.2. 분석 시기

가와니시는 전후 일본적 노사관계를 제1차 원형기(1945- 1947), 제1차 원형의 재편성기(1947-1960), 재편성의 확립기(1960-1973), 제2차 원형기(1973-1987)의 4단계로 구분하고 있다.

그는 제1차 원형기의 특징을 기업 횡단주의적 노동조합주의에 근거한 노동조합 우위의 노사 대립 주의의 성격이 강한 노사관계로 규정하고, 다음의 제1차 원형의 재편성기는 경영자 우위의 노사협조주의에 바탕을 둔 기업 내 노사관계로 구분하고, 마지막으로 제2차 원형기는 '국익' 및 '기업운명공동체론'에 입각한 정부 · 사용자 · 노동조합이 통합되는 노사관계를 그 특징으로 지적하고 있다.[1] 이처럼 1973년의 제1차 석유 위기는 제1차 원형의 재편성 확립기가 제2차 원형기로의 전환을 구분 짓는 시기로 전후 일본 노사관계에서 중요한 의미를 갖고 있다고 할 수 있다. 이는 각종 노동 데이터에서도 잘 나타나고 있는데, 본 논문에서는 고용자 수·추정 조직률의 변화 추이, 노동쟁의 건수·참가인 수의 추이, 춘투(春鬪)의 임금 인상률을 살펴보도록 하자.

〈그림 1〉은 1955년부터 2010년까지의 노동조합원 수·고용자 수·추정 조직률의 추이를 나타내고 있다. 전후 일본 노동조합의 조직률은 1955년부터 1975년까지 약 33%-34% 전후의 일정한 비율을 유지하다가 1976년부터 장기적으로 하락 경향이 뚜렷하게 나타나고 있다.

다음으로 〈그림 2〉는 1946년부터 2004년까지의 노동쟁의의 건수·참가인 수의 추이를 나타내고 있다. 노동쟁의 건수 및 쟁의참가인수를 보면 1974년을 정점으로 급격하게 감소하고 있는 것을 알 수 있다.

마지막으로 〈그림 3〉은 춘투의 임금인상률을 나타내고 있다. 석유 위기 직후의 1974년 춘투는 대규모의 노동쟁의를 동반하면서 32.9%라는 매우 높은 임금 인상을 실현했지만 1975년에는 13.7%, 1977년부터는 한 자릿수 임금 인상이 이루어졌다.

---

1) 河西宏祐, 「戦後労使関係史研究の方法」, 『日本労働社会学会年報(第1号)』, 1990, 26-27쪽.

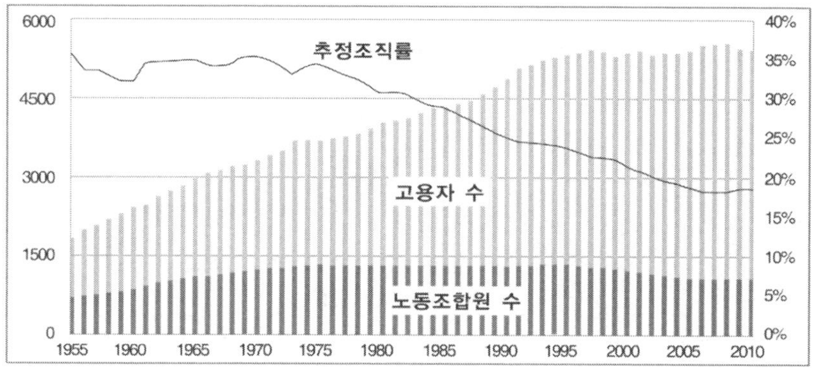

〈그림 1〉 노동조합원 수 · 고용자 수 · 추정조직률의 변화추이

자료: 厚生労働省, 「労働組合基礎調査」 각 연도.

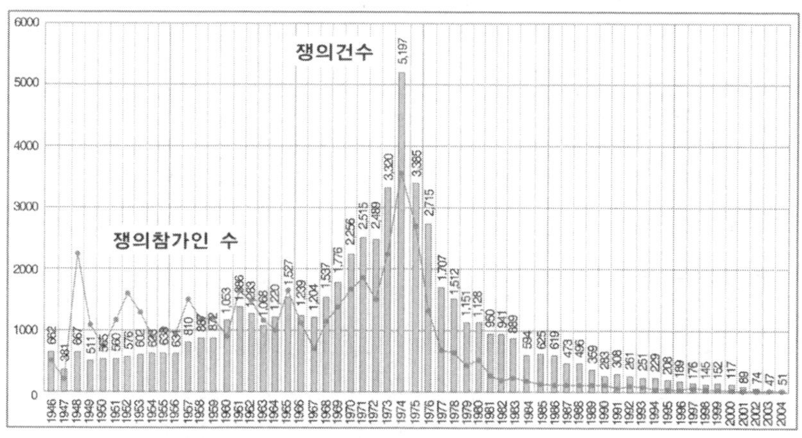

〈그림 2〉 노동쟁의의 건수 · 참가인 수의 추이

자료: 厚生労働省, 「労働組合基礎調査」 각 연도.

<그림 3> 춘투의 임금인상률

자료: 久谷與四郎, 「春闘の意味と役割、今後の課題」, 『日本労働研究雑誌』 No.597, 2010, 89쪽.

각종 노동 데이터를 살펴보면 1973년의 제1차 석유 위기를 기점으로 일본의 노사관계 구조가 크게 변화되었다는 것을 알 수 있다.

1.3. 선행 연구

제1차 석유 위기 이후 노사관계 구조의 변화를 분석한 대표적인 연구로서 이시이의 연구가 있다.[2] 그는 석유 위기 이후, 장시간 노동·과밀 노동이 급증하고 있는 현황을 분석해 그 배경을 능력주의 관리로 대표되는 인사노무관리의 강화와 함께 노동조합의 규제력 약화를 지적하고 있다.

다바타는 1974년 춘투와 1975년 이후의 춘투의 성격이 극적으로 전환된 사실에 입각해 일본 노사관계 구조의 전환을 지적하고 있다.[3] 고도

---

2) 石井徹, 「1980年代の日本的労使関係の特質」, 『つくば国際大学研究紀要』 No.2, 1996.
3) 田端博邦, 「現代日本社会と労使関係」, 東京大学社会科学研究所編, 『現代日本社

경제성장기의 분쟁적 안정 구조에서 저성장기의 비(非)분쟁적인 노사관계, 즉 협조적 안정 구조로 노사관계의 성격이 변화했으며 여기에는 노동조합의 리더십이 JC형의 협조주의 노선으로 전환된 사실과 함께 노동자의 기업주의 지향이 영향을 미쳤다고 지적하고 있다.

니시나리타는 일본 노사관계의 변천 과정을 임금제도를 중심으로 분석하고 있다.[4] 특히 석유 위기 이후 능력주의 관리의 도입으로 능력급의 적용, 감량경영에 의한 인원 감축, 불안전 취업 노동자의 증가, 협조적인 기업별 노동조합의 정착 등을 지적하고 있다.

한편 김삼수는 석유 위기를 계기로 성립된 일본의 안정적인 노사관계를 협조적 노사관계로 규정하고 그 형성 과정을 기업별조합 체제의 성립, 노동운동의 주도권 전환, 춘투 체제에서의 임금 교섭을 고찰해 협조적 노사관계의 형성 과정을 노동운동을 중심으로 상세히 분석하고 있다.[5]

효도 스토무·시모야마 후사오는 일본 노사관계의 형성, 재편 과정을 인사 노무관리와 노동운동의 동향을 통해서 분석하고 있다.[6] 특히 1960년대 후반에 형성된 일본 노사관계는 석유 위기를 통해서 재편 과정을 경험하게 되는데 감량경영, 능력주의 관리, 일본형의 복지사회의 구상, 임금억제·감량경영에 대한 노동조합의 협력 등의 과정을 분석하고

会5、構造』, 東京大学出版会, 1991.
4) 西成田　豊, 「日本的労使関係の史的展開(下)」, 『一橋論集』第114巻 第6号, 1995.
5) 김삼수, 「일본에서의 안정적 노사관계의 성립」, 『한일경상논집』 제11호, 1995, 14~15쪽.
6) 兵藤釗·下山房雄, 「日本的労使関係と労働運動」, 『講座 今日の日本資本主義 4：日本資本主義の支配構造』, 大月書店, 1982.

있다.

본 연구는 선행연구의 연구 성과를 바탕으로 이 시기의 노사관계 재편과정을 거시적으로는 노동운동의 동향, 미시적으로는 인사·노무관리의 변화를 중심으로 고찰하고자 한다. 특히 본 연구는 노동력의 효율적 이용(인사 노무관리)과 노동 질서의 유지(노사관계 관리)라는 기능을 담당하는 인사 노무관리의 변화과정에 대해서 자세히 살펴보고자 한다. 왜냐하면 1973년 석유 위기 이후 일본 노사관계에서 일관되게 관찰되는 고용 및 처우의 유연화라는 특징을 이해하기 위해서는 안정적·협조적인 노사관계뿐만 아니라 인사 노무관리의 분석이 필요하기 때문이다. 결론적으로 석유 위기 전후로 민간 대기업으로 확산된 직능급·직능 자격제도를 축으로 하는 능력주의 관리의 내용과 함께 능력주의 관리와 노동조합과의 관계를 고찰하는 작업은 일본적 노사관계의 재편 과정을 분석하는 중요한 실마리를 제공할 것이다.

2. 고도경제성장과 분쟁적 안정구조의 노사관계

2.1. 노무관리 주도형의 노사관계

2.1.1. 정기승급제도와 노사협의제

일반적으로 일본적 경영 혹은 일본적 노사관계의 특징으로 거론되는 종신고용 관행, 연공임금 제도, 기업별 노동조합은 다름 아닌 '본공 제도(本工=정규노동자)'의 속성이며 따라서 정규 노동자의 고용 관행 특히 연공임금 제도의 파악이 일본적 노사관계의 중심에 위치하고 있다.[7] 전후 연공임금 제도는 정기승급제도(定期昇給制度) 안에서 구체화되었다.[8]

전후 노동 개혁을 바탕으로 노동조합의 조직화와 노동운동이 활성화되면서 '전산형 임금체계'(電算型賃金体系)와 '경영협의회'로 대표되는 전후형의 노사관계가 형성되었다.[9]

1956년 일본경영자단체연맹(日本経営者団体連盟: 이하 일경련)은 정기승급제도의 확립을 제기하고 이를 통해 전산형 임금체계의 잔재를 불식시키고 인사고과 제도의 도입을 통해서 임금체계의 정비와 노무관리의 쇄신을 도모해 경영권을 강화하고자 했다.[10] 한편 1955년에 일본생산성본부(日本生産性本部)가 설립되면서 생산성 향상운동이 전개되었다. 일본생산성본부는 생산성 향상을 위해서는 안정적이고 협조적인 노사관계 및 노동 협력의 필요성을 인식하고 생산성 3원칙(生産性3原則)[11]의 하나인 노사협의제를 제기했다.[12]

---

7) 高橋洸・小松隆二・二神恭一, 『日本労務管理史』, 中央経済社, 1998, 3쪽.
8) 木元進一朗, 「職能給・職能資格制度と人事考課」, 『経営論集』 43巻3・4合併号, 明治大学, 1996, 5쪽.
9) 특히 전산형 임금체계는 사용자의 자유재량을 허용하는 능력급(1947년 기준임금의 20%)을 포함하고 있지만, 단체교섭에 의한 임금 결정, 연령별 생활 보장 임금에 입각한 결정 기준(연령, 가족), 사용자의 자의적인 임금차별을 배제하는 등 승급・승진=처우 관리에 대한 노동조합의 규제가 형성되어 반대로 경영・노무관리 측면에서 본다면 커다란 장애 요인으로 작용했다(高橋洸・小松隆二・二神恭一, 『日本労務管理史』, 74쪽).
10) 兵藤釗・下山房雄, 「日本的労使関係と労働運動」, 256-258쪽.
11) 생산성 향상 3원칙은 ① 생산성 향상을 위한 관민 협력에 의한 적절한 노동력의 배치, ② 노사협력・협의에 의한 생산성 향상, ③ 생산성 향상의 공정

정기승급제도의 확립과 노사협의제는 일본 노사관계의 형성 과정에서 중요한 의미를 갖는다. 왜냐하면 노사협의제를 통해 기업별 노사관계의 구조를 단체교섭과 노사협의제로 재편성하고 정기승급제도를 도입해 경영권에 대한 노동조합의 규제를 불식시키고자 했기 때문이다.[13] 특히 경영 측은 정기승급제도에서 승급 기준선, 사정(査定) 기준, 인사고과의 방식 등 승급(昇給)에 관한 일반 사항에 대해서는 노사협의를 통해 결정하더라도 인사고과에 기초한 정기 승급만큼은 개별적으로 노동자에게 적용해야 한다고 보았다.[14]

2.1.2. 능력주의 관리의 도입

고도경제성장기는 중화학공업화를 달성하기 위해 선진국으로부터 다양한 생산기술이 적극적으로 도입된 시기이다. 하지만 급격하게 도입된 기술혁신의 영향으로 작업 현장에서는 생산과정 및 작업 내용이 변화하고, 숙련노동이 해체되는 등 근속연수와 기능 수준과의 상관관계가 약해져 갔다. 또한 노동력 부족으로 인한 초임금의 상승, 고용의 장기화

한 성과배분 등이다(新川敏光,「もう一つの五十五年体制」,『北大法学論集』47巻 第1号, 1996, 11-12쪽).

12) 기모토 신이치로(木元進一朗)는 생산성 향상 운동을 실천하는 과정에서 민주적 노동조합의 활동가 고립화, 일반 노동자에 대한 기업 주의적 의식의 주입 등 다양한 활동이 전개되어 노동조합의 기업 주의화가 촉진되었다는 측면을 강조하고 있다(木元進一朗,「職能給・職能資格制度と人事考課」, 5쪽).

13) 兵藤釗・下山房雄,「日本的労使関係と労働運動」, 258쪽.

14) 여기서 연공적(年功的)이라는 것은 근속연수에 따른 내부 승진과 임금 상승과 함께 인사고과를 통해서 노동자 간의 경쟁, 임금의 개별화・차별화를 유발하기 때문이다(兵藤釗,『労働の戦後史(上)』, 東京大学出版会, 1997a, 158쪽).

에 따른 인건비부담, '일률적 플러스알파'의 춘투 임금 인상 방식의 정착으로 학력·연령·근속연수를 기준으로 하는 종래의 연공적 인사노무관리의 한계가 현저하게 나타났다.[15] 경영 측은 직무급 도입으로 이 문제를 해결하려 했다. 하지만 직무급은 널리 보급되지 못했다. 왜냐하면 직무급이 유연한 작업 조직과 상충하고,[16] 직무급 도입에 노동조합의 반대가 있었지만 무엇보다도 직무급이 노동자가 가지고 있는 근속연수와 연령에 기초한 생활보장이라는 평등의식을 반영하지 못했기 때문이다.[17]

1969년 일경련은 새로운 직장 질서 및 인사·노무관리 시책으로 능력주의 관리를 공표했다. 능력주의 관리는 종업원을 경력·연령·근속연수·성별에 관계없이 개별적으로 관리하는 '개별 관리'와 ZD 운동, QC 활동 등의 '소집단 활동'을 주요 내용으로 하고 있는데 특히 개별 관리가 중시되었다. 왜냐하면 능력주의 관리의 도입이 온정적이고 획일적 평등주의로 대표되는 연공제가 가지는 결함(문제점)을 수정하고자 했기 때문이다.[18] 개별 관리는 직능급·직능 자격제도와 인사고과를 통해서 구체화되는데 종업원의 처우는 직위(포스트)가 아니라 직능 자격제도에

---

15) 兵藤釗, 『労働の戦後史(上)』, 173, 176, 179쪽; 木元進一朗, 「職能給·職能資格制度と人事考課」, 5쪽.
16) 福田泰雄, 「日本的経営と労務管理」, 『一橋大学研究年報　経済学研究』39, 1998, 63쪽.
17) 黒田兼一, 「戦後日本の労務管理と競争的職場秩序」, 『世界経済構造の変動と企業経営の課題-経営学論集第2集』, 千倉書房, 1992, 258쪽.
18) 杉山直, 「職能資格制度と人事·賃金制度の今後-日経連政策を中心に して-」, 『中京経営研究』第12巻 第2号, 2003, 144쪽.

서 명시된 직무 수행 능력에 대한 평가(인사고과)를 통해서 이루어진다. 인사고과의 결과는 정규 노동자의 임금(직능급), 승진·승격, 배치·전환, 교육 훈련에 반영되기 때문에 연공제는 변화를 맞게 되었다.[19]

이처럼 고도경제성장기는 1950년대에 등장한 전후형 연공적 노사관계의 한계가 현저하게 나타나는 시기였으며, 재계는 능력주의 관리를 통해 전후형 연공적 노사관계 구조의 재편을 시도한 시기였다.[20]

2.2. 분쟁적 안정 구조의 노사관계

다바타(田端)는 고도경제성장기의 노사관계를 '분쟁적 안정 구조'로 파악하고 있다.[21] 여기서 '분쟁적'이란 의미는 노동쟁의가 노사관계의 한 부분으로 인식되고 '안정적'이라는 것은 고도경제성장의 영향으로 이러한 분쟁 구조가 지속되었다는 것이다. 분쟁적 안정 구조를 대표하는 사례는 춘투이다(〈그림 3〉 참조). 춘투는 1955년에 고카(合化), 탄로(炭労), 시테쓰소렌(私鉄総連), 덴산(電産) 등을 포함한 8단산(単産: 산업별단위노동조합) 공투가 일경련의 '임금 인상 금지 노선'에 대항하기 위해 조직된 것이 그 시초이다.[22] 1950년에 결성된 총평(總平)은 고도경제성장이 시작된 1955년부터 춘투를 주도해 왔다. 총평의 임금투쟁은 '일

---

19) 西成田　豊, 「日本的労使関係の史的展開(下)」, 28-29쪽.
20) 西成田　豊, 「日本的労使関係の史的展開(下)」, 262쪽.
21) 田端博邦, 「現代日本社会と労使関係」, 東京大学社会科学研究所編, 『現代日本社会5、構造』, 東京大学出版会, 1991, 229-230쪽.
22) 久谷與四郎, 「春闘の意味と役割、今後の課題」, 『日本労働研究雑誌』 No.597, 2010, 84쪽.

률 플러스알파'이며 이는 산업별 노동조합의 지향과 함께 직제(職制)와 의 일상적인 투쟁을 전제조건으로 파악했다. 이러한 총평의 투쟁방침은 노사협조적인 성향이 강한 전노(全労), 동맹(同盟)과는 명확하게 구분 된 것이었다.

하지만 고도경제성장기의 말기에는 총평의 영향력이 급격하게 저 하되어 갔으며 철강 산업의 노사관계가 춘투의 임금 결정에 주도적인 역 할을 담당하게 되었다. 철강 산업의 임금 결정은 노사협조주의에 기초하 고 있었다. 특히 야하타철강(八幡鉄鋼) 출신의 미야타(宮田)가 1959년 에 철강노련(鉄鋼労連)의 서기차장으로 선출되고, 1960년에 서기장으 로 취임하면서 노사협조주의의 성격은 더욱 강화되었다. 1957년의 제로 회답, 1959년의 일발 회답은 야하타철강 노조의 헤게모니가 철강노련 전 체에 파급되는 과정으로 볼 수 있다.

철강노련에서 미야타(宮田)의 노사협조주의가 확립됨과 동시에 1964년 IMF · JC(국제금속노련 일본협의회)가 발족했다. 철강노련은 1966년에 JC에 가입하고 JC는 1975년부터 기업 주의적 노사협조주의에 입각한 노동조합운동을 주도하면서 춘투의 주도권을 장악해 갔다.[23]

이처럼 고도경제성장기 후반에는 기업 주의적 노사협조주의에 입 각한 노동조합운동, 즉 노동조합의 기업 주의화가 강화되는 시기로 특징 지어진다.[24] 전국적 수준에서의 협조주의의 흐름은 기업 수준에서노사 협조주의를 전제로 한다. 기업수준에서의 노사협조주의는 노동자의 기

---

23) 渡辺治, 『豊かな社会日本の構造』, 労働旬報社, 1990, 96쪽.
24) 渡辺治, 『豊かな社会日本の構造』, 89쪽.

업주의 지향을 그 배경으로 하고 있는데 이는 장기적 고용, 연공 임금, 그리고 기업복지에 의해서 촉진되며, 노동자의 귀속감은 능력주의 관리를 통한 경쟁에 의해서 강화된다.[25] 이 과정은 노동자에 대한 경영의 통합력이 노동조합을 초월하는 과정이라고 볼 수 있는데[26] 그 출발점은 덴산(電産)의 '27년 쟁의(1952년)'이다. 즉 이 쟁의에서 일경련·경영 측이 승리하면서 경영권 확립을 위한 전략은 종래의 경영권 방어라는 소극적인 방어에서 노동의 기업주의화라는 적극적인 공세로 전환되었으며 반대로 총평의 산업별 노동조합 전략은 1960년의 미쓰이·미이케(三井三池) 쟁의의 패배로 쇠퇴해 갔다.[27]

3. 석유 위기와 노사관계의 동요와 재편

3.1. 석유 위기와 감량경영

1973년 10월 제1차 석유 위기가 발발함에 따라 1955년부터 시작된 고도경제성장은 종식되었다.[28] 1974년부터 일본 경제는 심각한 불황을 겪게 되었으며, 민간대기업은 석유 위기에 대처하기 위해 철저한 감량경

---

25) 新川敏光, 「もう一つの五十五年体制」, 27쪽.
26) 노동의 기업주의화에 대한 정부의 정책(공헌)은 세제상의 우대 조치를 통해서 기업 복지 발전을 촉진하고 공적 복지를 기업복지에 대한 보완 기능으로 정비한 것을 들 수 있다(新川敏光, 「もう一つの五十五年体制」, 30쪽).
27) 新川敏光, 「もう一つの五十五年体制」, 16쪽.
28) 1973년의 소비자물가지수는 전년 대비 11.7%, 74년도에는 23.2%로 급증하고 실질경제성장률은 1974년의 마이너스 1.3%, 75년에는 2.4%로 둔화되었다.

영(경영합리화)을 실시했다. 감량경영은 ① 과잉설비의 정리, ② 금융 비용의 절감, ③ 과잉 고용의 삭감을 통해서 진행되었는데 특히, 고용의 감량·합리화는 감량경영의 중심에 위치했다.[29] 고용의 감량·합리화는 ① 계절공, 임시공, 사외공,[30] 아르바이트 등 비정규 노동자의 해고와 신규채용의 중지, ② 자연 감원(정년퇴직), 희망퇴직을 통한 정규 노동자의 삭감, 배치 전환 및 출향(出向)·전적(転籍),[31] ③ 잔류 인원에 대한 '정예화' 등 3가지의 방법으로 진행되었다.[32]

고용의 감량·합리화는 제1차 석유 위기(1973-1978)에는 ①을 중심으로 진행되었지만 제2차 석유 위기(1979-1983)에는 ②가 주류를 이루었다.[33] 예를 들면 도요타(豊田)자동차의 경우 1975년의 기능계 노동자 전체의 채용자수는 전년도의 5,697명에서 1,131명으로 급격하게 감소했는데, 그 대부분은 임시공·기간공 등의 비정규 노동자의 계약해지 및 채용 중지가 대부분이었으며 정규 노동자(고졸)는 1,040명에서 887명으로 소폭으로 감소하는 데 그치고 있다.[34]

---

29) 日経連,『賃金問題研究会員会報告』, 日経連能力主義管理研究会報告(1969),『能力主義管理-その理論と実践-』, 日経連広報部, 1997, 10쪽.
30) 사외공(社外工)은 1952년의 직업안정법 시행규칙의 개정에 의해서 법적으로 인정되어 급속하게 확대되었다.
31) 출향(出向)은 자사에 사원의 적(籍)을 유지하며 타 회사에서 근무하는 것이며 전적(転籍)의 경우는 사원의 적(籍)을 소실하고 근무하는 것을 말한다.
32) 永山武夫,『労働経済-日本的経営と労使関係』, ミネルヴァ書房, 1992, 144쪽.
33) 西成田　豊,「日本的労使関係の史的展開(下)」, 29쪽.
34) 특히 자동차산업의 경우는 고도경제성장기를 통해서 임시공·기간공의 의존도가 증가해 왔는데 이는 자동차 산업의 기술적 특성이 철강 등과 비교해서 조립 등의 단순 작업이 많았기 때문인 것으로 추측된다(乾　彰夫,『日本の教育と企業社会』, 大月書店, 1990, 162쪽).

한편 1973년과 1979년의 석유 위기를 경험하면서 에너지 다소비(多消費)형 소재가공형의 중화학공업이 쇠퇴하고 가공·조립산업(자동차, 가전, 전기, 반도체 등)은 국제경쟁력을 확보하면서 1980년대의 일본 경제를 견인했다. 자동차 산업은 그 대표적인 산업으로 1980년부터 1993년까지 자동차생산량 세계 1위를 유지하였다.[35] 일본의 가공·조립산업의 높은 국제경쟁력이 주목을 받으면서 일본적 경영, 일본적 생산 시스템의 효율성과 유연성에 대한 관심이 고조되었다. 도요타 생산 시스템으로 대표되는 일본적 생산 시스템은 ME기술에 바탕을 둔 공장자동화 시스템을 도입해 종래의 '소품종·대량생산' 방식에서 '다품종·소량생산' 혹은 '다품종·변량생산'(多品種変量生産)을 가능하게 했다.[36] 일본 생산 시스템이 가지는 의의는 동기(同期)생산과 혼류(混流)생산이라는 서로 모순된 생산 방식을 공장자동화 시스템을 활용해 해결하고 유연한 생산 방식을 구축했다는 데 있다.[37]

---

35) 神代 和欣·連合綜合生活開発研究所 編, 『戦後50年産業·雇用·労働史』, 1995, 425쪽.

36) 일본 생산 시스템은 무엇보다도 ME(Micro Electronics)에 바탕을 두고 있다. NC(Numerical Control), 산업용 로봇, CNC(Computer Numerical Control) 등 ME관련 기기가 제조업에 급속도로 도입되었다. 이것과 함께 자동기계를 연속적·체계적으로 배치·통합하고 생산의 자동화를 지향한 FA화가 FMS(Flexible Manufacturing System)와 CIM(Computer-Integrated Manufacturing), 그리고 IMS(Integrated Management by Synchronization)의 방향으로 진행되었다.

37) 유연한 작업조직은 작업의 표준화, 유연한 배치·전환에 의한 다능공화(多能工化), 라인 재배치 (U자형 라인)를 통한 소인화(少人化) 등이 대표적이다.

3.2. 신(新)직능 자격제도의 도입

1980년 이후 국내외의 경쟁 격화, 산업구조의 전환, ME기술도입, 엔고(円高) 불황 등의 영향으로 민간 대기업은 기업 조직의 재편(경영의 다각화 및 분사화, 계열화)과 유연 생산 시스템을 적극적으로 도입하면서 1970년대의 능력주의 관리에 기반을 둔 인사·노무관리의 재편성에 착수하게 되었다. 특히 고도경제성장기에 대량으로 채용한 노동자의 고령화 현상으로 사회적으로는 정년 연장의 요구가 증대되는 한편 기업 내부에서는 중고령 노동자[38]의 비대화로 인한 인건비 부담과 승진 정체로 종업원의 사기가 저하되는 등의 문제가 등장하기 시작했다.[39]

일경련은 1978년 4월 노동력고령화문제소위원회(労働力高齢化問題小委員会)를 설치하고 고령화 문제를 해결하기 위해 '광역종신고용제도'(広域終身雇用制度)의 도입을 주장했다.[40]

또한 일경련은 1980년 2월에 〈신(新)직능 자격제도〉를 발표하고 직능 자격제도를 축으로 하는 종합적인 인사 시스템을 발표했다.[41] 신(新)직능 자격제도는 ① 지위 체계와 직능자격 체계의 분리(지위 승진과 자격 승진의 분리)에 따른 처우의 안정성과 배치 전환의 유동성 확보, ② 직능자격에 기초한 임금·처우·배치·이동·승진·승격·인사고과·교육훈련·능력개발 등 인사·노무관리 제도의 유기적 통합, ③ 종합적인

---

38) 일반적으로 중고년층의 범위는 45세 이상으로 고령자는 55세 이상, 노령자는 65세 이상을 지칭한다.
39) 兵藤釗, 『労働の戦後史(下)』, 361쪽.
40) 兵藤釗, 『労働の戦後史(下)』, 361-362쪽.
41) 渡辺治, 『豊かな社会日本の構造』, 98-99쪽.

인사·노무관리를 통한 저성장 시대에 적합한 유연성 확보와 효율적인 인사제도 구축 등이 주요내용이다.[42]

이러한 신(新)직능 자격제도는 1970년대의 직능 자격제도와 비교하면 인사고과제도를 통한 개별 관리를 강조하고 있다는 점이 큰 특징이다. 일경련이 1980년의 직능자격제도에 '신(新)'을 붙인 이유가 바로 여기에 있다.[43] 신(新)직능 자격제도는 〈표 1〉에서 보는 것처럼 민간 대기업에 급속하게 확산되어 갔다.

〈표 1〉 인사제도개정의 현황(1976-1984)

회사명	개정시점	개정배경
다이하쓰 공업	·1979년 직능자격제도	·자격제도기준의 불분명 ·능미비 ·자격제도의 연공적 운영
	·1980년 신인사고과	·인사고과의 문제점(고과기준의 불명확)
오오마루 백화점	·1978년 직능자격등급제도	·포스트 부족문제 및 처우기준의 불명확
일본빅터	·1976년 신인사제도	·자격·등급정의의 불분명 ·자격제도의 연공적 운영
프리마 햄	·1978년 신직능자격제도	·자격제도의 직무분석·직무평가가 미비 ·자격제도의 연공적 운영
스미토모 시멘트	·1981년 직능개발자격제도	·연공적 인사관리 ·종업원의 직무수행능력 파악곤란
일본 산소	·1982년 신인사제도	·자격제도의 연공적 운영
동양 잉크 제조	·1983년 직능자격제도	·자격제도기준의 불명확 ·포스트부족
일본 레더리	·1983년 직능자격제도	·자격제도의 연공적 운영

---

42) 青山茂樹, 「日本的経営の再編と日本的労使関係」, 139쪽.
43) 兵藤釗, 『労働の戦後史(下)』, 362쪽.

| 레나운 | · 1976년
신인사제도 | · 직급정의의 불분명
· 자격제도의 연공적 운영 |
| 쥬죠 킴벌리 | · 1984년
신인사제도 | · 자격제도의 연공적 운영 |

자료: 石田光男, 『賃金の社会科学』, 中央経済社, 1990, 92-93쪽.

3.3. 연공적 노사관계의 재편

3.3.1. 종신고용제도의 재편

신(新)직능 자격제도와 함께 도입된 복선형 고용 관리 및 중간노동시장을 통한 광역종신고용제의 영향으로 종신고용 관행은 일종의 재편 과정을 맞게 되었다. 이 과정은 고용의 소수화(少數化), 유동화(流動化), 정예화(精鋭化)의 방향으로 진행되었다.[44]

먼저 고용의 소수화는 고용량의 적정화(감축)를 목표로 진행되어 신규 채용의 정지, 결원 미충원, 출향·전직, 일시 휴가, 희망퇴직, 지명해고, 전문직 제도를 활용해 간접인원 및 관리직을 축소했다. 다음으로 고용의 유동화는 불필요한 노동자를 관련 기업·하청기업에 이동시키는 것을 말하는데 출향(出向) 및 전직(転職)을 인정하는 중간노동시장 및 광역종신고용제가 여기에 속한다. 마지막으로 고용의 정예화는 중고령 노동자를 불필요한 노동력으로 간주해 전직, 선택정년제 및 중고령자 전문회사(中高齢者専門会社)를 이용해서 인원을 감축하고 그 자리에 신규 졸업자를 채용해서 고용구조를 양(量)에서 질(質)로의 전환을 도모했다.[45] 〈표 2〉는 1980년 이후에 진행된 고용의 소수화 및 유동화의 실시

---

44) 青山茂樹, 「日本的経営の再編と日本的労使関係」, 125쪽.
45) 長谷川広, 「戦後日本の労務管理の歩みと特徴-日本的労務管理のアメリカ化をめ

현황을 나타내고 있다.

〈표 2〉 1980년 이후의 고용의 소수화 · 유동화의 실시 현황

기업명	고용의 감량 · 합리화계획 및 실시상황
신일철	1986년까지 10,000명이상 인원삭감계획, 배치전환 2,000명이상
일본강관	8,000명 삭감계획, 정년, 신규채용중지, 사외파견
가와사키제철	1985년 3월까지 6,100명 삭감계획
스미토모금속 (와카야먀)	종업원 1,850명 삭감발표(1983.10.), 조직통폐합, 사외출향
스미토모화학	조기퇴직우대제도, 퇴직우대연령변경(50세에서 45세 이하로)을 통한 7,869명(83.9%)로 감소목표
동양공업	하청기업을 통한 인원삭감계획
미쓰비시중공업 (고베)	1,000명 이상을 상시출향, 결원자미충원, 자동화 · 기계화
미쓰비시중공업 (나가사키)	퇴직자의 미충원, 사외출향
동경전력	향후 10년간 종업원 2,000명 인원삭감

자료: 松本正徳, 『日本的経営と合理化』, 中央大学出版部, 1985, 193쪽.

또한 〈표 3〉은 종신고용의 광역화를 통한 고용 제도의 변화를 나타 내고 있는데 민간 대기업은 선택정년제, 전직 지원, 정년 이후의 재고용 중지, 중고령자 전문회사를 설립해 중고령 노동자의 감축을 시도했다.

ぐって」, 『名城論叢』 第3巻 第4号, 2003, 5쪽.

〈표 3〉 광역종신고용제를 통한 고용의 정예화

제도	채용기업
선택정년제	日立製作所, 富士電機, 東レ, 三井造船, 東洋工業, 日立金属, 住友化学, 小松製作所, 東洋紡, 三菱レ, 丸紅, 古賀金属　等
전직지원	東北金属, 日立造船, 三菱レ, 旭化成, 小西六, 日本鉱業　等
정년이후 재고용중지	太平洋金属, 大日本インキ, 朝日石綿, 川崎重工, 東洋パルプ, 三菱重工, 住友軽金属, 中部電力, 東芝, 日本鋼管, 三菱成, 松下電気, 新日鉄, 大日本印刷, 日立, 住友重機, 日本軽金属　等
중고령자 전문회사설립	日本電気, ソニー, 沖電気, 日本光学, 三菱重工, 東芝, 日本鋼管, 川崎重工, 神戸製鋼, 旭化成, 帝人, 新日鉄, 日本製作所, 大日本印刷, 日立, 住友重機, 川崎製鉄　等

자료: 松本正徳, 『日本的経営と合理化』, 185쪽.

3.3.2. 연공임금의 재편

종신고용관행의 재편 과정과 병행해서 연공임금에 대한 수정도 본격적으로 진행되었다. 예를 들면 1977년 노동성은 〈정년연장과 향후의 임금제도〉(定年延長と今後の賃金制度)를 발표하고 정년연장을 위한 연공임금의 수정과 함께 병존형 직능급(併存型職能給)의 도입을 제창했다.[46] 병존형 직능급은 '연공급 부분의 시정=정기승급제도의 변경(승급정지)'과 함께 직능급의 도입에 의한 인사고과의 강화로 특징지어진다.[47]

구체적으로 민간 대기업은 중고령 노동자의 비대화에 따른 인건비 부담을 회피하기 위해 다양한 임금 억제 시책을 실시했는데 주로 기본급(基本給)에서의 연공원리의 수정과 직능급의 확대가 그 대표적인 예이

---

46)　木元進一朗, 『能力主義と人事考課』, 新日本出版社, 1998, 52-53쪽.
47)　長谷川広, 「戦後日本の労務管理の歩みと特徴-日本的労務管理のアメリカ化をめぐって」, 5-6쪽.

다. 먼저 기본급에 대한 연공원리의 수정은 ① 학력별 초임금의 억제, ② 정기 승급에 대한 인사고과의 확대, ③ 노동력 구성의 고령화에 따른 승급커브의 변경, 일정 연령 이후의 승급 정지, 승급 폭 축소가 실시되었다.[48] 다음으로 직능급의 확대는 직무 수행 능력의 평가에 따라 승급이 정년(定年)이전에 정지되는 정기승급제도의 변경(45세 이후 승급감액·정지)과 함께 연공임금의 직능급화가 강화되었다. 마지막으로 광역 종신고용제에 능동적으로 대응하기 위해 퇴직금 제도의 변경도 진행되었다. 즉 퇴직금의 연금화, 기말일시금(期末一時金)결정에 대한 생산성 기준 적용, 기말 일시금의 직능급화, 배분에 대한 인사고과에 의한 개별 관리의 강화,[49] 퇴직금산정기초급(退職金算定基礎給)의 억제를 도모하면서 정년연장, 조기퇴직우대제도에 대응했다.[50]

3.3.3. 노동의 유연화 확대

한편 신(新)직능 자격제도의 도입과정에서 주목할 사항으로 정규 노동자를 대상으로 하는 복선형 고용관리와 중간노동시장을 통한 광역 종신고용제도와 함께 파견노동자, 파트타이머 노동자 등 비정규 노동자의 활용을 통한 고용의 다양화·유연화가 적극적으로 추진되었다는 점

---

48) 木元進一朗, 『動摇する日本的労使関係』, 新日本出版社, 1995, 26-27쪽.
49) 木元進一朗, 『動摇する日本的労使関係』, 28쪽.
50) 민간대기업은 1960년대 후반부터 퇴직금산정기초급(退職金算定基礎給)를 억제해 왔으며 퇴직금산정기초급에 기본급전액을 충당한 기업의 비율은 1974년 51.6%, 1981년 38.1%, 1989년 27.7%로 매년 그 비율이 하락하고 있다. 이러한 퇴직일시금제도의 수정은 퇴직연력의 수정과 병행해서 진행되었다(新川敏光, 「もう一つの五十五年体制」, 39-40쪽).

이다.51) 예를 들면 정규 노동자의 규모는 1981년 3,463만 명에서 1990년
에는 3,472만 명으로 변화가 적은 반면 비정규 노동자의 규모는 같은 시기
에 503만 명에서 870만 명으로 큰 폭으로 증가했다. 또한 전체고용자에서
차지하는 비정규 노동자의 비율도 12.7%에서 20.0%로 증가했으며 특히 여
성노동자의 경우는 349만 명에서 638만 명으로 큰 폭으로 증가하였다.52)

   이렇게 비정규 노동자가 증가한 대표적인 원인으로 ME혁명을 들
수 있다. ME기기의 도입으로 단조로운 업무가 확대되고, ME기기의 풀가
동을 전제로 교대제·변형 노동시간제의 채용이 늘었기 때문이다.53) 이
러한 노동의 유연화는 정부의 노동 정책에 의해서도 가속화되었다.54)
예를 들면 〈고용보험법〉개정(1984),55) 〈노동자파견법〉(1985), 〈남녀고
용기회균등법〉(1986), 〈고령자고용안정법〉(1986), 〈노동기준법〉개정
(1987) 등 노동법제의 개정·제정 등을 통해서 노동의 유연화가 촉진되
었다. 특히 남녀고용기회균등법에 의한 복선형 고용관리의 진전으로 '핵
심노동자(종합직)'와 '주변노동자(일반직)'의 분단이 진행되었고 비정규
노동자로 대표되는 불안전 고용이 확대되었다는 점은 주목할 사항이
다.56) 이처럼 광역종신고용제도의 도입, 중간노동시장의 활용, 고용형

---

51)　兵藤釗, 『労働の戦後史(下)』, 384쪽.
52)　青山茂樹, 「日本的経営の再編と日本的労使関係」, 136쪽.
53)　松本正徳, 『日本的経営と合理化』, 129쪽.
54)　新川敏光, 「もう一つの五十五年体制」, 42쪽.
55)　예를 들면 1974년 종래의 실업보험제도를 근본적으로 개정하고 고용대책사
　　업과 통합한 고용보험법의 제정에 의해서 〈고용조정급부금〉 제도를 설정하
　　고 일시휴가를 행하는 사업주에 대한 휴업수당의 일부지급을 실시하였다.
　　또한 1980년4월에는 출향급부금제도를 도입하고 이 두 가지 제도는 1981년
　　6월 〈고용조정조성금〉으로 통합되었다.

태의 다양화를 활용한 노동의 유연화는 일본적 생산 시스템을 구성하고
지탱하는 요소로 작용하였다.

4. 비(非)분쟁적 협조주의 노사관계와 노동조합

4.1. 임금 인상 억제와 노동조합의 협력

총평은 제1차 석유 위기 직후인 1974년 춘투를 '국민춘투(国民春
闘)'로 규정하고 평균 32.9%의 기록적인 임금 인상을 획득했다.[57] (〈그림
3〉 참조). 국민춘투를 경험한 일경련은 1974년 11월 '대폭적인 임금인상
방향에 대한 연구위원회'(大幅な賃上げの行方研究委員会)를 조직하
고 1975년은 15% 이하, 1976년은 한 자릿수의 인금 인상 억제정책을 전개
했다.[58] 1974년 정부 및 일경련의 임금 인상 억제의 움직임에 대해서 철
강노련(鉄鋼労連)의 미야타(宮田)가 종래의 전년실적+알파의 임금 인
상 방식의 수정을 제기하고 여기에 동맹(同盟)이 동참하면서 노동조합
이 제시한 '임금인상자숙론(賃上げ自粛論)'은 주목을 받기 시작했으며
경제성장에 걸맞은 실질임금인상을 목표로 하는 '경제정합성'론은 확산
되어갔다.[59][60]

---

56) 木元進一朗, 『能力主義と人事考課』, 167쪽.
57) 兵藤釗, 『労働の戦後史(下)』, 285쪽.
58) 일경련의 임금인상 가이드라인에는 '생산성기준원리'(生産性基準原理)에 입
　　각한 임금인상이라는 임금전략이 내포되어 있었다(兵藤釗, 『労働の戦後史(下)』,
　　290쪽).

1975년의 춘투는 JC평균 13.7%에 머물렀고 1976년 이후부터는 한 자릿수의 인상률이 지속되었다. 1977년부터 JC가 춘투의 임금인상을 주도하면서 'JC춘투'로 불리었으며 JC의 타결금액이 매년 일경련의 가이드 라인의 범위 안에서 결정되면서 JC춘투는 관리춘투(管理春鬪),[61] 일본형소득정책(日本型所得政策)으로 인식되었다.[62]

이처럼 석유 위기 이후의 저성장기에는 노사협조주의를 지향하는 IMF·JC와 동맹이 노동운동의 주도권을 장악하면서 분배 대립구조가 분배 협조 구조로 전환되는 등 노사관계 구조가 크게 변화하였다. 또한 이 시기는 관공(官公) 노동자의 쟁의권 회복을 요구했던 1975년 11월의 '쟁의권쟁의'에서 노동(公勞協)측이 패배한 결과 관공 노동운동에서도 노사협조주의의 조류가 형성되었다는 것도 주목할 만한 사항이다.[63]

4.2. 감량경영에 대한 노동조합의 협력

석유 위기 이후 고용의 감량·합리화, ME기술도입, 능력주의관리, 신(新)직능 자격제도 등의 도입과정에서 나타난 특징은 노사의 갈등과

---

59) 兵藤釗, 『労働の戦後史(下)』, 292-293쪽.
60) 경제정합성론의 입안자였던 치바 도시오(千葉利雄)는 경제정합성론은 일종의 '위기관리형의 임금결정을 지향한 것으로 위기적인 경제상태의 타개를 우선하고 거기에 걸맞은 임금인상을 추구하는 것이라고 지적하고 있다(兵藤釗, 『労働の戦後史(下)』, 301쪽).
61) '관리춘투'라는 말은 정부가 소득정책을 발동하지 않았음에도 불구하고 춘투에서 임금인상이 인위적으로 관리되어 마치 소득정책과 동등하게 억제효과가 나타났다는 함의가 포함되어 있어 JC춘투를 일본형소득정책이라고 했다.
62) 兵藤釗, 『労働の戦後史(下)』, 319쪽.
63) 兵藤釗, 『労働の戦後史(下)』, 314-318쪽.

대립 없이, 즉 기업주의적 노사협조주의를 손상시키지 않고 오히려 강화하는 방향으로 진행되었다는 것이다. 여기에는 1950년대의 해고쟁의의 경험을 바탕으로 노사 모두가 종신고용관행을 유지하고자 했기 때문이지만 다른 한편으로 고용조정이 능력주의 관리의 강화로 일컬어지는 '중간노동시장'의 창출에 의해서 실시되었기 때문이다.[64] 노동조합이 고용조정에 협력하기 위한 최대의 조건은 바로 정규 노동자의 고용보장=종신고용제의 유지였다. 실제로 고용조정의 중심은 기업 내에서의 배치전환(내부노동시장의 활용)과 관련 회사, 계열회사, 하청기업으로의 출향(出向)·전적(轉籍)(중간노동시장의 창출) 등을 통해 진행되었다. 대기업의 분사화, 사업 전환, 신규 사업 설립은 대기업노동시장에서 잉여노동력을 실질적으로 배제하는 수단이 되었지만, 이러한 노동력의 재배치는 가능한 한 외부노동시장이 아닌 기업네트워크를 최대한 활용함으로써 고용조정의 충격을 흡수하였다.[65]

이렇게 노동조합이 기업의 합리화 전략에 적극적으로 협력한 배경에는 기업주의적 협조조합의 존재와 함께 그 이념을 들 수 있다. 기업주의적 협조조합이란 기업의 생산성 향상에 적극적으로 협력하고 더 많은 성과배분을 기대하는 파이의 논리 및 기업주의의 성격을 가지며 총평의 계급주의를 부정하는 노동조합을 말한다. 이러한 기업주의적 노동조합의 기본이념은 ①외부 세력의 지배·개입 배제와 자유롭고 민주적인 노동운동의 전개, ②계급투쟁 반대와 노사의 신뢰관계 구축, ③경영합리화

---

64) 兵藤釗, 『労働の戦後史(下)』, 332쪽.
65) 新川敏光, 「もう一つの五十五年体制」, 39쪽

에 대한 사전협의제의 확립과 정당한 성과배분 등을 그 내용으로 하고 있다.[66] 이러한 기업주의적 협조조합의 형성 배경에는 1959년-1960년의 미이케(三池)쟁의에서 노동 측의 패배와 총평의 직장 투쟁을 기본으로 하는 운동사상의 후퇴, 그리고 1964년 협조적 기업별조합의 연합체인 IMF·JC와 동맹(일본노동총동맹)의 결성 등이 있다.[67] 이렇게 기업 내 노동조합이 기업주의적 협조조합주의를 그 기본이념으로 표방하고 있는 한 ME 기술 도입, 고용의 감량·합리화, 생산성 향상, 능력주의 관리의 도입에 협력적일 수밖에 없다.[68]

이러한 기업주의적 협조조합주의는 총동맹(1946), 동맹(1964), 전민노협(1982)을 거쳐, 렌고(1987)·신렌고(1989)로 이어지는 전후의 노동전선통일의 기본 노선을 형성해 왔다.[69]

4.3. 노사협의제의 확대와 경영참가의 확대

이러한 감량경영은 주로 노사협의회를 통해서 진행되었는데, 노사협의제는 제1차 석유 위기를 계기로 전국적으로 확대되었다(〈표 4〉 참조). 예를 들면 종업원 1,000명 이상 대기업의 경우를 살펴보면 1962년의

---

66) 福田泰雄, 「日本的経営と労務管理」, 83쪽.
67) 西成田　豊, 「日本的労使関係の史的展開(下)」, 26쪽.
68) 한편 김삼수는 협조적 노사관계의 메커니즘은 경제성장과 춘투에 의한 성과 배분, 생산주의, 직장구조와 기업별 노조의 보완적 기능, 노사협의 기구에 의해서 형성되었다고 지적하고 있다. 김삼수, 「일본에서의 안정적 노사관계의 성립」, 14-15쪽.
69) 신렌고는 1989년에 발족한 일본최대의 노동조합 통일조직으로 일본노동조합총연합회의 약칭이다. 1987년에 결성된 전일본민간노동조합연합회에 총평, 관공노조가 참가해 관민통일 조직이 실현되었다.

59.8%에서 1972년의 90%로 급속하게 증가했다. 또한 제1차 석유 위기를 기점으로 노사협의제의 내용도 크게 변화했다.

〈표 4〉 기업규모별 노사협의 기관의 보급률

기업규모	1962년	1972년	1977년	1984년	1989년
5000명 이상	59.8	90.0	92.6	94.2	83.4
1000-4999명			85.9	83.6	76.1
500-999	53.7	80.6	73.0	74.4	75.2
300-499	51.0	78.9			
100-299	51.1	56.4	54.7	57.6	57.2
50-99	42.5	-	-	-	50.5
합계	49.5	62.8	70.8	72.0	69.4

자료: 西成田　豊, 「日本的労使関係の史的展開(下)」, 『一橋論集』第114巻 第6号, 1995, 27쪽.

즉 종래의 노사협의제는 경영 측의 제안을 수용해 그 제안사항에 대해서 협의하는 소극적·수동적인 태도였지만 석유 위기 이후부터는 인사·복지를 중심으로 경영에 적극 참가하려는 태도로 전환되었다. 예를 들면 노동조합은 고용조정에 협력하는 한편, 노사협의의 사전협의를 통해서 최대한 유리한 조건을 확보하려고 노력했으며, 임금인상을 양보하는 대신에 고용·생활보장에 관해서 적극적으로 발언하기 시작했다. '생애종합복지계획'은 그 대표적인 예로서 노동자의 고용·임금에서부터 노동·생활환경, 노후의 생활보장 및 인간관계, 능력개발에서 인사에 이르기까지 종합적인 계획을 기업의 장기경영계획에 입각해 설정하고 장기적인 생산성 향상의 대가로 제공되었다. 이처럼 저성장기에 접어들면서 노동의 기업주의화는 더욱 강화되었는데, 저성장기의 고용보장은 소집단 활동을 통한 능력개발과 함께 노동조합이 제2노무부로서의 적극적

인 기능을 담당하면서 달성되었다.[70]

한편, 고용의 감량·합리화의 영향으로 작업현장에서는 인간소외, 노동의욕 저하에 따른 생산성 저하가 문제시되었다. 일경련은 '전원참가 경영(全員参加経営)'을 발표하고 합의와 협력에 기초한 경영체제를 긴급과제로 제시하고 '경영의 민주화'와 '노동의 인간화'를 제시했다.[71] 구체적으로는 ZD, QC 등, 직장의 업무운영에서는 종업원 전원이 직접 참가하는 방식을 중심에 두고 노사협의회·경영위원회 등의 간접참가를 통해서 보완하고자 했다. 일경련이 의도했던 전원참가경영은 능력주의 관리의 중심사항인 소집단활동과 생산성향상운동의 일환으로서 추진되어온 노사협의제를 결합한 내용이었다.[72] 예를 들어 석유 위기 이후, QC 활동이 급속하게 증가한 배경에는 경영 측의 '강제'와 노동자의 '자발'을 통한 '참가'형 관리가 확대·보급되었다는 것을 반영한 결과이다.[73]

5. 결론을 대신해서
: 개별적 노사관계 강화의 귀결

본 연구는 1970년대부터 1980년대를 대상으로 일본 노사관계의 재편 과정을 분석했다. 본 연구의 요약과 시사점은 다음과 같다.

---

70) 新川敏光, 「もう一つの五十五年体制」, 41쪽.
71) 兵藤釗, 『労働の戦後史(下)』, 336쪽.
72) 兵藤釗, 『労働の戦後史(下)』, 336-337쪽.
73) 西成田　豊, 「日本的労使関係の史的展開(下)」, 32쪽.

일본적 노사관계란 기업별 노동조합을 기초로 노사협조주의에 입각한 기업별 노사관계를 지칭한다. 그것은 종신고용제, 연공서열제, 기업별 노동조합을 구성요소로 하고 있으며 역학 관계에서는 경영주도형, 이데올로기에 대해서는 노사협조주의를 그 특징으로 한다. 1950년대의 노사 간의 첨예한 대립의 역사를 경험하면서 1960년대 중후반에 성립된 일본적 노사관계는 1970년대의 석유 위기, 1980년대의 엔고불황, 1990년대의 버블 경제 붕괴를 경험하면서 수정과 재편의 과정을 반복해 왔다. 그 과정은 개별적 노사관계의 강화와 집단적 노사관계의 약화로 요약된다. 특히 석유 위기를 계기로 개별적 노사관계는 신(新)능력주의 관리도입으로 종신고용과 연공 임금이 재편되는 등 처우의 유연화가 급진전되었다. 이러한 의미에서 석유 위기는 일본 노사관계의 전환점에 위치하고 있다고 볼 수 있다.

석유 위기 이후부터 1980년대까지의 일본 노사관계의 재편 과정에서 나타난 특징은 다음과 같다.

첫째, 고도경제성장기의 노사관계가 저성장기의 노사관계로 전환되었다는 점이다. 노동운동은 고도경제성장기의 분쟁적 안정구조에서 비(非)분쟁적인 안정적 협조주의로 전환되었다. 이러한 비(非)분쟁적인 안정적 협조주의 움직임은 노사협조주의를 지향하는 기업별조합과 노동자의 기업주의 지향에 기반을 두고 있다. 노동자의 기업주의화는 종신고용, 연공임금, 기업복지를 통해서 촉진되었다.

기업주의적 노사협조주의의 형성은 1960년의 미쓰이·미이케쟁의에서의 노동 측 패배와 그 이후 총평의 직장투쟁 운동사상의 후퇴, 노사협조주의를 지향하는 기업별조합의 연합체인 IMF·JC와 동맹의 결성 등을 통해 성립되었다.

둘째, 석유 위기를 통해 능력주의 관리에 기반을 둔 연공적 노사관계 구조가 확립되었다. 전후형 연공적 노사관계는 1950년대의 전산형임금체계에서 시작하여 정기승급제도 확립, 직무급 도입의 실패, 능력주의 관리, 신(新)능력주의 관리로 이어지는데, 특히 1980년대의 신(新)능력주의 관리는 인사고과를 통한 개별관리를 강화하고 있다는 점에서 1970년대의 능력주의 관리와 상이하다. 신(新)능력주의 관리의 도입으로 종신고용 및 연공임금의 재편이 본격화되고 노동의 유연화가 급격하게 진전되었다. 종신고용관행은 복선형 고용관리 및 중간노동시장을 통한 광역종신고용제의 도입으로 고용의 소수화, 정예화, 유동화의 방향으로 전개되었다. 연공임금도 정기승급에 대한 인사고과의 확대, 승급 커브의 변경, 45세 이후 승급 정지 등의 연공임금의 직능급화가 강화되어 연공임금의 재편이 활발하게 전개되었다. 또한 파견노동자, 파트타이머 노동자 등 비정규 노동자의 활용이 급격하게 확대되었다.

셋째, 임금 인상 억제와 감량경영에 대한 노동조합의 협력이다.

먼저, 1974년의 국민춘투 이후 1975년부터 일경련의 한 자릿수 임금 인상 억제정책에, 노사협조주의를 지향하는 IMF·JC와 동맹이 노동운동의 주도권을 장악하면서, 임금인상자숙론을 내걸고 동참하였다. 이를 통해 춘투의 임금 인상은 일경련의 가이드라인의 범위에서 결정되면서 분배 대립구조가 분배협조구조로 전환되는 등 노사관계 구조가 크게 변화하였다. 또한 이 시기는 관공(官公)노동자의 쟁의권회복을 요구했던 1975

년 11월의 '쟁의권쟁의'에서 노동(公勞協) 측이 패배한 결과 관공노동운
동에서도 노사협조주의의 조류가 형성되었다는 것 역시 주목할 만한 사
항이다.

한편 개별기업에서도 노사협조주의를 지향하는 기업별 노조는 감
량경영, ME 기술 도입, 신(新)능력주의 관리 도입에 적극적으로 협력하
였다. 여기에는 고용조정이 대부분 배치전환, 계열회사로의 출향 및 전
직 등의 중간노동시장을 통해 이루어진 점과 기업주의적 노사협조주의
를 지향하는 기업별 노조의 존재가 있다. 노사협조주의의 기업별 노조는
기업의 생산성 향상에 적극적으로 협력하고 더 많은 성과배분을 기대하
는 파이의 논리 및 기업주의의 성격을 가지며 총평의 계급투쟁주의를 부
정하는 조합이다. 따라서 기업별 노조가 기업주의적 노사협조주의를 지
향하는 한 ME 기술 도입, 고용의 감량·합리화, 생산성 향상, 능력주의
관리의 도입에 협력적일 수밖에 없다.

넷째, 노사협의제와 참가경영의 확대이다.

고용의 감량·합리화는 주로 노사협의회를 통해서 진행되었는데,
제1차 석유 위기를 계기로 노사협의제는 전국적으로 확대되었으며 노사
협의제의 내용 또한 질적으로 큰 변화가 일어났다. 즉 종래의 노사협의
제 수준이 경영 측의 제안을 수용해 그 제안사항에 대해서 협의하는 소
극적·수동적인 태도였다면, 석유 위기 이후부터는 인사·복지를 중심
으로 경영에 적극적으로 참가하려는 태도로 전환되었다.

한편, 고용의 감량·합리화에 따른 인간소외, 노동의욕 저하에 따
른 생산성 저하에 대처하기 위해 경영참가제도도 도입되었다. 경영참가

제도는 능력주의 관리의 중심사항인 소집단 활동과 생산성향상운동의 일환으로서 추진되어 온 노사협의제를 결합한 내용이었다. 구체적으로 ZD, QC 등, 직장의 업무운영에서는 종업원 전원이 직접 참가하는 방식을 운영하면서 노사협의회·경영위원회 등의 간접참가를 통해서 보완하고자 했다. 석유 위기 이후, QC 활동이 급속하게 증가한 배경에는 경영 측의 '강제'와 노동자의 '자발'을 통한 '참가'형 관리가 확대·보급되었다는 것을 반영한 결과이다.

마지막으로 1995년 이후 일본 노사관계에서 관찰되고 있는 고용의 다양화·유동화, 처우의 유연화와 관련해서 기업주의적 노사협조주의 노동조합이 일본 노사관계에 끼친 영향에 대해서 살펴보고자 한다. 석유 위기 이후 고도경제성장의 종식과 저성장기로의 이행은 기업주의적 노사협조주의 노동조합이 가지는 장점과 단점을 선명하게 드러냈다. 먼저 그 장점으로는 노동조합이 감량경영에 협력하고 정규 노동자의 고용의 소수화, 정예화, 유동화를 통해 내부 노동시장의 탄력성을 확보하고 고용 형태의 다양화를 통해 노동의 유동화를 확보했다는 점이다. 이는 일본 경제가 석유 위기로부터 빠른 경기 회복을 달성하여 일본적 생산방식 및 일본적 고용, 일본적 노사관계에 대한 높은 관심을 불러일으켰던 직접적인 계기가 되었다.

하지만 광역종신고용제에 의한 정규 노동자의 감소와 고용형태의 다양화에 따른 비정규노동자의 증가는 노동시장의 격차를 확대시켜 양극화 문제와 함께 노동조합조직률을 하락시키는 주요한 요인으로 작용했다. 이러한 기업주의적 노사협조주의 노동조합의 성격은 불황기에 한층 더 강화되는 경향이 있는데 1980년대는 이러한 성격이 완성된 시기이다. 특히 회사주의(會社主義), 회사인간(會社人間), 기업전사(企業戰士), 장시간노동, 과로사(過勞死)가 사회문제로 등장한 배경에는 능력주의 관리의 재편성 과정에서 인사노무관리의 고도화가 진전된 결과 노동자 간의 경쟁이 한층 더 강화되었기 때문이다. 노동자간의 경쟁은 작업 밀도 증가에 따른 사회적 압력(peer pressure),[74] 장시간 노동, 처우의 유동화, 고용의 다양화·유동화와 함께 진행되었다.

현재 일본 노사관계에서 관찰되는 집단적 노사관계 약화와 개별적 노사관계 강화는 집단적 규제력의 결여, 즉 기업주의적 노사협조주의 노동조합의 존재와 무관하지 않다.

---

74) 鈴木良治, 『日本的生産システムと企業社会』, 北海道大学図書刊行会, 2001, 231 쪽.

VI 세계화와 일본의 기업별조합
'종업원 주권'의 패러독스

우종원

1. 문제 제기: 세계화와 노동조합

1.1. 세계화와 양극화

일본 사회의 양극화가 빠르게 진행되고 있다. 소득분포 상황을 나타내는 대표적 지표인 지니계수를 보면, 고용자소득 등 '근로소득'의 경우 1990년 0.433이었던 지니계수는 2008년 0.532로 커졌다.[1] 세금과 사회보장금액을 감안한 '재분배소득'에 있어서는 지니계수의 변화가 상대적으로 완만하지만,[2] 전체적으로 소득분배가 악화되고 있음을 알 수 있다. 양극화는 빈곤 문제를 야기하고 있다. 1991년 95만 명이었던 생활보호대상자는 2010년 2배가 넘는 195만 명으로 늘었다.[3] 1991년 13.5%였던 상

---

1) 厚生労働省, 「平成20年所得再分配調査結果の概要」, 2009.
2) 재분배소득의 지니계수는 1990년이 0.364, 2008년이 0.376이다.
3) 厚生労働省, 「平成22年度福祉行政報告例の概況」, 2011.

대적 빈곤율[4]은 2009년 16.0%으로 증가하여,[5] 2000년대 중반 수치로 볼 때 OECD 국가 중 멕시코, 터키, 미국에 이어 네 번째로 빈곤이 심각한 나라가 되었다.[6]

　일본 사회가 경험하고 있는 급속한 고령화, 그 중에서도 독신 고령자세대의 급증이 이런 수치에 일정 정도 영향을 끼치고 있음은 사실이다.[7] 하지만 소득뿐만 아니라 자산이나 교육을 포함해 사회 전체적으로 심화되는 불평등이 양극화 현상을 초래하고 있음은 부정할 수 없다.[8] 여기에는 비정규직 증가로 대표되는 고용의 질 악화가 중대한 영향을 미치고 있다.[9]

　일본에서 정규직은 1990년대 후반 이후 절대수 자체가 줄어들었다. 반면 비정규직은 여성의 경우에는 1980년대부터 2005년까지 점진적으로, 남성의 경우에는 2000년대 들어와 2005년까지 급속히 늘어났다. 그 결과, 2011년 현재 비정규직 비율은 남녀 평균 35.2%, 여성에 한하면 54.7%에 달한다.[10]

---

4) 상대적 빈곤율이란, 등가 가처분소득 중앙치의 절반 미만의 소득밖에 얻지 못한 세대원 수가 전 세대원 수에서 차지하는 비율을 말한다.
5) 厚生労働省, 「平成22年国民生活基礎調査の概況」, 2011.
6) OECD, *Growing Unequal? Income Distribution and Poverty in OECD Countries*, 2008.
7) 大竹文雄, 『日本の不平等―格差社会の幻想と未来―』, 東京 : 日本経済新聞社, 2005.
8) 佐藤俊樹, 『不平等社会日本―さよなら総中流―』, 東京 : 中央公論新社, 2000 ; 橘木俊詔・浦川邦夫, 『日本の貧困研究』, 東京 : 東京大学出版会, 2006.
9) 湯浅誠, 『反貧困―「すべり台社会」からの脱出―』, 東京 : 岩波書店, 2008; 禹宗杬, 「雇用政策の再構築に向けて」, 埋橋孝文・連合総合生活開発研究所編, 『連帯と参加のセーフティネット―ディーセントな社会への提言―』, 京都 : ミネルヴァ書房, 45-76쪽.
10) 総務省, 「労働力調査(詳細集計)平成23年平均(速報)結果」, 2012.

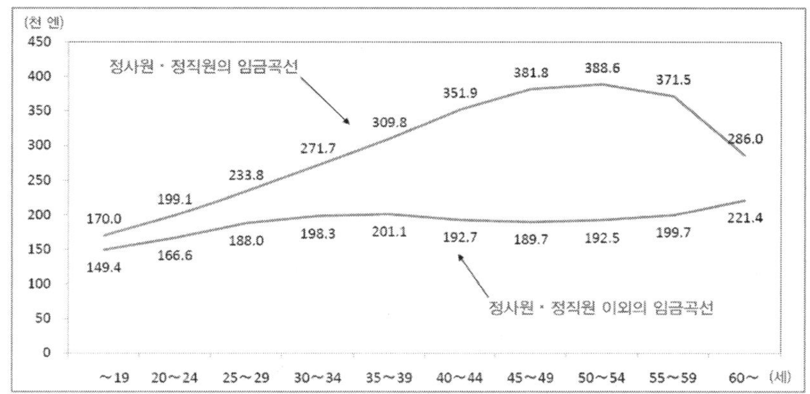

자료: 厚生労働省, 「第1回非正規雇用のビジョンに関する懇談会」, 2011.

비정규직의 증가는 비정규직과 정규직의 노동 조건의 격차와 더불어 사회전체의 격차를 더욱 심화시킨다. 산업 전체의 평균으로 정규직 임금을 100으로 하였을 때 비정규직은 63에 불과하다.[11] 문제는 이러한 격차가 한때로 끝나는 것이 아니라, 비정규직으로 머무르는 한, 평생 누적된다는 것이다. 〈그림 1〉에서 나타나듯, 정규직의 임금곡선과 비정규직의 임금곡선은 시계열적으로 매우 다른 추이를 보인다. 정규직의 임금이 50대 중반까지 전형적인 연공곡선을 그리는 데 반해, 비정규직의 임금은 거의 평평한 임금곡선을 그리고 있는 것이다. 이처럼 정규직과 비정규직의 격차가 고착화된 결과, 2010년 현재 풀타임으로 일하면서도 연

---

11) 한편, 기업규모 간 격차도 양극화를 초래하는 한 요인이 되고 있다. 대기업의 임금을 100으로 하였을 때 중기업의 경우 남성노동자의 임금은 82, 여성노동자의 임금은 88이고, 소기업의 경우 남성노동자의 임금은 73, 여성노동자의 임금은 79이다.
厚生労働省, 「平成23年賃金構造基本統計調査(全国)結果の概要」, 2012를 참조.

간 수입이 200만 엔 이하인 사람이 전체의 23%에 달하였다.[12]

보다 심각한 문제는, 이런 격차가 소득뿐만 아니라 사회보장에서도 나타난다는 점이다. 정부 조사에 의하면, 비정규직이 사회보험을 적용 받는 비율은 고용보험 60.0%, 건강보험 48.6%, 후생연금 46.6%에 불과하였다. 이러한 도식은 기업복지에도 그대로 적용되어, 비정규직이 혜택을 받는 비율은 퇴직금의 경우 10.6%, 보너스의 경우 34.0%에 지나지 않았다.[13]

이처럼 골이 깊어져 가는 양극화의 배경에는 1990년대 이후 본격적으로 진행된 세계화가 크게 작용하고 있다. 세계화가, 이론상으로는 시장의 통합과 자원의 효율적 배분을 통해 전체적인 후생 수준을 높인다 할지라도, 실제로는 세계화로 인해 이익을 보는 층과 손해를 보는 층의 이해관계를 잘 조정하지 못함으로써 사회경제적 격차를 초래할 수 있다는 점은 잘 알려져 있다.[14] 그리고 그 조정의 실패, 특히 근로자를 경시하는 정책 선택이 최근의 경제위기를 불러왔다는 인식도 확산되고 있다.[15]

---

12) 国税庁, 「平成22年分民間給与実態統計調査結果について」, 2011.
13) 이상은 厚生労働省, 「平成19年就業形態の多様化に関する総合実態調査」, 2008을 참조.
14) 대표적으로 Stiglitz, Joseph E., *Making Globalization Work*, New York: W.W. Norton, 2006 및 Krugman, Paul., The *Conscience of a Liberal*, New York: W. W. Norton & Co., 2007을 참조.
15) 예를 들어 Reich, Robert B., *Aftershock: The Next Economy And America's Future*, New York: Alfred A. Knopf., 2010. 여기에서 저자는 국민 대다수의 수입이 정체 내지 감소해, 이것이 거대해진 경제시스템을 더 이상 지탱할 수 없게 된 것이 경제위기를 초래하였다고 진단한다. 해고 및 임금 삭감, 사회보장 약화 등이 유효수요 부족을 야기하였고, 이것이 불황을 불러왔다고 보는 것이다.

1.2. 과제와 방법

문제는 세계화가 양극화를 초래하는 과정에서 노동조합이 어떻게 관계하고 있는가이다. 세계화는 기본적으로 기업행동을 통해 고용의 양과 질을 규정하고, 이 과정에는 노사관계가 깊숙이 관여한다. 노동조합의 존재(조직률은 얼마이며 교섭력은 어느 정도인가), 노사관계의 구조(중앙집권적인가 아니면 예를 들어 기업별로 분산적인가), 노동조합의 행동(경영전략 실행에 무관심한가 아니면 협조적인가 또한 임금을 중시하는가 아니면 고용을 중시하는가 등)에 따라 세계화가 고용에 미치는 영향의 방향과 정도가 달라질 수 있는 것이다. 이 글은 이런 관점에 입각하여 세계화에 대한 일본의 기업별조합의 대응을 분석하고, 기업별조합이 양극화를 저지하고 못한 이유와 그런 행동이 조합 자신에 초래한 귀결에 대해 문제를 제기하고자 한다.

선행연구는 일본의 기업별조합이 근래 보이고 있는 행동에 관하여 다음과 같은 몇가지 특징을 지적해 왔다. 첫째는, 대기업을 중심으로 한 기업단위 노조에서 널리 관찰되는 것으로, 경영의 생산관리 기능에 적극적으로 참가해 노동조합 자신이 생산유지에 일정 정도 책임을 지는 점이다.[16] 둘째는, 전체적으로 매우 저조하고 완만하긴 하지만 일부 기업단위 노조에서 비정규직을 조직하는 움직임을 보이고 있는 점이다. 다만

---

16) 富田義典, 「企業別組合の基本的機能」, 『社会政策』2巻1号, 2010年6月, 17-26쪽 참조. 한편 기업별조합의 중심 기능인 노사협의회의 효과에 관한 분석으로서는, 梅崎修・南雲智映, 「(特集 : 企業別労働組合の現在と未来) 交渉内容別に見た労使協議制度の運用とその効果―『問題探索型』労使協議制の分析」, 『日本労働研究雑誌』第591号, 2009年10月, 25-40쪽 참조.

이 경우에도 '정의의 실현'을 위해서가 아니라 직장의 원활한 운영과 기업의 유지 존속에 보탬이 되기 때문에 비정규직을 조직하는 측면이 강조된다.[17] 셋째는, 내셔널 센터(노동조합의 전국조직)인 렌고(連合) 차원에서는 비정규직 문제와 양극화 문제를 해결하기 위해 다른 사회단체와 연대하는 '사회운동 유니어니즘'으로 한 발짝 접근하는 모습을 보이고 있는 점이다.[18] 넷째는, 그럼에도 불구하고 춘투(春鬪)를 통해 사회적 임금수준을 설정하는 기능이 최근 들어 크게 떨어지고 직업소개, 직업훈련 등 노동시장에 개입할 수 있는 수단도 갖추지 못한 탓에, 일본의 노동조합운동은 비정규직 문제를 해결할 구체적 방안을 찾지 못하고 전체적으로 위기상황에 빠져 있다는 점이다.[19]

이 글은 이러한 연구성과를 참조한다. 다만 선행연구가 일관된 가설을 바탕으로 기업별조합의 행동을 설명한 것은 아니라는 데 유의한다. 예를 들어 위에서 살펴본 연구만 하더라도 상호간의 정합성이 문제가 된다. 즉, 정규직 노조가 깊숙이 경영에 참가할수록 인건비 삭감의 필요성 때문에 비정규직 증가를 용인할 가능성이 있는데, 이는 정규직 노조가 비정규직의 조직화를 진행시켜야 한다는 당위성과 충돌하지 않는가, 그

---

17) 橋元秀一, 「企業別組合における非正規従業員の組織化事例の示すこと」, 『日本労働研究雑誌』, 591号, 2009年10月, 41-50쪽 및 中村圭介著·連合総合生活開発研究所編, 『壁を壊す』, 東京 : 教育文化協会, 2009 참조. 한편, 비정규직의 입장에서 기업별조합의 시도를 분석한 연구로는, 金井郁, 「非正規労働者の処遇改善と企業別組合の取り組み―ジェンダーへのインパクトに着目して―」, 『大原社会問題研究所雑誌』633号, 2011年7月, 1-19쪽 참조.
18) 高須裕彦, 「労働組合運動の新展開―社会運動ユニオニズムの可能性·日米を比較して―」, 『社会政策』2巻1号, 2010年6月, 51-63쪽.
19) 禹宗杬, 「福祉社会の変貌と労働組合」, 『社会政策』2巻1号, 2010年6月, 5-16쪽.

리고 기업단위 조직의 생산유지 중시와 전국조직의 '사회운동 유니어니즘' 간에는 모순이 존재하지 않는가 등이 그것이다. 따라서 이 글은 다음과 같은 가설에 의거하여 세계화의 영향과 기업별조합 간의 관계에 대해 일관성 있는 설명을 시도하고, 종업원(이 경우에는 정규직) 중시라는 노사의 행동이 역설적으로 종업원 자신의 발판인 현장을 약화시키고 있을 가능성을 제기하고자 한다.

1990년대 이후 세계화가 가속되고 있다. 이는 결과적으로 사회의 양극화를 초래하고 있다. 세계화와 양극화를 매개하고 있는 것은 구체적인 기업행동이다. 이에는 기업통치구조가 크게 영향을 미친다. 일본의 경우 주주와 함께 종업원이 '주권자'의 위치를 점하는 것이 특징적이다. 이는 경영관리상의 제도 설계와 실제 운영을 좌우한다. 경영측은 세계적 규모의 경쟁 격화와 경영환경의 불확실성 증대에 대응하기 위하여 업적관리를 강화하는 한편, 성과주의 임금제도를 도입하였다. 하지만 정규직의 이익을 건드리는 것에는 한계가 있으므로, 현실적으로는 비정규직을 증대시키는 한편 이들에 대하여는 정규직과 상이한 고용관리를 통해 경쟁력을 유지하는 방침을 취하였다. '주권자'의 일익을 담당함과 동시에 멤버십 및 사내자격 등 '신분'을 축으로 편성된 기업별조합은, 큰 틀에서 볼 때 이런 방침을 용인하였다. 하지만 이러한 기업과 조합의 행동은 사회적으로 양극화를 초래하고 있다. 뿐만 아니라 기업내부적으로 '현장력'에 손상을 가할 가능성이 있다. '종업원 주권'을 반영한 선택이 '종업원 주권'의 토대인 '현장력'을 약화시키는 역설적 상황이 전개될 수 있는 것이다. 이상의 가설을 개념도로 제시하면 〈그림 2〉와 같다.

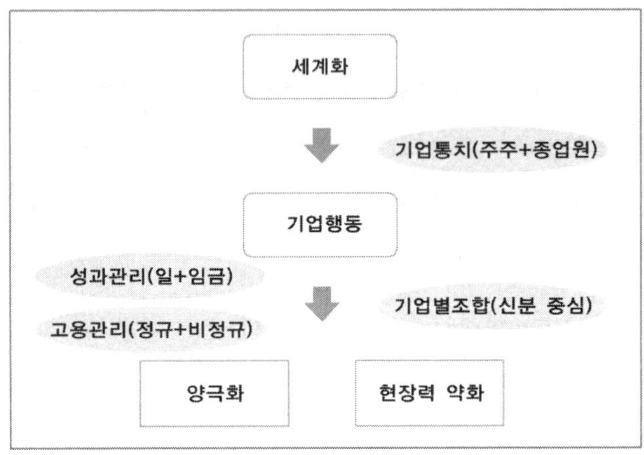

그런데 이러한 가설을 설득력 있게 전개하기 위해서는 집계 데이터를 사용한 정량적 분석과 케이스 스터디를 활용한 정성적 분석이 함께 필요하다. 다만 현장으로 이어지는 기업행동 관찰에는 케이스 스터디가 보다 유익하다고 할 수 있다. 이 글도 예외는 아닌바, 일본을 대표하는 한 완성차업체의 사례를 중심으로 분석을 진행하도록 한다. 사례 분석에 있어서는 주로 노동조합의 대회자료에 의거한다.

서술의 순서는 먼저 2절에서 세계화에 대한 일본의 대응방식을 상당 정도 규정 지은 '주주+종업원' 주권에 대해 간단히 살펴보고, 그 한 축을 담당하는 기업별조합의 성격에 대해 검토한다. 3절에서는 양극화의 심화와 노동조합 존재감의 약화 속에 내셔널 센터인 렌고가 추진하는 운동과 기업단위 조직이 실제 수행하는 운동 간에 발생하고 있는 괴리를 분석하고, 이를 통해 기업별조합의 행동원리를 명확히 한다. 4절에서는 완성차업체의 사례를 통해 세계화 속에서 개별 기업이 고용관리와 임금관리를 어떻게 강화하고 있는지를 고찰하고, 이어 5절에서는 그것이 일본기업 경쟁력의 토대를 이루어 온 현장력에 어떤 영향을 미치고 있는지를 분석한다. 마지막으로 6절에서는 전체의 함의를 간단히 고찰한다.

2. '종업원 주권'의 행사주체로서의 기업별조합

2.1. 세계화와 경쟁 압력

세계화는 기업에 대해 수요확대의 기회를 제공함과 동시에 공급상의 경쟁격화라는 문제를 촉발한다. 이는 해외생산에서 전형적으로 드러난다. 해외생산은 한편으로는 해외수요에 대응하기 위함이지만, 다른 한편으로는 특히 개발도상국에 진출하는 경우, 생산가격을 낮춰 공급 경쟁력을 확보하기 위함이기 때문이다. 일본기업의 총생산 중 해외생산이 차지하는 비율은, 상장기업 전체의 경우 1990년에는 5%에도 이르지 않던 것이 2010년에는 17%로 3배 이상 늘어났다. 한편 해외 현지법인을 3사(그 중 생산거점 1사 이상 포함) 이상 보유하는 기업의 경우에는 그 비율이 1990년 15% 미만에서 2009년에는 31%로 배증하였다.[20]

자동차 산업을 예로 들면, 〈그림 3〉에서 보는 바와 같이, 국내생산은 1990년 약 1,350만 대로 피크를 기록한 이후 기본적으로 감소 경향을

---

20) 内閣府, 『平成23年度年次経済財政報告(経済財政政策担当大臣報告)—日本経済の本質的な力を高める—』, 2011, 133-134쪽.

걸어 왔다. 2002년 이후의 '수출 버블'에 힘입어 일시적으로 생산이 증대되긴 하였으나, 2008년의 세계 경제위기를 계기로 다시 줄어들어 2011년에는 927만 대를 생산하는 데 그치고 있다. 반면, 해외 현지생산은 급속히 늘어, 2011년에는 1,338만 대를 기록하기에 이르렀다. 그 중에서도 아시아 지역의 생산확대가 주목되는데, 2011년의 경우 북미 307만 대, 유럽 141만 대에 비해, 아시아 지역이 755만 대를 생산해 해외생산에서 압도적인 비중을 차지하였다.[21]

〈그림 3〉 자동차의 생산, 수출 및 해외현지생산의 추이

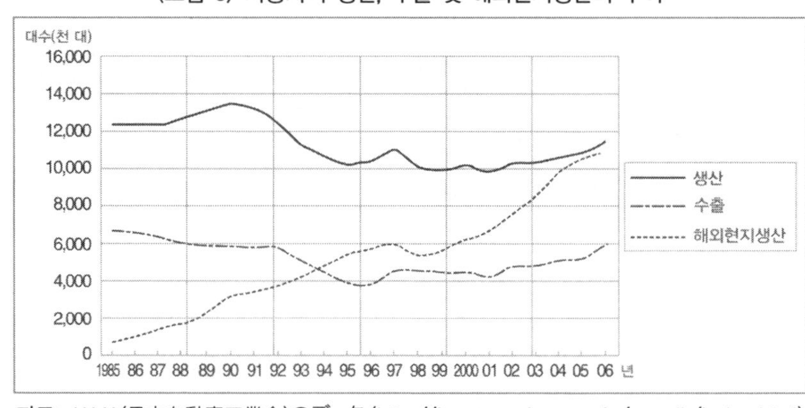

자료: JAMA(日本自動車工業会)のデータ (http://jamaserv.jama.or.jp/newdb/index.html).

이처럼 국경 없는 경쟁이 확대되면, 기본적으로 신제품개발의 압력과 함께 코스트삭감의 압력이 기업에 강하게 걸린다. 동시에 국내 고용의 유지, 확보가 긴급성을 더한다. 하지만 이들 문제에 어떻게 대응해 경

---

21) 이상은 JAMA(日本自動車工業会)のデータ에 의함
    (http://jamaserv.jama.or.jp/newdb/index.html).

 협조적 노사관계의 행방 : 전후 일본의 노동과 경영의 변용

쟁력과 고용을 확보할지는 기업통치의 구조에 따라 달라진다. 이를 살펴
보자.

2.2. 주주 주권의 강화

1990년대 이후 일본 기업도 일정 정도 '미국화' 되었다고 지적된다.
그 대표적인 것이 주주 주권의 강화이다. 〈그림 4〉를 보자. 이는 1970년
대 이후 오늘날에 이르기까지 상장기업의 주식을 누가 보유해 왔는지를
추적한 것이다. 그림에서 두 가지 뚜렷한 경향을 읽어낼 수 있다. 하나는
1990년대 후반 이후 도시은행, 지방은행 등의 주식 보유가 현저히 줄어
들고 있는 점이다. 이는 종래 기업통치에서 중요한 역할을 해 왔다고 지
적된 '메인 뱅크'[22]의 비중이 크게 축소되었음을 의미한다. 또 하나는
1990년대 이후 외국법인 등이 차지하는 비율이 급증하고 있는 점이다.
이는 주식시장을 통해 경영자에게 가해지는 주주 이익 중시의 압력이 커
져왔음을 의미한다. 실제, 주주 중시가 일본 기업 전체적으로 단기 수익
과 코스트삭감을 중시하는 행동을 초래하였음은 널리 지적되고 있다.[23]
이는 비정규직을 늘리는 고용관리와 함께 임금관리에서는 성과주의의
도입, 즉 인건비의 변동화와 개별화를 촉진하는 제도 설계와 그 운영으

---

22) 하지만 근래 들어 '메인 뱅크'가 기존의 지적만큼 유효한 기업통치를 수행하
   였다고 보기는 힘들다는 주장이 대두되고 있다. 예를 들어 東京大学社会科学
   研究所編, 『「失われた10年」を超えて　経済危機の教訓』, 東京 : 東京大学出版会,
   2005을 참조.
23) 예를 들어, 労働政策研究・研修機構, 『(研究報告書No.33)変貌する人材マネジ
   メントとガバナンス・経営戦略』, 東京:労働政策研究・研修機構, 2005를 참조.

로 나타났다.[24)]

〈그림 4〉 주요 투자 주체별 주식 보유 비율의 추이

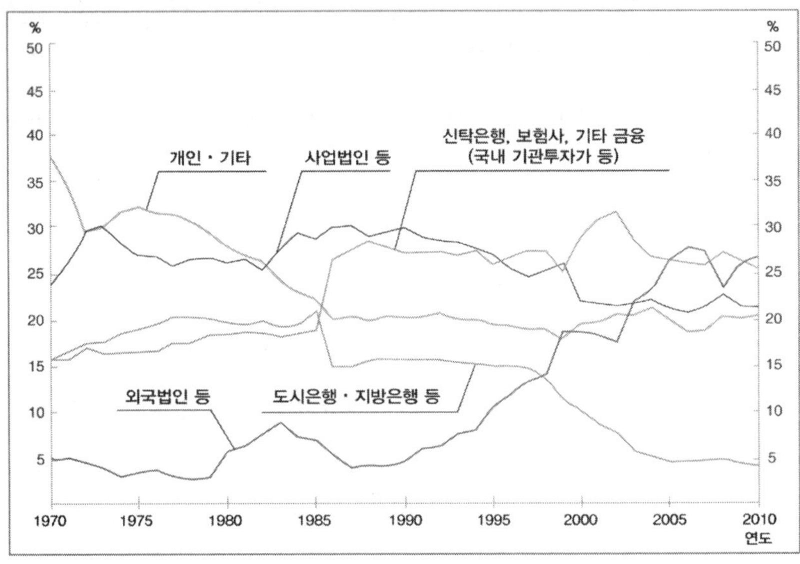

자료: 証券取引所, 「平成22年度株式分布状況調査の調査結果について」, 2013.

유의할 것은, 그럼에도 불구하고 주식시장을 통한 경영자의 '규율화'는 여전히 한정적이라는 점이다. 메인 뱅크 외에 경영권 방어의 주된 장치로 작용해 온 주식의 상호보유가 금액상으로 상당히 줄어든 것은 사실이다. 실제 상장기업의 경우 주식 상호보유 금액은 1991년 주가총액의 27.8%를 차지하던 것이 2009년에는 6.5%로 줄어들었다. 하지만 주식을

---

24) 성과주의 임금관리에 관해서는, 石田光男, 『仕事の社会科学—労働研究のフロンティアー』, 京都: ミネルヴァ書房, 2003 및 中村圭介 · 石田光男編, 『ホワイトカラーの仕事と成果—人事管理のフロンティアー』, 東京: 東洋経済新報社, 2005 를 참조.

상호보유하는 관행 자체는 흔들리지 않고 있다. 상장기업의 절반 정도가 여전히 주식을 상호 보유하고 있는 것이다.[25] 뿐만 아니라, 미국 등과 달리 기업의 인수·합병(M&A)과 같은 방법을 통한 경영자의 '규율화'는 매우 드문 것이 현실이다.[26] 따라서 경영자가 반드시 주주의 대리인로서 행동하지 만은 않을 가능성을 염두에 둘 필요가 있다.

2.3. '종업원 주권'

일본 기업에서 주주와 함께 현실적으로 주권을 행사하는 주체의 하나는 종업원이다. 〈그림 5〉를 보자. 이는 '미국화'가 무르익었던 2005년에 상장회사를 대상으로 실시한 설문조사의 결과를 나타낸 것이다. 그림 왼쪽은 어떤 이해관계자가 경영에 대한 발언력이 강한지를, 그림 오른쪽은 경영측이 어떤 이해관계자를 중시하는지를 묻고 있다. 왼쪽 그림에서 고객(소비자)을 제외하면, 지금껏 경영에 대한 발언권이 가장 강한 이해관계자는 종업원이라는 인식이 널리 퍼져 있음을 알 수 있다. 위에서 말한 주주 주권의 강화를 반영하여, 앞으로는 기관 투자가의 발언력이 강해질 것이라는 예상이 많지만, 그럼에도 불구하고 종업원이 발언력 순위의 상위권을 차지하는 점은 변함이 없다. 이런 경향은 오른쪽 그림의 경영측이 중시하는 이해관계자에서 더욱 분명히 드러난다. 여기에서도

---

25) 伊藤正晴, 「(DIR資本市場分析レポート)銀行を中心に、株式持ち合いの解消が進展—株式持ち合い構造の推計：2010年版—」, 大和総研, 2010年11月.
26) Sanford M. Jacoby, 「(特集—コーポレートガバナンスと人事戦略)コーポレートガバナンスと雇用関係の日米比較」, 『ビジネス・レーバー・トレンド』, 2007年4月, 3-8쪽.

앞으로는 기관투자가를 중시할 것이라는 응답이 늘고 있긴 하지만, 종업원 중시의 자세는 흔들림 없이 관철되고 있는 것이다.

〈그림 5〉 경영에 대한 발언력이 강한 이해관계자(왼쪽) 및 경영이 중시하는 이해관계자(오른 쪽)

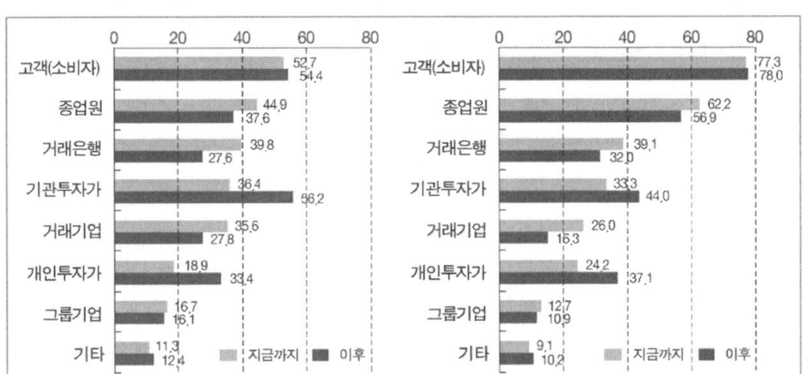

자료: 労働政策研究 · 研修機構, 『(労働政策研究報告書No.74)企業のコーポレートガバナンス · CSRと人事戦略に関する調査研究報告書』, 東京:労働政策研究 · 研修機構, 2007, 22쪽.

2.4. 정사원 대표 조직으로서의 기업별조합

이처럼 세계화로 인한 코스트삭감 압력이 강해지는 한편으로, 종업원 주권 때문에 정사원의 이해관계를 일정하게 존중할 수밖에 없는 통치구조는, 일본 기업의 대응 양식을 특정한 방향으로 이끌어 갔다. 정사원의 인원정리나 급격한 급여삭감에 한계가 있는 만큼, 비정규직의 대량 사용으로 코스트삭감 압력에 대응하는 방식이 그것이다. 정사원 대표 조직으로서의 기업별조합도 크게는 이를 용인하였다. 하지만 이는 역설적이게도 기업별조합 자신의 약체화를 초래하고 있다. 비정규직이 증대한 만큼 조직화 가능한 풀이 축소되고, 정규직 조직으로서의 발언력 및 교섭력도 약화되고 있기 때문이다. 구체적으로 살펴보자.

우선 조직률을 보면, 일본의 노동조합의 추정조직률은, 1950년대 중반에서 1970년대까지는 기본적으로 3할대를 유지하였다. 그러던 것이 1983년에 30%를 내려서고 2003년에는 20%를 밑돌게 되었다. 1994년부터는 조합원 수 자체도 감소하기 시작하여 당시 1,270만 명이었던 조합원 수는 2010년 1,005만 명으로 줄어들었다(추정조직률은 18.5%). 문제는 조직률에서도 기업규모 간 격차가 크다는 점인데, 조직률은 1000인 이상 규모에서 46.6%임에 비해 100인 이하 규모에서는 1.1%에 불과하다.[27]

이처럼 조직률이 하락하는 가운데 비정규직의 증대로 사업장에서 '과반수대표'를 유지하기 힘든 조합이 속출하자, 유통 서비스업계를 중심으로 파트타이머에 대한 조직화가 시작되었다. 이는 일정한 성과를 거두어 2005년 39만 명(추정조직률 3.3%)이었던 파트타이머 조합원은 2010년에는 73만 명(추정조직률 5.6%)으로 늘어났다.[28] 하지만 전체적으로 비정규직 노동자에 대한 정규직 노조의 관심은 여전히 희박하다. 2010년 현재, 풀타임으로 근무하는 비정규직이 존재하는 사업장의 노조 중에서 상담창구 설치 등 무언가의 비정규직 대책을 강구하는 노조는 전체의 50.3%에 지나지 않고, 비정규직에게 조합가입을 권유하는 노조는 전체의 17.8%에 불과한 것이 현실이다.[29]

---

27) 厚生労働省, 「労働組合基礎調査」, 各年.
28) 厚生労働省, 「労働組合基礎調査」, 各年.
29) 厚生労働省, 「平成22年労働組合活動実態調査結果の概況」, 2011.

다음으로 교섭력을 보면, 정규직 노조 자신의 교섭력도 상당히 약
화되고 있다. 1980년대 이후 일본의 노동조합은 활동의 중심을 단체교섭
에서 노사협의 쪽으로 이동시켰는데, 그 과정에서 단체교섭의 대표적 기
구이던 춘투의 역할이 급격히 약화되었다. 2003년에는 일본경단련이
"노조가 임금인상 요구를 내걸고, 실력행사를 배경으로 사회적 횡단화
를 의도해 싸운다는 의미의 '춘투'는 끝났다"고 선언하기에 이르렀다.[30]
이는 노동쟁의에서 잘 드러나는 바, 쟁의행위를 수반하는 쟁의건수는
1982년 7,000건에서 2010년 불과 95건으로 줄어들었다.[31] 이처럼 단체교
섭기능이 약화된 결과, '춘투'를 통한 임금수준의 사회적 설정 효과와 대
기업에서 중소기업으로 전파되는 임금상승의 파급효과는 현저히 저하
되었다.[32]

　　문제는 정규직 노조가 중시하는 노사협의 자체도 충분하다고 볼 수
없다는 점이다. 이는 우선 기업규모간 격차에서 드러난다. 2009년 현재,
종업원 5,000인 이상 규모에서는 4분의 3의 기업이, 종업원 1,000인에서
5,000인 규모에서는 3분의 2가, 그리고 종업원 300~1,000인 규모에서는
절반에 가까운 기업이 노사협의 기관을 갖고 있다. 하지만 100~300인 규
모에서는 37%만이, 그리고 100인 이하 규모에서는 4분의 1의 기업만이

---

30) 이 과정에 관해서는 調査部, 「失われた10年・春闘はどう変貌したか―失われ
　　たもの、動揺しているもの、生まれたもの」, 『ビジネス・レーバー・トレン
　　ド』, 2004, 2-7쪽이 간결하게 정리하고 있다.
31) 厚生労働省, 「平成22年労働争議統計調査の概況」, 2011.
32) 예를 들어 連合「賃金レポート2009」를 참조.
　　(http://www.jtuc-rengo.or.jp/roudou/shuntou/2009/shuukei_bunseki/23chingin_
　　5-9.html).

노사협의 기관을 보유한다. 즉, 중소기업의 4분의 3 가까이가 노동자가 발언할 장을 확보하고 있지 못한 것이다.[33] 한편, 발언의 정도에서도 미흡한 측면이 적지 않다. 예를 들어, 노사협의 기관을 보유한 전 기업의 4분의 3이 '경영의 기본방침'에 대해 경영 측으로부터 설명을 듣거나 노동자 측의 의견을 표명할 기회를 갖는다. 그리고 전 기업의 3분의 2가 '생산판매 등의 기본계획'에 관해 동일한 기회를 보유한다. 하지만 '신기술 응용 기기의 도입 등 생산 및 사무의 합리화'에 관해서는 절반만이 그런 권리를 행사할 수 있을 뿐 나머지 절반은 그런 사항에 관하여 소통할 기회조차 갖지 못한다.[34] 노동자의 이해가 걸린 문제에 관해 충분히 협의가 이루어진다고는 말하기 힘든 상황인 것이다.

2.5. '복선관리'와 '단일 신분(Single Status)'

기업통치구조와 기업별조합을 둘러싼 상황을 보다 정확히 이해하기 위해서는 그 역사적 전개를 살펴볼 필요가 있다. 이때 기업별조합은 단지 '기업별'로 조직할 뿐만 아니라 정규직 블루칼라와 화이트칼라를 '함께' 조직하는 측면을 가지고 있다는 점을 이해하는 것이 중요하다.[35] 기업별조합의 토대에는 '단일 신분'이란 특질이 강하게 작용하는 것이다. 여기서 단일 신분이란, 화이트칼라와 블루칼라가 경영체 내에서 동일한 신분으로 대우받는 것을 말한다. 따라서 역사적으로 어떤 과정을

---

33) 厚生労働省, 「平成21年労使コミュニケーション調査結果の概況」, 2010.
34) 厚生労働省, 「平成21年労使コミュニケーション調査結果の概況」, 2010.
35) 二村一夫, 「日本労使関係の歴史的特質」, 社会政策学会編『(社会政策学会年報第31集)日本の労使関係の特質』, 東京 : 御茶の水書房, 1987, 77-95쪽.

거쳐 신분이 단일화되었고 그것이 어떤 귀결을 초래하였는지를 안다면, 종업원 주권과 기업별조합의 현상과 과제에 대해 상당 정도 이해할 수 있는 것이 된다.[36]

일본은 전통적으로 직종이나 직무 개념이 뿌리내리지 못하였다. 그래서 동일한 직종, 동일한 직무에 대해서는 동일한 처우를 하는 서구의 일반적인 관리방식과는 달리, 일본에서는 동일한 기능을 보유하는 블루칼라를 상이한 신분으로 관리하는 '복선관리'가 전전(戰前)부터 발달하였다. 복선관리의 기본은, 동일한 노동을 하는 노동자에 대해 동일한 임금을 지불하는 것이 아니라, 동일한 노동을 하는 노동자 중에서 기업 정착적인 일부 기간(基幹) 노동자에 대해 화이트칼라와 동등한 신분을 부여하는 것이었다. 구체적으로는 연공임금의 적용, 직공신분에서 직원신분으로의 승격, 퇴직금 지급 등이 그것이다.

제2차 세계대전에서 패배한 직후, 민주화 바람이 거세게 부는 속에서 노동조합은 직공과 직원 간의 신분철폐를 강력히 요구하였다. 즉, 전전의 경우 일부 기간노동자에 한정되었던 직원과 동등한 수준의 대우를 블루칼라 일반에 대해 확장해 주도록 요구한 것이다. 우여곡절 속에 경영측이 이를 수용함으로써 블루칼라의 화이트칼라화(化) 즉, '단일 신분(Single status)'이 달성되었다. 이로써 지금껏 기업의 바깥쪽에 머물러 왔던 블루칼라는 기업공동체의 일원이 되었고, 때마침 점령군의 지시로 실시된 경

---

36) 단일 신분의 성립 과정과 그 과제에 관해서는, 禹宗杬, 『「身分の取引」と日本の雇用慣行―国鉄の事例分析―』, 東京 : 日本経済評論社, 2003 및 禹宗杬, 「日本の労働者にとっての会社―『身分』と『保障』を中心に―」, 『歴史と経済』, 第51第3号, 2009年4月, 3-13쪽을 참조.

영자 추방과 맞물려, 종업원 집단 자신이 경영민주화와 기업재건을 떠맡는다는 구도가 형성되었다. 이것이 이후 '종업원 주권'의 토대가 된다.

단일 신분은 노동자의 능력개발과 경영참가를 촉진하여 고도성장을 견인하였다. 이는 석유 위기 이후 안정성장기에 접어든 이후에도 구미의 여타 선진국과 달리 높은 노동생산성과 제품개발력을 이끌어내는 동력으로 온 세계의 주목을 받았다. 하지만 경제성장의 종언 및 세계화의 진전과 함께 단일 신분은 기업에 부담을 안기는 것으로 인식되기 시작하였다. 1990년대 이후의 과정, 즉 성과주의 도입에 의한 화이트칼라의 블루칼라로부터의 분리, 비정규직고용 증대를 통한 블루칼라 내부에서의 복수 신분의 확대는, 경영 측에 의해 수행된 단일 신분의 수정 과정이라 볼 수 있다. 기업별조합은 기존의 정규직의 신분보장을 전제로 큰 틀에서 이를 용인하고 있다. 하지만 이 과정이 일본사회의 격차 확대로 이어지고 있음은 이미 본 바와 같다.

3. 렌고와 기업별조합

3.1. 렌고의 '고뇌'

1989년, 종래의 좌우 이데올로기 대립을 넘어 새로운 내셔널 센터인 렌고(連合)가 탄생하였다.[37] 하지만 렌고의 발족 이후 오히려 약화되

---

37) 2011년 현재, 54개의 산업별조직, 47개의 지방연합회로 구성되어, 조합원 680만 명을 거느리고 있다.

는 노동조합의 힘은 렌고에 시련을 안겨다 주었다. 특히 2000년대에 들어와 비정규직 문제와 양극화 문제를 해결하기 위해 다양한 시도를 벌였음에도 불구하고, 문제 해결에 별다른 진전을 보이지 못하는 것이 렌고의 고뇌를 증폭시키고 있다. 이 배경에는 렌고와 기업별조합 간의 괴리가 크게 작용하고 있다.

일본의 노동조합 조직 체계는 기본적으로 기업별조합-산업별조직-내셔널 센터로 이루어진다. 각각은 다음과 같이 역할을 분담하도록 되어 있다. 기업별조합은 기업내의 교섭·협의를 통해 노동조건의 개선, 기업행동의 체크, 조합원에 대한 서비스 기능을 수행한다. 산업별조직은 산업 전체에 공통적인 노동조건 및 산업정책에 관한 정보를 교환하고 해결을 모색한다. 그리고 내셔널센터는 산업과 지역 레벨에서 해결할 수 없는 정책·제도 과제에 관해 정부 및 경영자 단체를 대상으로 해결책을 모색한다.

그런데 이런 역할 분담에 의문점을 찍는 결정적 문제가 발생한 것이 바로 비정규직의 조직화이다. 창립 이후 1990년대를 통틀어 렌고는 조직화의 담당주체로서 기본적으로 산업별조직을 상정하였다. 다만 중소기업노동자 문제에 대응하기 위해 1990년 후반 '지방연합회 조직확대추진회의'를 설치하고, 지방연합회가 주체가 되는 '지역유니온'을 발족하였다. 이런 기조 위에 렌고는 2000년대에 들어서도 3차례에 걸친 "조합 만들기 액션 플랜"을 수행하는 과정에서, "조직확대의 최대 담당자는 구성조직(= 산업별조직)이다"라는 전제 아래, 산업별조직으로 하여금 "가맹조합에 대해 동일 직장에 근무하는 파트, 파견, 계약노동자의 조직화는 단위노조의 역할임을 철저히 지도할 것"을 요구하였다. 하지만 별다른 성과를 거두지 못하였다. 이에 렌고는 2000년대 후반에 들어와 산업별조직을 통한 조직화의 한계를 인정하고, 지금껏 부차적인 지위만 부여해 온 지방연합회에 대해, "'모델 지협(지역협의회)'을 중심으로 지협활동을 강화할 것"을 요구하는 한편, 2007년에는 스스로 '비정규직 센터'를 만들어 조직화에 착수하였다. 결국 기업별조합에 맡겨서 될 일이 아니라 렌고 자체적으로 시도할 수밖에 없다는 구도가 형성되고 있음을 알 수 있다.

3.2. 운동방침 상의 괴리

렌고와 기업별조합 간의 이런 괴리를 운동방침을 통해 구체적으로 살펴보자. 렌고의 2010, 2011년도 운동방침은 다음과 같다.[38] 비정규직의 조직화를 축으로, 한편으로는 정책 및 제도를 통해, 다른 한편으로는 관련 단체 등과의 연대를 통해, 공정성을 확보하고 사회적 영향력을 행사하고자 하는 의도가 잘 드러나 있다.

> [전 노동자의 연대로 희망과 안심 사회를 만들자]
> - 조직확대, 집단적 노사관계의 재구축, 연대활동의 추진으로 사회적 영향력이 있는 노동운동의 전개
> - 비정규노동자의 노동조건 향상, 조직화와 사회운동의 전개
> - 공정과 연대를 기반으로 한 안심사회의 구축을 향한 정책제도의 실현

---

38) 連合, 「第11回定期大会議案書」, 2009.

- 노동조건의 <u>사회적 횡단화</u>의 촉진, 사회안전망의 확충, 대등한 노사교섭·협의에 의한 노동조건 확립
- 남녀평등, 균등대우의 실현을 향한 평등참가의 강화
- 정책실현을 향한 정치활동의 강화
- 공정하고 지속가능한 글로벌화 실현을 향한 국제활동의 강화

(단, 밑줄은 인용자)

한편, 이 글이 케이스 스터디의 대상으로 하는 완성차 업체 A사 노조의 2010년도 운동방침은 다음과 같다.[39]

[구축하자, 모두의 힘으로 확실한 미래를!]
- 매력 있는 기업, 직장 만들기
  A) <u>기업의 일층의 성장</u>을 향한 노사 커뮤니케이션의 충실
  B) 종합생활개선의 노력
  C) 안전한 직장 만들기
- 라이프 서포트 활동의 추진
- 정책제도개혁
- 활기 있는 직장, 조합 만들기

(단, 밑줄은 인용자)

A사 노조와 같은 기업별노조에 있어서는, 예를 들어 '기업의 일층의 성장'을 향한 '노사 커뮤니케이션의 충실'이 가장 중요시되고 있다는 점을 여실히 보여 준다. 그러한 '노사 커뮤니케이션'의 일례를 들면 다음과 같다. "2009년도는 2008년도에 이어 상반기, 하반기의 생산변동이 크고

---

39) A社労働組合, 「第46回大会議案書」, 2010.

또한 다양한 생산 제(諸) 시책이 제시됨…상황의 개선을 논의함과 동시에, 판매 제(諸) 시책과 생산의 평준화 등, 안정된 생산운영을 향한 대책에 관해 논의, 확인하였다…사내외의 관심이 높은 글로벌 컴팩트 카, EV, HEV의 양산화를 향한 진척상황과 금후의 생산운영에 관해 확인하고, 안정적인 양산화를 향해 무리 없는 체제를 구축할 것을 요청하였다."[40] 이로부터 일본의 기업별조합이 생산 및 판매의 유지 향상에 어느 정도 관여하고 있는지를 짐작할 수 있다.

3.3. 괴리의 시계열적 확대

흥미로운 것은 렌고와 A사 노조 간의 괴리가 시간의 흐름과 함께 확대되어 왔다는 점이다. 〈표 1〉을 보자. 이는 렌고 및 A사 노조의 운동방침을 시계열적으로 정리한 것이다.

〈표 1〉 렌고 및 A사 노조의 운동방침의 변천

시기	렌고의 주된 목표	A사 노조의 주된 목표
1990년대 전반	'여유와 풍요'를 실감할 수 있는 사회 실현	노동시간 단축 등 매력 있는 직장 만들기와 기업체질 개선
1990년대 후반	고용의 확보 및 중소기업 노동조건 향상	기업체질 개선을 향한 노사협의의 강화
2000년대 전반	'신뢰 회복'을 향한 사회적 노동운동의 모색	기업의 지속적으로 이익이 나는 성장을 향한 노사협의
2000년대 후반	비정규직을 포함한 전 노동자의 연대	기업의 건전한 발전을 향한 경영체크 및 개선 제언

자료: 連合, 「定期大会議案書」, 各年度 및 A社労働組合, 「大会議案書」, 各年度 에 의거하여 필자 작성.

---

40) A社労働組合, 「第46回大会議案書」.

표에서 알 수 있듯이 1990년대 전반에는 렌고도 A사 노조도 여유와 노동시간 단축을 주된 목표로 내걸었다. 기존의 '기업중심 사회'에서 탈피해 '생활자중심 사회'를 만들어 나간다는 합의가 노동조합운동 전반에 존재한 것이다. 하지만 1990년대 후반에 이르면, 계속되는 경기침체를 반영하여, 렌고는 고용 및 중소기업 문제에 초점을 맞추는 데 비해 A사 노조는 '기업체질개선'에 중점을 두어, 양자 간에는 거리가 생기게 된다.

2000년대 들어 렌고는 노동운동의 위기에서 탈피하기 위해 "기업별조합의 약점을 극복하고 파트 등 비전형노동자에 초점을 맞춘 운동이 필요하다"고 제기, '사회적 노동운동'을 모색하기 시작한다. 반면, A사 노조는 '지속적으로 이익을 내는 기업'을 전면에 내건다. 렌고와 기업별조합 간의 갭이 확대되는 것이다. 2000년대 후반에 들어오면 렌고는 전(全) 노동자의 연대를 내걸고 사회적 공정 문제에 초점을 맞추게 된다. 하지만 A사 노조는 '기업의 건전한 발전'을 거듭해서 주장할 따름이다. 다른 기업별조합의 경우에도 "동일 직장에서 일하는 노동자의 균등대우가 연대를 낳는다"는 렌고의 거듭된 권고에도 불구하고, 수퍼마켓 등 일부를 제외하고는 뚜렷한 대응이 이루어지지 않고 있는 것이 현실이다. 그렇다면 기업별조합은 어떤 상황에 직면해 어떤 선택을 하고 있는 것일까. A사 사례를 구체적으로 살펴보기로 하자.

4. A사의 고용관리 및 임금관리

4.1. 세계화에 대한 대응

A사는 1933년에 설립된 자본금 6,058억 엔, 종업원 3만 명의 완성차 업체이다. 버블의 붕괴와 함께 1990년대 경영위기를 경험하였으나, 1999년 외국기업과의 제휴를 계기로 경영 실적을 개선해 왔다. 〈그림 6〉은 A사의 매출액과 영업이익률의 추이를 나타낸 것이다. 매출액을 보면 1991년을 피크로 2000년까지 상당한 폭으로 감소해 왔으나 이후 반전해 2007년까지 급속한 증가세를 보이고 있다. 한편 영업이익률을 보면 1992~94년간 적자를 경험한 후 일시적 개선을 거쳐 1999년에 다시 적자로 전락하였지만 이후 반전해 2007년까지 높은 수준의 흑자를 기록하고 있다. 2008년 이후의 급격한 변동은 세계 경제위기의 반영이다.

〈그림 6〉 A사의 매출액 및 영업이익률의 추이

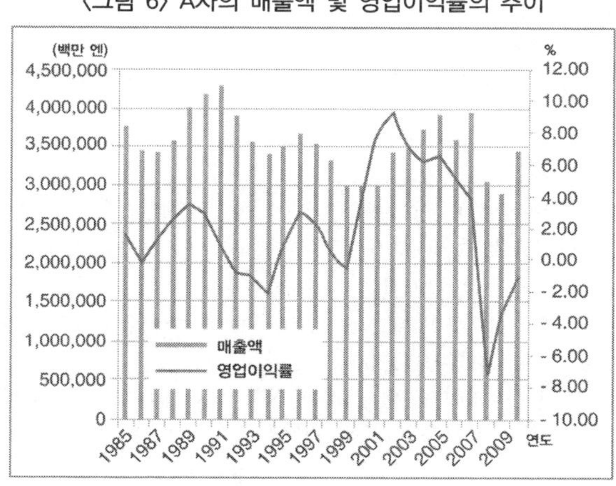

자료: A社, 「有価証券報告書」, 各年度.

2000년대의 A사 경영실적의 호전은 세계화에 대한 성공적 대응의
결과라 할 수 있다. 우선 생산 및 판매의 글로벌 전개가 가속되었다. 주력
시장이었던 북미에 더해 중국의 현지생산 및 판매가 급증하였다. 그 결
과 아시아지역의 연결회계 대상 기업의 종업원 수는 2004년에 4만 명을
넘어서 북미의 3만 명, 유럽의 1만 명을 앞서게 되었다. 다음으로 철저한
코스트 삭감이 추구되었다. 종래 7공장, 16라인이었던 국내차량 생산체
계는 1999년의 개혁을 통해 4공장 10라인으로 통합되었다. 이런 구조조
정과 함께 코스트 삭감을 위한 '원가 기획'[41]과 구매관리의 철저화[42]가
체계적으로 수행되었다.

4.2. 고용관리

생산·판매의 글로벌 전개와 코스트 삭감은 특정한 방향의 고용관
리를 촉진하였다. 정규직의 고용 억제와 비정규직 고용 확대가 그것이
다. A사의 매출액의 추이와 종업원 수의 추이를 함께 나타낸 〈그림 7〉을
보자. 그림에서 2000년 전후를 경계로 양자의 관계가 서로 다른 모습을

---

41) '원가 기획'(原価 企画)이란, 제조에 들어가기 이전 단계에서 개발 및 생산기
    술 부문을 중심으로 미리 원가를 계획해, 이후의 제조과정에서 이것이 달성
    될 수 있도록 하는 활동을 말한다. 구체적 사례에 관해서는, 石田光男·富田
    義典·三谷直紀, 『日本自動車企業の仕事·管理·労使関係: 競争力を維持する組
    織原理』, 東京: 中央経済社, 2009를 참조.
42) 예를 들어 A사는 1999년부터 시작된 NRP (Nissan Revival Plan)에서 3년간
    구매코스트의 20% 삭감을 목표로 설정하였다. NRP의 배경과 의미에 관해서
    는, カルロスゴーン·フィリップリエス, 高野優 訳, 『カルロス·ゴーン経営
    を語る』, 東京:日本経済新聞社, 2005를 참조.

보이고 있는 것을 알 수 있다. 1991년에서 2000년까지는 매출액의 감소와 함께 종업원 수도 감소되고 있다. 실제 1991년 약 5만 6천여 명이었던 종업원 수는 2000년 약 3만 1천 명으로 줄어들었다. 문제는 그 이후이다. 즉, 2007년까지 매출액은 급증하였음에도 불구하고 종업원 수는 거의 변동이 없는 것이다. 이 시기, A사는 정규직의 고용을 극력 억제하는 한편으로 그 갭을 4천 명 내지 6천 명 정도의 비정규직(파견노동자) 사용으로 메웠다. 고용관리의 강화로 세계화에 대응하였다 하겠다.

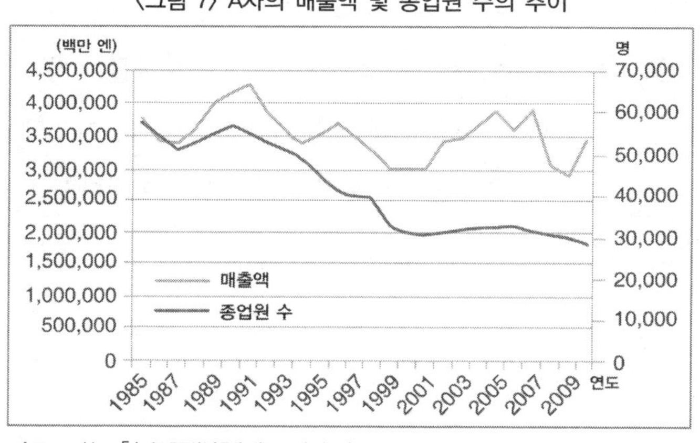

〈그림 7〉 A사의 매출액 및 종업원 수의 추이

자료: A社, 「有価証券報告書」, 各年度.

여기서 검토해야 할 문제 하나는 2000년대에 들어 일본 기업들이 연결 자회사를 적극 활용하는 방법으로 본체의 슬림화를 꾀해 왔다는 점이다. 도요타, 닛산, 혼다와 같은 완성차업체의 경우에도 본체 종업원 수 대비 연결 종업원 수는 2002년에 4배 전후였던 것이 2010년에는 도요타가 약 7배, 닛산이 약 5.5배, 그리고 혼다가 약 4.5배로 각각 증가하였다.[43]

이는 본체의 고용은 억제되는 반면, 자회사 등의 고용이 상대적으로 늘어나는 것을 가리키는바, 산업 내의 격차가 확대되는 것을 의미한다.[44] 하지만, 자회사의 고용이라 해도 그 수가 절대적으로 늘어난다면, 산업 전체의 고용은 유지 혹은 증대될 가능성이 있다. 문제는 이런 가능성마저 배제되고 있다는 점이다.

〈그림 8〉을 보자. 이는 A사의 국내 연결 종업원 수 및 비정규직 노동자의 추이를 나타낸 것이다. 2000년대 들어와 연결 종업원 수도 경향적으로 줄어들고 있음을 알 수 있다. 그 속에서 비정규직의 비율은 점차 늘어나, 2010년에는 약 14%를 기록하고 있다. 하지만 이는 직접고용의 비정규직만을 나타낼 뿐이어서, 간접고용의 파견노동자를 더하면 비정규직 비율은 보다 높다고 해야 할 것이다. 결론적으로 완성차업체를 정점으로 하는 A그룹의 고용창출력은 눈에 띄게 떨어지고 있다고 하지 않을 수 없다.

---

43) 各社, 『有価証券報告書』, 各年度.
44) 자동차산업의 경우 예를 들어 완성차업체와 부품업체간의 임금격차를 보면, 종업원 수 100인 미만 부품업체의 임금수준은 완성차업체의 그것의 6할에 불과하다. 自動車総連, 「第78回中央委員会議案書」, 2011을 참조.

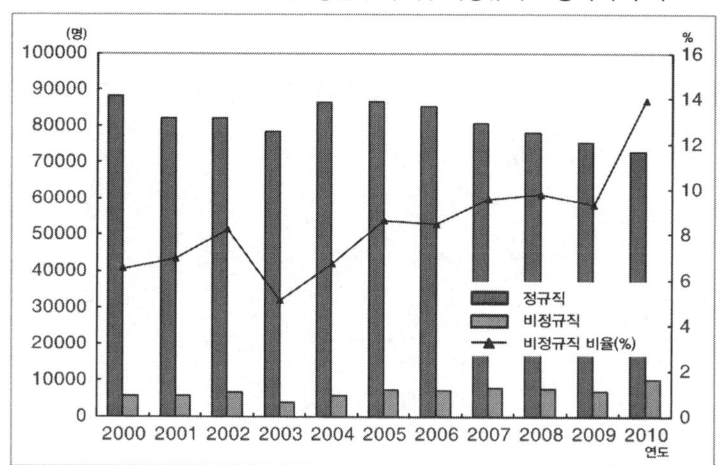

〈그림 8〉 A사의 국내 연결 종업원 수 및 비정규직 노동자의 추이

자료: A社, 「有価証券報告書」, 各年度.

4.3 임금관리

이처럼 정규직 고용을 억제함과 동시에 A사는 정규직을 대상으로 성과주의 임금관리를 강화하였다.[45] 그 개요를 도식화하면 〈그림 9〉와 같다. 그림에서 1980년대 후반 이후 관리직을 중심으로 확대시켜 온 성과 연동의 급여 비중을 2000년대 들어와 급격히 높이고 있음을 알 수 있다. 즉, 2000년부터 관리직의 임금을 '기본연봉'으로 단일화하고, 2004년부터는 일반직의 임금도 '역할등급별 월차급'으로 단일화하고 있는 것이다. 이는 연령이나 근속연수가 직접 반영되던 임금 항목을 없애는 대신,

---

45) 구체적인 전개 과정에 관해서는, 禹宗杬, 「人事労務管理の変容ー自動車3社の事例を中心にー」, 橘川武郎・久保文克編著 『(講座日本経営史第6巻)グローバル化と日本型企業システムの変容: 1985~2008』, 京都：ミネルヴァ書房, 2010, 157-197 쪽을 참조.

원칙적으로 '역할'과 '성과'에 의해 임금을 결정토록 한 것을 의미한다. A
사 노조는 이를 기본적으로 수용하였다. 다만, 고(高)성과 달성에 필요한
종업원의 컴피턴시(Competency) 향상을 위해 경영 측이 지속적으로 노
력할 것을 요구하고 있다.

<그림 9> A사에서의 성과주의 임금제도의 도입

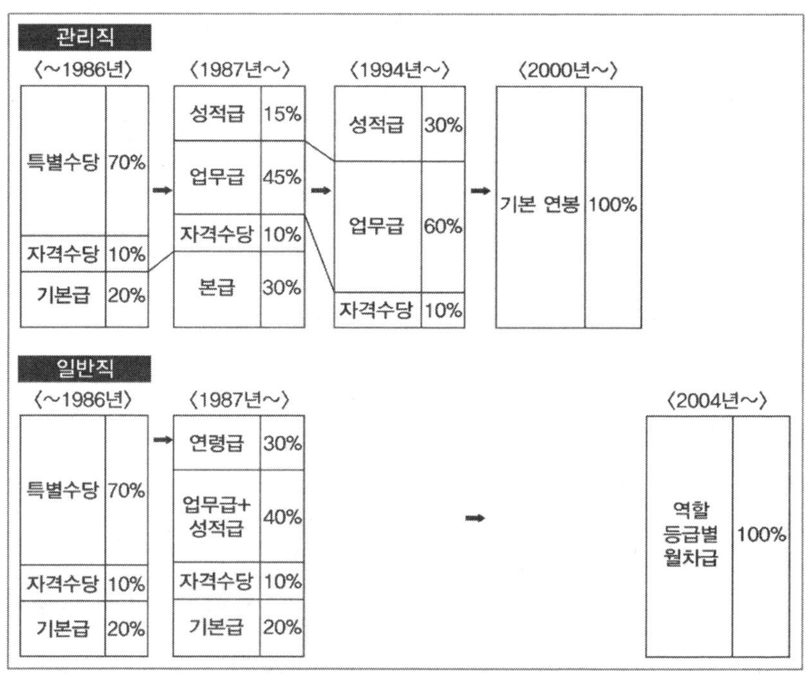

자료: 禹宗杬, 「人事労務管理の変容—自動車3社の事例を中心に—」, 167쪽.

성과주의의 강화는 종업원의 임금구조 및 임금수준에 다음과 같은
영향을 미쳤다. 우선, 의도한 바대로 임금곡선이 일정하게 완화되었다.
특히 임금곡선의 피크를 이루는 50대의 임금수준이 상대적으로 억제되

었다. 그리고 관리직 처우를 조합원 처우로부터 분리하고 관리직 처우를 개별화하는 작업도 상당하게 진전되었다. 다만, 처우 수준의 전반적 저하와 평가기준의 투명성 및 기준적용의 적절성에 대해서는 불만이 적지 않은 것이 현실이다.

흥미로운 것은, 처우의 '개별화'를 표방하고 있음에도 불구하고, 노동조합의 주력을 이루는 생산직에 대하여는 임금의 '집단성'이 기본적으로 유지되고 있다는 점이다. 실제 40대 전반까지의 연공곡선은 제도적으로도 실제적으로도 종래의 패턴을 유지하고 있으며, 개인차도 그다지 크지 않다.[46] 이는 이러한 '집단성'이 현장의 팀워크를 유지시키는 토대라는 인식에 바탕을 두고 있다. 이처럼 정규직 조합원의 결속을 지키고 있다는 점에서는 기업별조합이 자기 구성원의 기본 이해는 방어하고 있다고 할 수 있다.

하지만 기업별조합의 분배기능이 약화되고 있는 점은 부정할 수 없다. 〈그림 10〉은 1990년 이후 A사의 노동생산성과 노동분배율이 어떤 궤적을 그려 왔는지를 보인 것이다. 그림에서 2000년대 들어와 양자간의 격차가 크게 확대되고 있음을 알 수 있다. 1991년도를 기준으로 하였을 때 노동생산성은 2배 가까이 상승하고 있는 데 반하여 노동분배율은 70%대에 머물러 있는 것이다. 이는 종래 일본 노사관계를 지탱해 왔던 "노사협조로 생산성향상을 실현하고 이를 노사 간에 공정하게 분배한다"는 기본원리가 충분히 작동하고 있지 못함을 시사한다.

---

46) 全日本金属産業労働組合協議会, 「IMF-JC加盟各組合労働諸条件一覧」, 各年度.

〈그림 10〉 A사의 노동생산성과 노동분배율의 추이

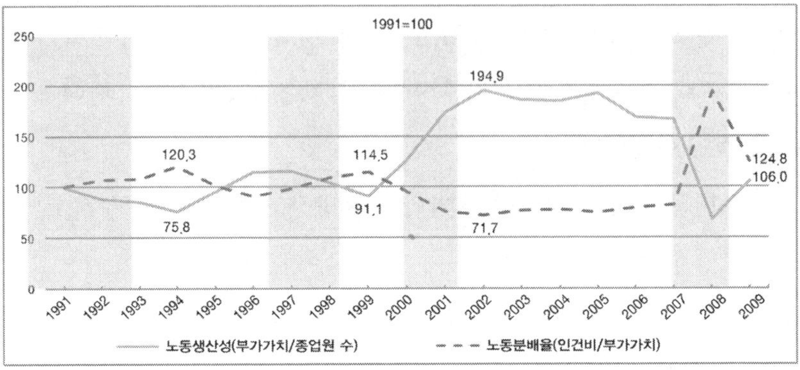

자료: A社, 「有価証券報告書」, 各年度.

5. '현장력'의 행방

5.1. 여유의 상실

위에서 본 고용관리와 임금관리의 강화는 일본 제조업의 기반으로 여겨져 온 '현장력'에 영향을 미치고 있다. '현장력'에 관해서는 다양한 논의가 있을 수 있으나, 여기서는 "현장이 지속적으로 '가이젠(改善)'을 수행할 수 있는 힘"으로 잠정적으로 정의한다. 근래의 기업행동이 현장력에 미치는 영향은 다각적이다. 예를 들어 성과주의의 도입은 말단까지 이르는 업적관리의 철저화와 함께 현장을 좀 더 효율적으로 만드는 데에 기여하고 있다. 하지만 전체적으로는 고용관리와 임금관리의 강화가 현장력에 부정적으로 작용하고 있는 것이 현실이다. 마이너스 요인 중 첫째로는 전체적인 고용 삭감과 그 속에서의 비정규직 증가가 현장이 필요로 하는 여유를 빼앗고 있는 점을 꼽을 수 있다. 구체적으로 살펴보자.

〈그림 11〉은 A사의 실(實) 노동시간의 추이를 나타낸 것이다. 1990년 2,368시간으로 피크에 달하였던 그것은 1990년대 전반 급속히 줄어들어, 1994년에는 1,935시간을 기록하기에 이르렀다. 그 배경에는 노동기준법 개정이 있었다. 1988년의 법 개정으로 소정노동시간이 단계적으로 주 40시간으로 감소한 바, 이에 맞추기 위한 노력이 진행되었던 것이다. 문제는 1990년대 중반 이후 노동시간이 오히려 증가해 왔다는 점이다. 2000년대 들어 수출경기가 회복됨에 따라 실 노동시간은 2,100시간에 근접할 정도가 되었다. 자동차 관련 산별조직인 지도샤소렌(自動車総連)은 "총 노동시간 1,800시간대의 달성"을 외쳤고, A사 노조도 이에 발맞춰 노동시간 단축을 주장하였지만, 성과를 거두지 못하였다.

〈그림 11〉 A사의 실 노동시간의 추이

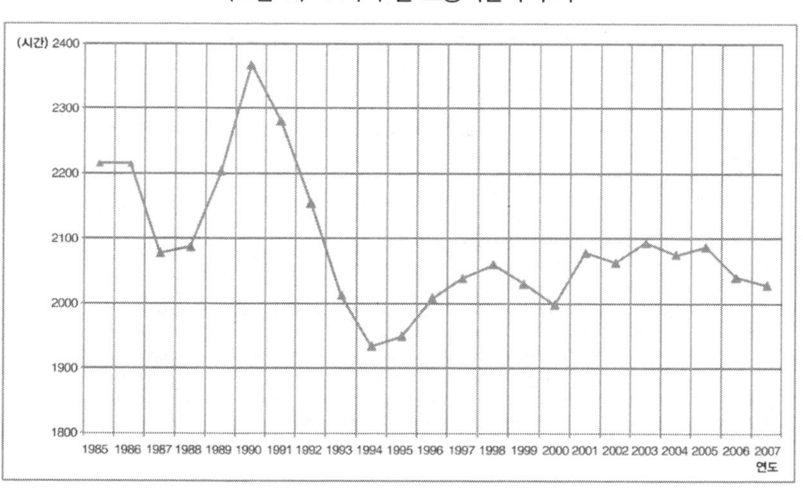

자료: 全日本金属産業労働組合協議会, 「IMF-JC加盟各組合労働諸条件一覧」, 各年度.

이런 상황 속에서 여유를 가질 수 없는 일, 직장이 최대 문제로 떠올랐다. 〈그림 12〉는 금후 조합이 힘을 쏟아 주길 바라는 사항에 대한 조합원들의 설문조사 결과를 요약한 것이다. "인사평가제도의 충실", "커리어, 배속 등에 대한 지원" 등 인사제도에 관한 문제와 더불어 "작업환경", "매력적인 일 방식의 실현", "소정외 노동시간의 삭감" 등 시간 및 직장환경 문제가 조합원들이 개선을 바라는 사항임을 알 수 있다.

실제로 필요 요원 수가 삭감되는 속에서의 비정규직 증가는, 직장의 작업밀도를 높임과 동시에 작업부하의 편차를 증대시키고 있다. 〈그림 13〉은 이에 관한 조합원 의식조사의 결과를 나타낸 것이다. 작업부하의 편차에 관해서는 조합원의 6할 이상이, 그리고 작업밀도의 정도에 관해서는 7할 이상이 높아지고 있다("높아지고 있다" + "좀 높아지고 있다")고 답하고 있다.

〈그림 12〉 '금후 조합이 힘쏟아 주길 바라는 사항'에 관한 조합원 설문조사 결과

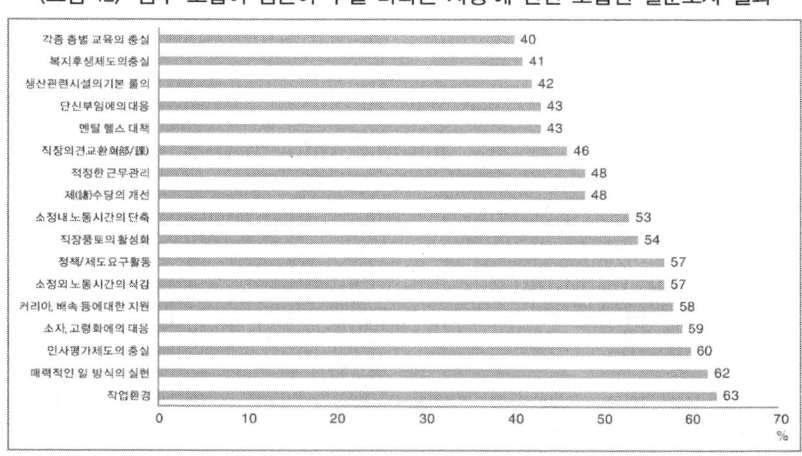

자료: A社労組, 「第42回大会議案書」, 2006.

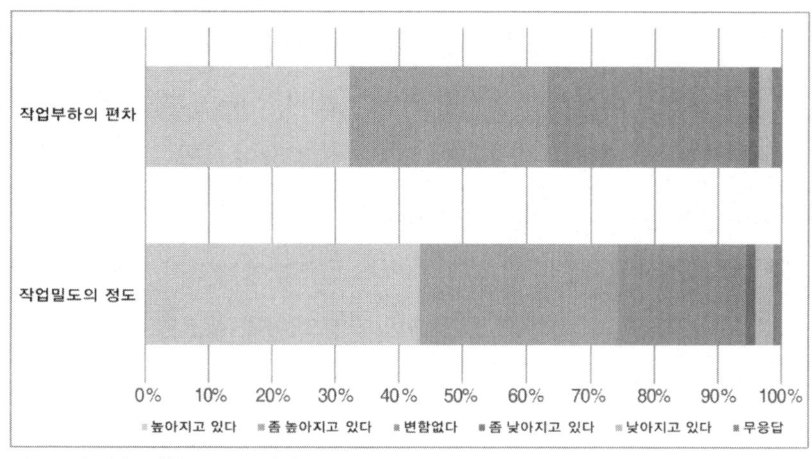

자료: A社労組, 「第46回大会議案書」, 2010.

이런 상황 속에 노동자의 정신적 스트레스도 커지고 있다. 예를 들어 A사 노조에 접수된 '정신건강 상담 건수'는 2001년 600여 건에서 2004년 약 900건으로 늘어났다.[47] 이에 대해 조합원은 직장에서의 커뮤니케이션 부족과 고부하 근무실태를 그 배경으로 지목하고 있고, 인사제도와 관련해서도 조합원의 7할이 "목표를 달성하지 않으면 안 된다는 스트레스가 크다"고 대답하고 있다.[48] 고용관리와 임금관리의 강화는 작업 부하의 물리적 증대만이 아니라 노동자의 정신적 부담도 증대시키고 있다 하겠다.

직장이 필요로 하는 여유의 상실은 공장(工長=현장감독자)의 라인 투입 문제에서 집약적으로 드러난다. 본래 공장은 실(實) 작업에는 종사

---

47) A社労組, 「第41回大会議案書」, 2005.
48) A社労組, 「第43回大会議案書」, 2007.

하지 않는 것으로 되어 있다. 즉, 라인 밖에서 원활한 작업 흐름을 감독하는 한편으로 현장의 개선 작업과 직장노동자의 교육훈련에 전념하는 것이 공장의 역할인 것이다. 하지만 위에서 본 바와 같은 작업밀도 강화와 작업부하의 편차는, 그 구멍을 메우기 위해 공장이 라인에 투입되는 상황을 초래하였고, 공장은 자기 노동시간의 절반을 실 작업에 할애할 수밖에 없는 처지에 내몰리고 있다. 이에 노동조합이 나서서, "공장이 본연의 업무에 전념할 수 있는 환경에 관해, 직장의 실태 및 요망에 의거해, 노사 간에 착실히 개선에 임한다"고 제창하기에 이르렀다.[49] 고용관리와 임금관리의 강화가 현장력을 약화시킬 가능성을 시사한다 하겠다.

5.2. 커뮤니케이션의 약화

고용관리와 임금관리의 강화가 현장에 미치는 마이너스 요인 중 둘째는 커뮤니케이션의 약화이다. 이는 상사-부하 간 커뮤니케이션과 직장레벨의 노사 간 커뮤니케이션 모두에서 드러난다. 〈그림 14〉는 상사와 부하 간의 커뮤니케이션에 관해 조합원이 느끼는 만족도를 나타낸 것이다. 업무에 관한 보고/상담이나 업무에 대한 지도/조언에서 "좀 더 얘기를 나눌 필요가 있음"의 비율이 "커뮤니케이션에 만족함"의 비율을 넘어서고 있다. 업무부담이나 업무분담, 개선 · QC써클 등에 이르러서는 의사소통 부족을 호소하는 의견이 의사소통에 만족하는 의견을 압도하고 있다. 이런 커뮤니케이션 문제가 현장력 약화로 이어질 가능성은 충

---

49) A社労組, 「第46回大会議案書」, 2010.

분하다 하겠다.

<그림 14> 상사와 부하 간 커뮤니케이션 만족도에 관한 조합원 설문조사 결과

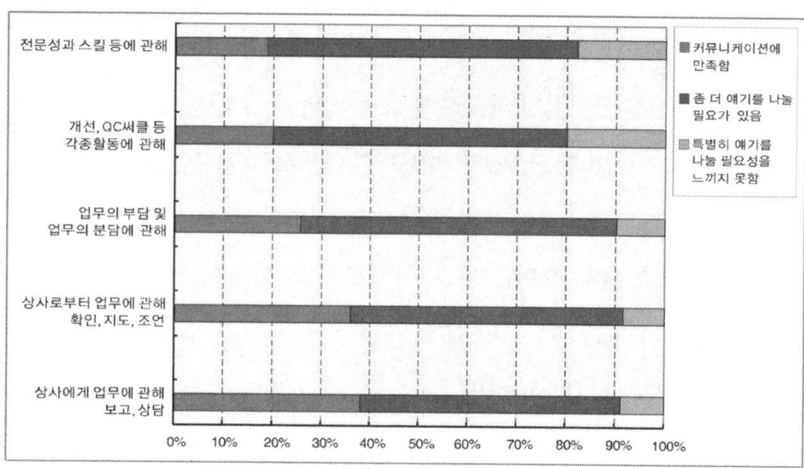

자료: A社労組, 「第42回大会議案書」, 2006.

그렇다면 직장레벨의 노사 간 커뮤니케이션은 어떨까? A사 노조는 운동의 원점을 '직장'에 두고, '직장 노사 의견교환회' 개최를 전략적으로 추진해 왔다. 직장 노사 의견 교환회는 통상 과(課) 단위로 개최되며, 경영측에서 당해 부장과 과장, 노조 측에서 당해 집행위원과 직장장/부직장장이 참가한다. 의견교환회에서는 에어컨 설치와 같은 작업환경 및 연휴취득과 같은 문제 등이 주로 논의된다. 의견교환회의 개최 촉진은 일정한 성과를 거두어, 2001년 50.7%였던 개최율은 2008년에는 63.5%까지 높아졌다.[50] 하지만 매년 꾸준히 개최되지 않거나, 실시율이 낮은 직장

---

50) A社労組, 「大会議案書」, 各年.

이 고정화되는 것이 문제로 지적된다. 이 때 개최를 어렵게 하는 원인으로는 조직 재편, 해외지원, 배치전환·응원 등 직장의 유동화와 함께 전체적인 작업부하 증대가 지목된다.

문제는 의견교환회의 내실이 충분치 않다는 데 있다. 그 내실을 의견교환의 '내용'과 '절차'에 의거하여 살펴보자. 우선 내용의 측면에서, 조합원 조사에 의하면 "직장 노사 의견교환회에서 다뤄주길 바라는 과제"로서 "노동시간, 작업부하, 연휴취득"을 꼽은 조합원이 전체의 4분의 3에 이르고 있다(단, 복수 응답). "통근버스, 주차장, 화장실, 식당 등 직장 이외의 환경"이나 "에이컨, 조명, 직장공간 등 직장환경"을 꼽은 조합원이 절반에 미치지 못하는 점에 비추어 보면, 시간 관련 요구가 돌출해 있음을 알 수 있다.51) 이는 작업밀도나 작업부하 및 여유에 관한 노동자의 요구가 절실함에도 불구하고 이를 제대로 수용하지 못하는 의견교환회에 대한 불만의 표시로 해석할 수 있다.

다음으로 절차를 보면, 동 조사에서 "직장 노사 의견교환회를 유의미하게 만들기 위해 필요한 점"을 물은 데 대한 조합원의 응답은 〈그림 15〉와 같다. 그림에서 "논의 결과를 직장 내에 전개한다"가 압도적으로 높아, 응답 전체의 57.2%를 차지하고 있음을 알 수 있다(단, 복수 응답). 이는 부과장(部課長)과 현장의 조합간부 간의 논의 내용이 일반조합원에게 충분히 전달되고 있지 않다는 방증이다. 한편, "논의 내용에 관해 사전에 직장 내 의견을 조사한다"도 37%로 2위를 차지하고 있다. 이는 평조

---

51) A社労組, 「第44回大会議案書」, 2008.

합원의 의견 수렴이 제대로 이루어지고 있지 않다는 방증이다. 전체적으로 일반노동자들과 현장의 관리감독자 및 조합간부 간에 커뮤니케이션이 원활하지 않다는 것을 시사한다고 하겠다.

<그림 15> "직장 노사 의견교환회를 유의미하게 만들기 위해 필요한 점"에 관한
조합원 설문조사 결과

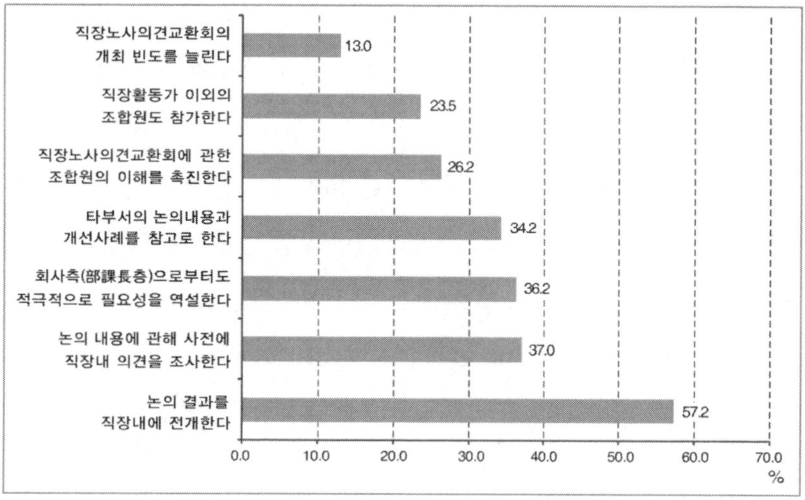

자료: A社労組, 「第44回大会議案書」, 2008.

6. 결론을 대신해서: '종업원 주권'의 패러독스

이상의 분석을 통해 세계화와 일본의 기업별조합의 관계는 다음과 같이 요약할 수 있다. 세계화에 대해 일본기업은 투자 확대나 이노베이션 강화보다는 코스트 삭감을 가속시키는 방향으로 대응하였고, 이는 결과적으로 사회의 양극화를 초래하였다. 기업별조합은 스스로 기업통치의 한 축을 담당하기 때문에 이런 기업행동을 용인하고, 비정규직 문제에 대해서도 적극적으로 대응하지 않았다. 그러나 경영 및 조합의 이런 행동은 역설적으로 일본기업의 강점이었던 '현장력'을 약화시키고 있을 가능성이 있다.

종업원 스스로 주권자라 여기기 때문에 기업을 위해서 행한 행동이, 결과적으로 종업원 자신의 기반을 침식하는 이런 현상을 '종업원 주권'의 패러독스라 한다면, 이것이 시사하는 바는 다음과 같다. 예를 들어 '전(全) 노동자의 연대와 사회적 공정'이란 관점에서 기업별조합의 약점, 특히 '정규직 이기주의'를 비판하는 것은 용이하다. 한편, 연대와 공정의 관점에 입각해 비정규직 보호, 차별의 일반적 금지 등 관련된 법률 및 제도를 정비하는 것이 시급히 필요하다. 그러나 이런 관점만으로 기업별조합의 행동 변화를 기대하거나 그것을 유도하기는 어렵다. 왜냐하면 기업별조합은 '종업원 주권'이라는 노동자에 필요한 또 하나의 정당성(legitimacy)을 확보하고 있고, 현실적으로 이에 집착하는 행동 패턴을 보이고 있기 때문이다. 따라서 '종업원 주권'이 역설적으로 자신의 기반인 "현장력"을 약화시키고 있다는 점을 분석할 필요가 있고, 이것이 분명해 질 때 기업별조합 스스로 행동을 변화시킬 가능성이 있다 하겠다.

 일본의 고용 관행과 젠더 :
결혼퇴직을 중심으로

에노키 가즈에

1. 젠더 문제로서의 결혼퇴직 관행

이 글은 일본 노사관계와 젠더와의 관계를 고찰하기 위한 것이다. 종래 일본 노사관계를 둘러싼 다양한 논의 가운데 젠더적 관점에 입각한 논의는 찾아보기 어려웠다. 일반적으로 일본 노사관계는 장기 고용, 기업별조합, 연공임금 제도를 그 특징으로 하고 있는데, 이는 전적으로 남성 정규 노동자를 대상으로 한 제도였으며 여성은 특수한 노동력으로 인식되어 왔다. 최근 연구에서도 1950년대 이후의 고도성장 과정에서 대기업 제조업 부문에서 나타난 남성노동자의 커리어 패턴(career pattern)의 변화에 근거해 '취사(就社)' 사회 일본의 과정을 묘사하고 있다.[1] 현재 일본은 심각한 고용 위기를 경험하고 있지만, 아직까지도 학교를 졸업하면

---

[1] 菅山真次, 『「就社」社会の誕生: ホワイトカラーからブルーカラーへ』, 名古屋大学出版会, 2011.

곧바로 기업에 취직하고 그 기업에서 장기간에 걸쳐 근무하는 것이 표준적인 노동자의 모습으로 여겨지고 있다. 즉, '취사' 사회란 이러한 '상식'이 통용되는 일본 사회를 상징적으로 표현하는 말이다.

이러한 취사 사회가 남성노동자의 취업 형태를 염두에 두었다는 사실은 두말할 필요가 없다. 실제로 많은 여성이 결혼이나 출산을 계기로 노동시장을 떠나기 때문에 일본 노사관계에서 여성은 예외적인 존재로 인식되어 왔다. 이에 대해 본고에서는 결혼퇴직이라고 하는 관행이 역사적으로 어떠한 변천 과정을 거쳐 현재에 이르렀는지를 규명함으로써, 일본의 고용 관행에서 젠더 규범이 어떻게 규정되어 어떠한 기능을 담당해 왔는지에 대해서 살펴보고자 한다.

일반적으로 결혼퇴직 관행을 고찰할 때에는 법적 · 제도적인 문제 외에도, 공급 · 수요 측면에 대한 각각의 요인을 충분히 검토할 필요가 있다. 예를 들면, 공급 측면의 문제로는 사회적 규범의 수준에서 파악하는 것도 가능하며, 소득 수준, 교육 수준, 또는 가사 노동의 수행에 따른 다양한 문제 등이 논점이 될 수 있다. 또한 수요 측면의 문제로는 산업구조의 변화, 경기 변동, 직종에 의한 차이 등에 주의할 필요가 있다. 여기서는 주로 일본 기업의 고용 전략에 초점을 맞추어 검토해 보고자 한다. 이론적으로는 일본의 고용 제도가 여성 차별을 전제로 하고 있다는 것은 이미 잘 알려진 사실이다.

가와구치 아키라는 고도성장기에 그 기초가 형성되어 1980년대에 확립되었던 고용 제도와 성별 분업의 상호의존관계를 분석했다. 그리고 고용 제도가 여성 차별의 관행을 수반하기 때문에 차별 받은 여성은 전업주부가 되어 가정에서의 성별 분업이 형성되었고, 성별분업에 의해서 가사 노동으로부터 해방된 남성노동자는 기업의 노동에 전념한 결과, 일본적 고용 제도가 형성되었다고 지적했다.[2)

이러한 '기업에서의 여성 차별적 고용 제도 = 가정에서의 성별 분업'이라는 균형 관계는 특히 일본과 한국에서 잘 나타나고 있다. 본 논문에서는 결혼퇴직에 초점을 맞추어 이러한 관행이 역사적으로 형성된 과정을 규명하고자 한다.

부연 설명하자면 결혼퇴직은 반드시 일본 특유의 관행이라고는 볼 수 없다. 제2차 세계대전 이후 이러한 관행은 많은 국가에서 발견되었다. 하지만 세계적으로 남녀평등의 기운이 고양되면서, 여성만이 젊은 나이에 퇴직을 강요받는 차별적인 관행은 많은 나라에서 법으로 금지되기에 이르렀다. 이에 반해 일본에서는 일정 부분 법적 조치가 정비되었음에도 불구하고, 고용 노동력으로서 장기근속을 희망하는 여성의 숫자는 아직까지 소수에 머무르고 있다. 약간의 변화 움직임도 있지만 여전히 많은 여성들은 결혼·출산을 계기로 이직하고 육아가 끝난 단계에서 재취업을 하고 있으며, 그 대부분이 파트타이머로 대표되는 비정규 노동자의 취업 형태가 일반적이다. 경제 환경 및 제도적인 변화에도 불구하고, 이러한 관행이 일본사회에 뿌리 깊게 존재해 온 사실을 명확하게 규명한 후에, 저(低)성장기 일본의 노사관계를 젠더 시점에서 규명해 보고자 한다.

---

2) 川口章, 『ジェンダー経済格差: なぜ格差が生まれるのか、克服の手がかりは どこにあるのか』, 勁草書房, 2008, 5쪽.

2. 역사적 전제

전전(戰前)의 일본 기업들은 실제로 많은 여성을 고용했다. 당시 기간산업의 하나였던 섬유산업에는 많은 여성들이 고용되었으며, 여성노동자는 1930년까지 공장 노동자의 과반수를 차지하고 있었다. 제사·방적·직물로 대표되는 섬유산업에서 근무하는 여성들은 공장 내부에 설치된 기숙사에서 생활하면서 공장 노동에 종사하였으며, 그 대부분은 농촌 출신의 젊은 미혼 여성이었다.[3] 그러나 당시까지만 해도 연령·결혼을 이유로 퇴사하는 관행은 존재하지 않았다. 노동력 부족에 직면하고 있었던 당시의 많은 방적 기업들은 기혼자의 취업을 인정하였고, 고용계약서에 남편의 승낙을 요구하기도 했다. 이미 20세기 초에 여성의 취업을 지원하기 위한 방책으로 사택이나 탁아소를 설치하는 기업도 있었다. 예를 들어, 오카야마(岡山)현 구라시키(倉敷)방적회사에서는 맞벌이를 장려하여, 젊은 부부를 위한 사택(社宅)과 탁아소를 설치할 정도였다. 가계는 부부가 함께 책임져야 할 사항으로 여겨지고 노동자의 생활 실태를 파악할 목적으로 다양한 가계조사가 실시되는 등 결혼퇴직이 장려되지 않았다.[4] 실제로 남자 직공의 임금은 가족을 부양할 만큼 충분하지 못했다. 그럼에도 불구하고 많은 여성노동자는 단기간에 공장을 그만두었다. 그들은 공장 노동 자체를 장기적으로 종사할 만큼 좋은 직업으로

---

3) Janet Hunter, *Women and the Labour Market in Japan's Industrialising Economy : The Textile Industry before the Pacific War*, Routledge, 2003.
4) 榎一江, 「近代日本の企業福祉と労働者家族」, 法政大学大原社会問題研究所·原伸子 編, 『福祉国家と家族』, 法政大学出版局, 2012, 243-264쪽.

생각하지 않았으며 실제로 결혼, 가사 형편, 전직, 기타 등 다양한 이유로 공장을 떠났다.

다이쇼(大正)기 특히 제1차 세계대전 이후에는 여성이 새로운 직업에 활발하게 진출한 결과, '직업부인(職業婦人)'이라는 신조어까지 생겨났다. 간호사, 타이피스트 등 새로운 직업에 종사하는 젊은 여성들은 결혼퇴직을 관행으로 여겼다. 동시에 가사 노동의 담당자로서 '주부(主婦)'라는 개념이 널리 보급되면서, 결혼을 계기로 퇴사하고 '주부'가 되는 삶의 방식은 하나의 이상적 모습으로 공장 노동자들에게까지 보급되었다고 생각된다. 특히 1930년대에는 섬유산업의 노동시장이 축소되면서 직공의 확보가 용이하게 되자 기업들은 여성노동자를 대상으로 퇴직을 장려하기 시작했다.

〈그림 1〉 15-24세 인구(여성)의 추이

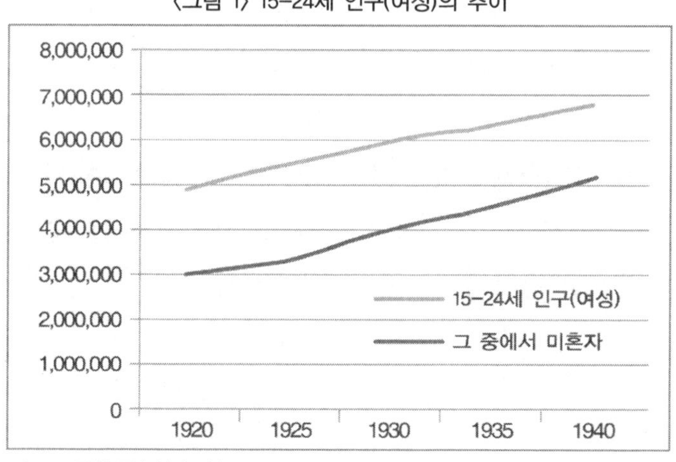

자료 : 国勢調査(各年度).

『국세조사』(国勢調査)에 따르면, 여성 인구는 1920년의 2,792만 명에서 1940년에는 3,653만 명으로 20년 동안 861만 명이 증가했다. 특히 섬유산업에 종사하는 노동자의 대부분을 차지했던 15-24세의 여성인구에 주목하면, 〈그림 1〉에서 보는 바와 같이 급증하였다. 이 중에서 미혼 여성 층은 292만 명에서 508만 명으로 1.7배 증가하고 있다. 물론 당시 유업인구(有業人口)의 과반수를 차지했던 분야는 다름 아닌 농업으로 1930년의 경우에는 농업이 60.4%, 상업 14.1%, 공업 13.7%를 차지하고 있었다. 마찬가지로 1930년에 실시된 「유업(有業)인구에 대한 산업상의 지위별 조사」에서 나타난 여성 사용인의 현황을 살펴보면, 농업·농경 종사자는 568만 명으로 과반수를 차지하고, 그 다음으로 공업·방직공업 종사자가 86만 명, 가사 사용인(家事使用人) 70만 명, 상업·접객업 종사자는 56만 명, 상업·상업적 직업이 42만 명으로 나타났다.

또한 이 시기에 실시된 공장 통계를 살펴보면, 직공 5명 이상 공장에서의 여성노동자 수는 〈그림 2〉에서 보는 바와 같이 1929년의 117만 명을 정점으로 점차 감소하다가 1936년에는 같은 수준으로 회복되고 있다. 1925년 이후 급격하게 증가한 남성노동자 수와 비교하자면, 여성노동자의 증가는 상대적으로 완만했는데 이러한 동향을 결정지은 것은 80% 이상을 차지하였던 방직공업 종사자의 추이였다.

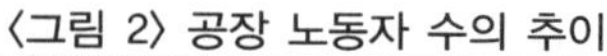

〈그림 2〉 공장 노동자 수의 추이

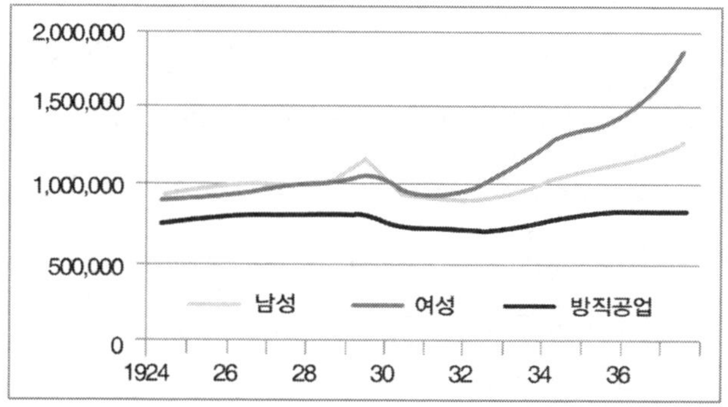

자료 : 內閣統計局, 『昭和14年度 労働統計要覧』1940年.

즉 방직공업에 종사하는 여성노동자는 1926년을 정점으로 감소하였으며 1930년부터 1934년 사이에는 80만 명을 밑돌았다. 전체 여성노동자에서 차지하는 방직공업의 비중도 1937년에는 67.8%까지 하락하였다. 즉 1930년대의 섬유산업의 노동시장은 15-24세의 미혼 여성인구의 증가에도 불구하고 그 절대적 규모는 축소하고 있었다고 볼 수 있다. 이러한 사실은 기업 입장에서 본다면 풍부한 신규 노동력이 존재한다는 것을 의미한다. 이러한 노동시장을 전제로 하여, 기업은 더 이상 여성노동자에게 장기근속을 요구하지 않았으며 일정 기간 근무한 이후에는 '주부'가 되기 위한 퇴직을 장려했다.[5]

실제로 공장을 그만두고 결혼해서 '주부'가 된 이후에도 농업 및 그 이외의 직업에 종사한 여성이 많았다는 점은 주의할 필요가 있다. 1930년대에 섬유산업에 종사한 사람들의 몇 가지 사례를 살펴보면 다음과 같

---

5) 榎一江, 「戦間期の繊維産業と労働市場の変容」, 『大原社会問題研究所雑誌』 635・636, 2011 ,26-41쪽.

다.6) 교토에 본사를 둔 군제제사(郡是製糸) 주식회사에서 근무했던 여공들의 회상에 의하면, 1932년부터 1942년까지 야마가타(山形) 현 공장에서 근무했던 어느 여공은 근속 10년째에 퇴사하고 이듬해에 자영업자에게 시집갔다고 했다. 또 1930년부터 1939년 사이에 같은 공장에서 근무했던 어느 여성노동자의 경우도 퇴직과 동시에 자영업자와 결혼하여, 시집의 가업에 종사하였다고 했다. 또한 1933년에서 1942년까지 후쿠시마(福島) 현의 어느 공장에서 근무했던 여공의 경우, 16세에 입사해서 근속 10년째인 26세가 되던 해에 결혼을 위해 퇴사하고 결혼 후 도쿄에서 살게 되었으나, 전쟁 때문에 피난하여 농업에 종사했다고 한다. 1933년부터 1940년까지 오카야마(岡山) 현의 공장에서 근무했던 여공의 경우, 근속 7년째에 퇴사해서 고향으로 내려가 결혼하고 가사·육아를 끝낸 후 일용잡화 및 식료품을 파는 상점을 경영했다고 한다. 이와 같이 많은 여성들은 가사노동뿐만 아니라 다양한 직업에 종사하고 있었다. 이들은 몇 년 동안 근무한 후에 퇴사했지만, 기업이 연령 및 결혼을 이유로 해고시킨 것은 아니었다. 그들은 자신의 결단에 의해서 퇴사했으며 결혼한 이후에도 다양한 직업을 가진 사람도 적지 않았다. 그럼에도 불구하고 그들은 '주부' 역할을 담당하는 사람으로 여겨져서, 전시(戰時)에는 명확한 성별 분업에 기초한 노무 동원이 실시되었다. 즉 전쟁 말기 노동력 부족을 해결하기 위해 여성 및 학생들이 동원될 때에도, 기혼 여성의 강제

---

6) 전후, 제사 공장에서 일하면서 노동조합 활동을 거쳐 성장한 사람들의 퇴직 후 생활에 대해서는 塩沢美代子, 『結婚退職後の私たち: 製糸労働者のその後』(岩波書店, 1971)가 참고가 된다. 덧붙여 다음 사례는, 榎一江, 「戦間期の繊維産業と労働市場の変容」에서 소개했던 것이다.

동원은 마지막까지 실시되지 않았던 것이다.

3. 전후 결혼퇴직의 제도화

전후, 특히 고도성장기에는 많은 기업에서 여성을 대상으로 하는 결혼퇴직의 제도화가 전개되었다. 우선 전후 일본의 노동을 둘러싼 상황부터 개관해 보도록 하자.[7] 전후 일본의 노동운동은 점령군의 민주화정책에 힘입어, 조직이 급속히 확대되었다. 1948년 6월 말에는 조합원 수가 약 668만 명에 달했으며, 1949년도의 추정 조직률은 55%를 넘었다. 그러나 점령군의 점령 정책이 전환되면서 조합운동은 크게 후퇴하였는데, 특히 '기업정비'로 대표되는 경영합리화를 통해서 조합원의 대량 해고가 진행된 결과 조합원 수는 약 569만 명(1951년 기준)까지 감소하였다. 직장에서 쫓겨난 노동자를 중심으로 방대한 미조직 노동자의 조직화 움직임도 나타났다. 무엇보다 1952년 이후 다시 증가 추세로 전환된 조합원 수는 전체 고용자 수의 양적 증가에 힘입어, 1957년에는 그 이전의 최고 수준을 넘었으며 1965년에는 1,000만 명을 넘어섰다. 조직률도 1959년에 최저치를 기록한 이후 지속적으로 상승해, 1970년에는 35.4%에 이르렀다.

---

7) 다음의 전후 일본의 노동 현황은 榎一江, 「「完全雇用」政策と労働市場の変容」, 205-230쪽(武田晴人 編, 『高度成長期の日本経済──高成長実現の条件は何か』, 有斐閣, 2011)을 참조.

　　1972년 기준으로 자본주의 국가 중 조합원 수가 일본을 상회한 국가는 미국(2,089만 명)뿐이었으며, 일본의 조합원 수는 영국(1,132만 명), 서독(823만 명)보다 많았다. 조직률에 있어서도 영국이 51.1%로 최고 수준을 기록하고 있었고, 서독이 36.8%로 일본을 약간 웃돌았지만 미국은 비농업 고용자 수를 기초로 산출된 조직률조차도 26.7%에 지나지 않았다.[8] 고도성장기에는 조합원 수, 조직률 모두 국제적으로 높은 수준을 유지하고 있었다.

　　노동력 조사에 의하면, 1955년에 4,194만 명이었던 노동력 인구는 1968년에는 5,000만 명을 넘어 1973년까지 지속적으로 증가했지만, 반대로 노동력 비율은 1955년의 70.8%에서 64.6%로 하락했다. 노동력 인구 중에서 완전 실업자 수의 추이를 살펴보면, 완전 실업률은 1955년의 2.5%에서 1957년에는 1.9%까지 하락했지만 남자 실업자의 급증으로 다시 2%대로 상승했다. 1961년부터 1974년까지는 1.4%이하의 수준으로 지속되었으며, 1967년 이후부터는 남자 실업자 수의 증가에도 불구하고 여자 실업자 수는 낮게 억제되었다. 한편, 취업자 수를 살펴보면 비 농림업부문에서의 고용자 수가 차지하는 비율이 급증했다. 그 추이를 살펴보면 1955년의 65.2%에서 1962년에는 75%로 고용자 비율이 증가했다. 이 시기 고용자 수는 급격하게 증가하였고 고용 노동시장도 급격하게 확대되었다. 그 후 고용자 수, 고용자 비율 모두가 미미한 증가에 머무르고 있었다는 점을 고려하면, 1960년대 초반에 나타난 증가율이 얼마나 컸는지 짐

---

8) 法政大学大原社会問題研究所, 『日本労働年鑑』第47集, 労働旬報社, 1978, 179-180쪽.

작할 수 있다.

이 시기 경제성장의 영향으로 노동시장에 종래의 노동력 '과잉'에서 노동력 '부족'으로 구조 변화가 일어났다는 점은 잘 알려진 사실이다. 종래의 노동력 과잉에 기인한 저임금 다취업(低賃金多就業) 상태는 노동력 부족이 심화되면서 급격한 임금 상승으로 전환되었다. 이 과정에서 많은 일본 기업들이 여성을 대상으로 하는 결혼퇴직 제도를 도입하기 시작했다는 점은 주목할 만한 사항이다. 기업들은 결혼퇴직의 관행을 취업규칙이나 노동협약에 명문화하기 시작했다. 엄밀하게 말하자면, 결혼을 이유로 하는 결혼퇴직 제도와 함께 여성의 정년을 젊은 나이로 설정하는 〈청년정년제〉가 도입되었다. 이러한 제도는 여성이라는 이유만으로, 조기 퇴직을 강제하는 제도이다. 이것은 경영 측의 기대와는 반대로 계속적인 근무를 희망하는 여성이 적지 않게 존재하고 있었다는 것을 시사하고 있다. 실제로 이 시기에 정규 고용자로서 취직해서 정년까지 근무한 여성들도 있었다.[9]

또한, 결혼퇴직을 장려하는 제도도 도입되었다. 노동성 부인국(労働省婦人局)이 발표한 「여자보호실시상황조사(女子保護実施状況調査)」(1958년)에 의하면, 결혼에 따른 퇴직일시금의 할증 제도를 도입한 기업은 22.4%로 기업 규모별로 보면 500명 이상에서는 49.3%, 100-499명에서는 27.5%, 30-99명에서는 17.3%로 나타나, 대기업일수록 이 제도를 많이 도입했다는 사실을 알 수 있다. 다만 이러한 제도가 결혼을

---

9) 大槻奈巳, 「扉を開いた女性たち: 女性正規雇用者の軌跡」, 大門正克 外 編, 『成長と冷戦への問い(高度成長の時代3)』, 大月書店, 2011, 237-282쪽.

이유로 여성을 퇴사시키기 위해서만 활용되었던 것은 아니었다. 1960년대에 들어서면서 청년층의 노동력이 현저하게 부족해지자, 과거 여성노동자를 조기에 퇴사시키기 위한 목적으로 도입했던 결혼퇴직 제도를 여성 고용자의 정착 및 여성 신규졸업자의 획득을 목적으로 도입하는 사례도 있었다.[10]

예를 들어 〈여성 구인난을 해소한 결혼퇴직 적립금 제도〉(女子求人難を解消した結婚退職積立金制度)에서 소개된 사례는 다음과 같다. 1963년부터 하마노(浜野) 섬유에서 실시된 사례로서 결혼퇴직의 경우 회사는 개인 적립금에 1.1배를 곱한 금액을 결혼 축의금으로 지급하였다. 결혼 축의금은 30세를 한도로 25세부터 감액되는 내용이었다.[11] 회사는 이 제도를 활용해 중졸 여성노동자의 구인난을 원만하게 해소했다고 보고했다. 또한 몇 년 간 근무한 후에 퇴사를 원했던 그들에게도 결혼 축의금이라는 제도는 매력적이었다고 볼 수 있다.

결혼퇴직의 제도화는 비교적 단기간에 진행되었지만, 기업이 위법한 제도를 도입했던 것은 아니었다. 1955년 노동성(労働省)의 행정해석에서는 결혼퇴직에 관한 취업 규칙 규정은 노동기준법에 위반하지 않는다고 보았기 때문이다. 은근히 결혼퇴직 제도가 위법이 아니라고 시사하는 이 해석은, 결혼퇴직제를 널리 보급시키는 한 요인으로 작용하였다. 1960년대에는 지방 자치단체가 여성 공무원을 대상으로 차별적 정년제를 도입·적용하였고, 민간기업으로까지 확산되었다. 예를 들어 1968년

---

10) 竹内敬子, 「労働力の女性化と企業」, 『成蹊大学文学部紀要』28, 1992, 94-127쪽.
11) 『労政時報』1756, 1964. 6., 22-24쪽.

11월, 민간방송사 중 12개 사에서 여성 차별적 정년제가 도입되고 있었는데, 그 내역을 보면 정년을 25세로 정한 곳이 4개 사, 30세가 3개 사, 35세가 2개 사, 40세가 1개 사, 45세가 2개 사였다. 또한 결혼할 경우 퇴사하는 관습이 있던 곳은 7개 사 이상이라는 자료도 있다.[12]

또한 이 시기에는 고교 진학률이 급증했는데, 특히 고등학교 상업과에 진학하는 여학생의 숫자가 해마다 증가해 1963년에는 남학생의 숫자를 웃돌 정도였다. 여자에 대한 교육을 중시하기 시작한 상업과에서는 노동시장에 대한 대응책으로 '예의범절' 등의 비공식적인 교육을 중시함과 동시에, 퇴직 후에는 가사 노동자로서의 자질 향상을 고려한 교과과정이 모색되었다.[13] 직업교육 현장에서도 결혼퇴직을 전제로 한 교육이 실시되었다.

고용보장을 강하게 요구했던 많은 노동조합도 또한 결혼퇴직 제도를 용인했다. 미쓰이(三井)광산이 약 300명의 직장 활동가들을 대상으로 지명해고를 단행한 사건에서 비롯된 1960년 미이케(三池)쟁의가 노동조합의 패배로 끝나면서, 인원 정리를 동반하는 경영합리화에 격렬하게 반대해 왔던 노동조합은 결국 고용 보장의 대가로 새로운 인사 노무관리 제도를 수용했다. 예를 들면, 1959년 도쿄전력이 결혼 정년제를 도입하고자 했을 때 노동조합의 반대로 무산되었던 사례도 있지만, 대부분의 작업현장에서는 노동조합이 이 제도를 용인하면서 유형무형으로 결

---

12) 野村正實, 『日本的雇用慣行——全体像構築の試み』, ミネルヴァ書房, 2007, 141쪽.
13) 増田仁, 「「高度成長期」における女子「労働者」の産出過程: 高校商業教育におけるカリキュラムの諸実践をめぐって」, 『ソシオロジ』48(1), 2003, 75-92쪽.

혼퇴직 제도가 도입되었다. 이것은 노사 양측이 고용 보장의 중요성을 인식하는 가운데 그 대상을 남성으로 한정시키려는 시도였으며, 이러한 압력은 대기업일수록 강했다고 할 수 있다. 실제로 대기업의 경우 여성 노동자의 대부분은 미혼자가 차지하고 있었다.

하지만 같은 시기의 경영합리화 반대 투쟁에서 여성노동자를 대상으로 하는 '육아 휴직' 협약이 도입된 점은 주목할 만한 사항이다. 특히 1965년 〈전국전기통신노조〉와 〈일본전전공사(日本電電公社)〉의 사례가 대표적이다.[14] 여기서는 여성이 결혼, 출산을 거쳐 그 이후에 상용 노동자로서 근무하기 위한 제도적인 보완책이 노사 쌍방에서 모색되기도 했다. 이렇게 본다면 1960년대는 여성의 '주부화' 움직임만으로는 정리할 수 없는 어떠한 '교전(交戰)'의 시대였으며, 한편으로는 여성을 고용 노동자로 활용하려는 조류도 나타났다.[15] 특히 고도성장기에는 노동력 부족 현상이 표면화되면서 상대적으로 신규 졸업자의 채용이 곤란했던 중소기업을 중심으로 많은 기혼여성이 고용되었다. 이것은 이후에 파트 타임 노동자의 증대로 나타나게 되는데, 여성 고용자의 중심은 청년 미혼의 단기형에서 중고령의 기혼형으로 급속하게 변화해 갔다. 결혼퇴직의 제도화는 이러한 '교전'의 시대에 경영 측에 의해서 추진되었다.

---

14) 萩原久美子, 『「育児休職」協約の成立: 高度成長期と家族的責任』, 勁草書房, 2008.
15) 宮下さおり·木本喜美子, 「女性労働者の1960年代: 「働き続ける」ことと「家庭」とのせめぎあい」, 大門正克 外 編, 『復興と離陸(高度成長の時代 1)』, 大月書店, 2011, 233-289쪽.

4. 결혼퇴직제의 '해소'

결혼퇴직을 제도화하려는 시도는, 결혼 후에도 계속적인 근무를 희망하는 여성에게 해고를 강요한 결과, 법정 투쟁으로까지 발전하기도 했다. 1966년 스미토모(住友) 시멘트의 결혼퇴직제에 의한 해고를 무효로 하는 도쿄지방재판소의 판결을 시작으로, 결혼퇴직제, 청년정년제를 둘러싼 판례가 축적되어 갔다. 예를 들면, 영업 부진에 의한 인원 정리를 이유로 여성노동자가 해고된 호코쿠(豊国)산업 사건, 여자 교사가 사내 결혼을 이유로 휴직 처분을 받은 고베(神戸) 노다(野田)장학회 사건, 또 여직원의 사직에 따른 결혼퇴직을 다룬 모바라(茂原)시청 사건, 사용자와 여성노동자의 합의 해약에 따른 야마이치(山一)증권 사건 등이 있다.[16] 최초의 사건으로 등장한 스미토모 시멘트를 살펴보자면, 신입 여사원에게 '결혼하는 경우, 또는 35세에 자진 퇴사한다.'는 각서가 도입된 시기는 1959년으로, 그 이전에는 없었다고 한다.[17] 결혼퇴직 제도를 엄격하게 운용하고자 했던 기업의 노력은 불과 몇 년 사이에 수정을 강요받았던 셈이다.

이 시기 노동력 부족 현상을 해결하고자 실업대책을 강구했던 정부의 고용 정책 또한 크게 전환되었다는 사실도 주목해야 할 사항이다. 1966년 〈고용대책법〉이 성립되어 '완전고용'이 최우선 정책 과제로 명시

---

16) 당시의 판례를 둘러싼 학설 정리에 대해서는 小西國友, 「結婚退職」, 『ジュリスト』 500, 1972, 522-533쪽 참조.
17) 木島昇, 「女子の結婚退職制とたたかう住友セメント労働組合」, 『労働法律旬報』 574, 1956, 30-32쪽.

되었다. 이 법은 직업지도·직업소개사업, 기능 및 직업훈련·기능검정 제도, 사택 그 외의 복지시설, 직업전환·지역이동 지원, 불안정 고용 개선 등 제반 조치를 마련함과 동시에 고용 대책 기본 계획을 수립함으로써 정부의 모든 정책의 조화를 도모하는 한편, 구직자·구인자에 대한 지도를 강화하여 노동력의 합리적 배치를 촉진하는 것을 주된 목적으로 했다. 이듬해, 완전고용을 위한 기반 강화를 과제로 하는 〈제1차 고용 대책 기본 계획〉이 결정되어 직업 능력과 직종을 중시하는 근대적인 노동시장 형성이 지향되었다. 하지만 이 고용대책법은 법의 취지와는 반대로 장기 고용 시스템에서 배제된 경우, 공적 지원을 통해 그 시스템으로 복귀시키는 정책이며, 장기 고용 시스템의 제도화를 의미하는 것이었다.18)

이러한 고용 정책의 전환은 실업보험 행정에도 그대로 반영되었다. 정부는 1968년에도 직업 안정을 위한 행정적 중점 시책으로 〈노동력 부족시대에 대응한 실업보험행정의 전개〉를 제시하고, 실험 보험에 대한 수급 조건의 적정화와 함께 수급자에 대한 재취직을 중점목표로 명시하였다. 즉, 실업자의 생활유지를 위한 지원보다도 재취업을 위한 지원이 실업 보험 제도의 목적으로 명확히 명시되었던 것이다. 이미 이러한 방침은 실업보험법의 개정(1963년 7월) 이후 행정지도를 통해서 실시되어 왔다. 예를 들면, 1964년 8월에는 각 도도부현(都道府県)의 지사(知事)에게 〈실업보험급부 적정화요령〉(失業保険給付適正化要領)을 통지

---

18) 橋本寿朗, 『戦後日本経済の成長構造: 企業システムと産業政策の分析』, 有斐閣, 2001, 36쪽.

 협조적 노사관계의 행방 : 전후 일본의 노동과 경영의 변용

하고 수급 자격 적정화를 위한 기준으로 "결혼, 임신, 출산, 육아, 병자 간호 그 외의 가사·가업 등을 담당할 목적으로 퇴직한 사람은 노동의 의지 및 능력이 없다고 추정하고, 농업, 상업 등 바쁜 시기 가업을 돕기 위해 다른 취직을 할 수 없는 사정이 있는 사람(농한기를 이용해서 출가 노무자가 이직해 귀성하는 경우)은 노동 능력이 없다고 추정하여, 이에 해당되는 이들은 이러한 추정을 번복할 수 있는 증명, 즉 자신이 실업상 태에 있다는 사실을 명확하게 증명하지 못하면 수급 자격을 얻을 수 없 다."고 명시하였다.[19] 수급 자격의 적정화는 1965년에는 여성 수급자가 주요 대상이었으나 그 이후에는 객지 벌이 노동자까지 확대되었다. 그 결과 일반 구직자에 대한 실업보험의 수급자 수는 1964년의 62만 명에 서 1970년의 50만 명으로 감소하고, 수급률도 또한 1963년의 3.6%에서 1973년의 2.3%로 감소했다. 그리고 노동 의욕이 있거나 노동 능력이 있 는 사람에 대해서는 재취업을 유도하는 방침이 강화되어 1958년에 2.5% 였던 취업률은 1970년에는 12.8%까지 상승했고, 1975년까지 꾸준하게 10%대를 유지했다. 여기에서 결혼퇴직한 사람은 노동 의욕 및 노동 능 력이 없다고 추정되어 실업자가 아닌 비노동력 인구로 철저한 취급을 받았다고 할 수 있다.

실제로 1970년대에는 여성 노동력의 비노동력화가 진행된 결과 노 동력 인구 비율은 49.9%에서 45.8%로 하락하였다. 여성의 비노동력 인구 는 석유 위기 직후인 1974년에는 93만 명에서 1975년에는 59만 명이나 증

---

19) 法政大学大原社会問題研究所, 『日本労働年鑑』第36集, 1966, 452-459쪽.

가했다. 이 사실은 여성들이 '가사를 하면서 일하던 것'에서 '가사에 전념하는 사람'으로 변화한 것이라 파악할 수 있는데, 이는 경기변동에 따른 노동시장의 변화에 대응하여 노동시장에서 여성의 퇴출이 진행되었다는 것을 의미한다. 가사 부담을 담당하는 사람이 실직하더라도 '실업자'가 아니라는 견해는 실업보험 행정에서 철저하게 지켜온 사항이며, 완전고용 정책에서는 '전업주부'야말로 기혼여성의 바람직한 모습으로 제시되었다. '주부 우울증'이 인식되기 시작한 것은 1970년대 후반 이후의 일인데, 바로 이 시기에는 '주부야말로 여성의 행복'이라고 여기는 여성들이 주류를 차지하고 있었다.[20]

그런데 1975년 〈국제 부인의 해(年)〉를 시작으로 전세계적으로 여성의 지위 향상을 도모하는 움직임이 활발하게 전개되기 시작했다. 그리고 그 영향은 일본에까지 파급되어 고용에서의 남녀 차별을 해소하려는 기운이 고양되었다. 노동성은 1977년 6월에 〈청년정년제, 결혼퇴직제 등 연차개선계획(若年定年制、結婚退職制等年次改善計画)〉을 책정하고 〈노동기준감독서(労働基準監督署)〉를 중심으로 행정지도에 나섰다. 먼저, 당년에는 그 실태를 파악하고 행정지도를 위한 대상 기업을 산출하였다. 전국 14,600개 사를 대상으로 조사한 결과, 남녀별 정년제가 도입된 기업은 14,500개 사이며(여성의 경우, 55세 미만은 13,300개 사, 40세 미만은 1,200개 사), 결혼·임신·출산 퇴직제가 도입된 기업은 1,200개 사, 이와 유사한 제도가 있는 것으로 추정되는 기업은 500개 사

---

20) 木本喜美子, 『家族・ジェンダー・企業社会: ジェンダー・アプローチの模索』, ミネルヴァ書房, 1995, 115-132쪽.

였다. 노동기준감독서는 1979년까지 여성의 정년 연령을 40세 미만으로 정해놓은 사항과 함께, 결혼, 임신, 출산 퇴직제를 우선적으로 개선하도록 지시하고 그 다음으로 여성의 정년 연령이 55세 미만으로 정해진 사항을 1981년도까지 개선하도록 시정 조치명령을 내렸다. 그 결과, 차별적 제도는 많은 기업에서 폐지되었다.[21]

예를 들면 어느 신용금고에서는 "여성은 적령기에 결혼해서 가정에 전념해야 한다는 사회통념이 있으며, 당 신용금고는 결혼퇴직제를 활용해 조직의 인력 관리를 활성화할 목적으로 결혼퇴직제를 운영해 왔지만, 이러한 사회통념은 시대에 뒤떨어진다고 판단해서 폐지했다."고 한다.[22] 이와 같이 '사회통념'에 근거해서 실시해 온 퇴직제도는 행정지도를 통해서 신속하게 '해소'되었고 취업 규칙에 명문화하는 사례는 없어졌다.

1979년의 〈여성차별철폐조약〉 비준을 거쳐 1985년 〈남녀고용기회균등법〉이 성립되자 퇴직 관행을 둘러싼 차별적 대우의 위법성이 명확해지면서 결혼퇴직 제도는 사라져 갔다. 하지만 아직까지도 직장에서 결혼(최근에는 출산)을 이유로 퇴직하는 관행이 남아있다.[23] 때로는 불쾌감을 주면서 퇴직을 강요하는 사례도 있지만, 한편으로 여성 자신 스스로가 퇴직을 '선택'하는 경우도 적지 않으며, 지금도 많은 여성이 결혼·

---

21) 婦人少年局婦人労働課, 「男女別定年制·結婚退職制改善状況について」, 『労働時報』7月号, 1980, 36-37쪽.
22) 婦人少年局婦人労働課, 「男女別定年制·結婚退職制改善状況について」, 36-37쪽.
23) 寺村絵里子, 「日本における女性労働者への退職慣行: 歴史とその変容」, 『国際短期大学紀要』24, 2009, 59-77쪽.

출산·육아기에 직장을 떠나는 경향이 있다. 여기서는 여성 자신의 '선택'이 직장의 불문율을 계속해서 지탱하고 있는 것이다. 다음에서는 이 시기 여성노동의 변화에 대해 살펴보도록 하자.

5. 고도성장기 이후의 여성 노동

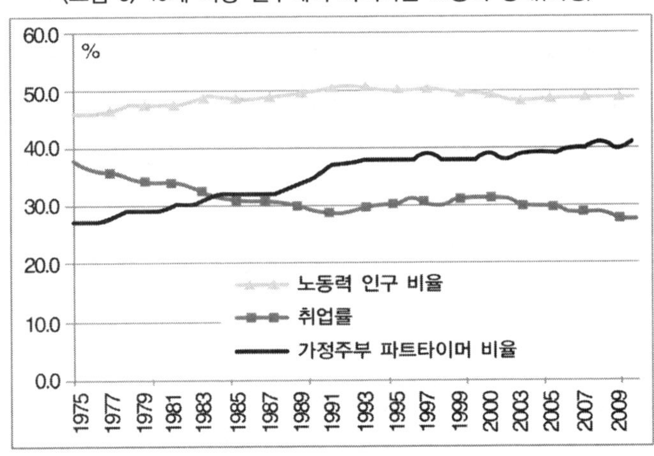

〈그림 3〉 15세 이상 인구에서 차지하는 노동력 상태(여성)

자료 : 総務省「労働力調査」.

우선 1975년 이후의 상황을 개관해 보자.[24] 〈그림 3〉을 살펴보면, 여성 15세 이상의 인구 중에서 고용 비율은 급증했고, 1984년에는 가사 전업자의 비율을 넘어서 그 후에도 꾸준히 상승하고 있다. 여성의 노동

---

24) 이 절에 관해서는 「特集: 現代日本の女性労働」, 法政大学大原社会問題研究所 編, 『日本労働年鑑』第63集, 労働旬報社, 1993, 40-69쪽을 참조했다.

력 비율은 1975년 45%를 기록한 후 지속적으로 상승한 결과, 1990년에는 21년 만에 50%를 넘었다. 이것은 맞벌이 세대의 급증을 초래하여, 총세 대수로 본다면 1992년 '무직 아내' 항목의 세대를 넘고 있다. 다만, 여성 고용자의 증가는 대부분 파트타이머로서 결국 여성 고용의 확대는 비정 규고용에 집중되어 있었다.

과거 한때 노동력 부족을 해결하고자 기혼자를 파트타이머로 고용 했던 기업은 석유 위기 이후 '감량경영'을 통해 고용 비용을 줄이기 위한 시책으로, 정규 고용을 삭감하고 여성 노동력을 적극적으로 활용하기 시 작했다. 또한 서비스산업의 노동 수요가 급증하면서 파트타이머·아르 바이트, 파견, 임시 등 대량의 비정규 노동력이 서비스산업으로 흡수되 었다. 특히 1980년대 후반 이후 비정규 고용이 증가하는 가운데 파트타 이머가 현저하게 증가했는데 여성 자신도 이러한 취업 형태를 '선택'했 다. 이러한 취업 형태가 가사·육아·개호(介護)라는 가정 책임과의 양 립을 전제로 한다는 것은 두말할 필요도 없다. 따라서 '주부'가 되기 위해 서 결혼퇴직했던 예전의 여성들과 마찬가지로, 여성이 가정 책임을 담당 해야 한다는 생각을 행동의 기본으로 삼고 있다는 점에서 커다란 변화는 찾아볼 수 없다.

그런데 비정규 고용자는 불경기가 되면 우선적으로 고용조정의 표 적이 되었다. 그러나 고용조정 대상이 여성으로 한정되었던 1990년대에 는 사회문제로 등장하지 않았다. 하지만 2008년 글로벌 금융 위기를 계 기로 진행된 '파견 해고'(派遣切り)가 일본 사회에 커다란 충격으로 받아 들여진 배경에는 고용뿐만 아니라 삶의 터전을 잃은 남성이 많았기 때문

이다. 하지만 여전히 비정규 고용은 여성이 대부분을 차지하고 있다는 점에는 커다란 변화가 없다. 2010년의 노동력 조사에 따르면, 비정규 직원·종업원은 남성이 538만 명인데 반해, 여성은 1,217만 명(파트타이머 760만 명, 아르바이트 173만 명, 파견사원 61만 명, 계약사원·촉탁 151만 명, 그 외 73만 명)으로 최고치를 기록하였다.

〈표 1〉 고용형태별 고용자 수 (전국)

(만 명)

	연도	1990 (15-24세)	2000 (25-34세)	2010 (35-44세)
(남성)고용자	정규(Regular staff)	265	745	680
	비정규(Non-regular staff)	66	45	60
	합계	334	808	788
(여성)고용자	정규(Regular staff)	265	336	251
	비정규(Non-regular staff)	69	158	291
	합계	337	499	554

자료: 総務省, 「労働力調査」
주: 헤이세이(平成) 13년(2001) 이전은 「노동력조사특별조사」, 헤이세이 14년(2002) 이후는 「노동력조사상세집계」에 의거해 작성했다. 한편, 「노동력조사특별조사」와 「노동력조사상세집계」에서는 조사 방법, 조사 시기 등이 상이하다.

마지막으로, 1966년부터 1975년까지 태어난 세대에 주목해 보자. 이 세대는 1973년을 정점으로 하는 제2차 베이비 붐 시기 전후에 태어난 세대로, '단카이(団塊) 주니어'라고도 불리고 있다. 〈표 1〉에 따르면, 남녀고용균등법이 성립된 지 5년이 지난 1990년에 그들이 학교를 졸업하고 취직했을 때, 고용자 수(정규/비정규)에 대한 남녀 차이는 크지 않았다. 그러나 2000년 고용자 수는 남녀 사이에서 크게 벌어져 여성 고용자의 32%는 비정규 고용으로 나타나고 있다. 게다가 2010년에는 여성 고용자의 과반수는 비정규 고용으로 나타나고 있으며, 정규 고용이 90%를 상회하는 남성과는 명백한 차이가 존재하고 있다. 이 격차는 여성 차별을 용인하는 고용 관행이 지속되는 한, 쉽게 해소될 것 같지 않다.

6. 결혼퇴직 관행의 경제적 합리성과 젠더 문제

본 논문은 일본 노사관계와 젠더와의 관계를 고찰하는 시도로서, 결혼퇴직 제도의 전개 과정을 중심으로 일본의 고용 관행에서 젠더 규범이 어떻게 규정되고 또한 어떻게 기능해 왔는지를 고찰했다. 1960년대에 일본적 고용 관행과 남성 소득 중심형의 가족 형태와 결합되면서 소위 '1960년대 형 일본 시스템'으로 불려왔던 이 시스템은 현재 변화 과정에 있다.[25] 하지만 여성 노동의 역사에서 본다면 이 시스템은 견고한 규범에 의해서 유지되고 있다는 것을 알 수 있다.

일본의 경우, 전전부터 많은 여성이 농업뿐만 아니라 그 이외의 산업에 종사하면서 가계를 유지해왔다. 이러한 사실에서 본다면 이미 여성 노동력은 전전기부터 활용되고 있었으며 그 주된 고용 장소는 가사 사용인(가정부)이나 공장 노동(여공)으로 한정되어 있었다. 그곳에서는 결혼은 퇴직 이유의 하나였지만, 결혼퇴직제가 제도적으로 확립되지는 않았다. 여성이 '주부'로서 가사 노동을 담당하는 근대적 생활양식이 정착되

---

25) 遠藤公嗣, 「雇用の非正規化と労働市場規制」, 大沢真理 編, 『ジェンダー社会科学の可能性2承認と包摂へ: 労働と生活の保障』, 岩波書店, 2011, 143-166쪽.

면서 여성을 많이 고용하는 기업은 가사 노동과 공장 노동이 대립하는 과제에 직면하여, 섬유산업을 중심으로 여성의 고용을 청년·미혼으로 한정하는 관행이 형성되어 전후로 이어졌다. 여성이 주요 노동력이었던 섬유·전기·식품 등의 작업 현장이나 민간기업의 사무노동자를 중심으로 결혼퇴직이 일반적인 고용 관행으로 정착되었던 것은 이러한 이유 때문이다.[26]

그러나 '사회 통념'에 근거해 지속되어 온 결혼퇴직 관행은 계속적인 근무를 희망하는 여성에게는 효과적인 기능을 발휘하지 못했으며, 따라서 기업은 취업 규칙 등에 의한 제도화를 시도하게 되었다. 즉, 계속적으로 근무하기를 원하는 여성에게 일률적으로 조기 퇴직을 강요했던 것이다. 고도성장기에 심각한 노동력 부족 현상을 경험하는 가운데 결혼퇴직제가 도입된 사실은 언뜻 모순처럼 보일지 모른다. 그러나 그것은 정규 노동자를 대상으로 고용 보장을 전제로 한 인사 노무관리가 이루어지는 가운데 장기 고용 시스템이 형성되는 과정에서 나타난 현상이었다. 내부 노동시장을 한층 더 발전시키고자 했던 기업으로서는, 결혼을 이유로 조기에 퇴직할 우려가 있는 여성을 미리 배제해 둘 필요가 있었다. 따라서 이 제도는 내부적으로 일정한 경제적 합리성을 내포하고 있었기 때문에 쉽게 '해소'되지 않았던 것이며, 제도화의 시도가 실패한 후에도 직장의 불문율로서 현재까지 잔존해 왔던 것이다.

고도성장기의 기업은 정규 고용자를 일정한 조건 아래에서 근무할

---

26) 塩沢美代子, 「結婚退職後の「婦人労働者」, 『労働経済旬報』852, 1972, 30-31쪽.

수 있는 사람으로 한정하여 장기 고용 시스템을 활용해 효율적으로 관리하고자 하였고, 이질감이 있는 사람은 의도적으로 배제했다. 효율성을 중시하는 기업에서 결혼·출산·육아와 직무를 병행해야 하는 현실적인 어려움은 여성 자신으로 하여금 퇴사를 '선택'하게 하는 요소로 작용했다. 한편 기업은 정규 노동자와는 별도로 저임금 노동력을 적극적으로 활용하기 시작했다. 예를 들면, 어느 전기회사에서 중년 여성 파트타이머가 도입되었던 사례에서 보듯이 주부가 새로운 노동력 공급원으로 등장하였다. 이러한 변화는 노동력 부족과 함께 기술혁신의 결과이기도 했다.[27] 석유 위기 이후, 기업은 오로지 정규 노동자를 삭감할 목적으로 여성노동자를 이용했지만, 가정을 책임져야 하는 여성 자신도 여기에 호응하면서 새로운 노동력으로 등장하게 되었다.

역사적으로 보면, 여성 고용의 중심은 '청년 미혼 단기형'에서 '중고령 기혼형'으로 변화한 것처럼 보인다. 기업은 일관되게 가정을 책임지지 않고 생산노동에 전념할 수 있는 노동자를 요구해 왔으며, 전전의 기숙 여공도 전후 회사원도 이러한 의미에서 본다면 마찬가지였다. 그리고 성별에 따른 역할분업 하에서 여성이 가사·육아를 담당해야 한다는 생각에도 커다란 변화는 없으며, 최근에는 젊은 층에서 이러한 생각이 강해지고 있다.[28] 2000년대에 들어와서 장기적인 경기 침체의 영향으로 많

---

27) 塩田咲子, 「高度経済成長期の技術革新と女子労働の変化」, 中村政則 編, 『技術革新と女子労働』, 東京大学出版会, 1985, 171-201쪽.
28) 국립사회보장·인구문제연구소가 조사한 「전국 가정 동향 조사 2008년」에 의하면, "남편은 밖에서 일하고, 아내는 주부 업(業)에 전념"이라고 하는 생각에 대해서 "찬성"·"굳이 고른다면 찬성"의 비율을 살펴보면 29세 이하에서는 47.9%, 30대에서는 41.7%, 40대에서는 39.8%로 나타나는데, 이는 젊을

은 가정에서 여성이 직장에 다니지 않으면 안 되는 상황이 발생하고 있
다. 생계를 위해 어쩔 수 없이 시간제 노동에 임하는 주부에게 '전업 주부'
는 동경의 대상이 되고 있다. 여기에서 다시 '전업 주부'가 하나의 이상형
으로 등장하고 있는 것 같다.

〈남녀고용기회균등법〉은 1999년, 2007년에 개정되어, 1992년의
〈육아휴업법〉 시행(1999년 〈육아 · 개호휴업법〉 시행, 2005년, 2010년 개
정 시행), 2003년의 〈차세대육성지원추진법〉 시행 등 법적 정비도 진행
되어, 결혼, 출산을 경험한 여성이 계속해서 근무할 수 있는 조건은 지속
적으로 정비되어 왔다. 최근에는 기업이 일과 삶의 조화를 도모하려 노
력하는 모습도 많이 보인다. 하지만 여전히 여성이 가정을 담당해야 한
다는 의식이 뿌리 깊게 존재하고 있어, 쉽게 변화하지는 않을 것으로 생
각된다. 이러한 사실은 역사적으로 볼 때 분명하다.

수록 전업주부 지향이 강해지고 있다는 사실을 보여준다.

참고문헌

서장: 일본 경제와 노사관계의 전개

전병유·신동균·신관호·이성균·남기곤(2007), 『노동시장 양극화의 경제적 분석』, 한국노동연구원, 2007.

有田富美子·中村隆英, 「戦後兵器産業の再建過程」, 中村隆英·宮崎正康編, 『日本経済: その成長と構造』, 東洋経済新報社, 2003.

石田光男, 『賃金の社会科学』, 中央経済社, 1990.

市原博, 『炭鉱の労働社会史』, 多賀出版, 1997.

林采成, 「景気循環と景気対策」, 武田晴人編, 『高度成長期の日本経済: 高成長実現の条件は何か』, 有斐閣, 2011.

禹宗杬, 『「身分の取引」と日本の雇用慣行: 国鉄の事例分析』, 日本経済評論社, 2003.

遠藤公嗣, 『日本占領と労資関係政策の成立』, 東京大学出版会, 1989.

大石嘉一郎, 「戦後改革と日本資本主義の構造変化」, 東京大学社会科学研究所編, 『戦後改革 1 課題と視角』東京大学出版会, 1974.

大内力, 「戦後改革と国家独占資本主義」, 東京大学社会科学研究所編, 『戦後改革 1 課題と視角』, 東京大学出版会, 1974.

岡崎哲二·奥野正寛, 「現代日本の経済システムとその歴史的源流」, 『現代日本経済システムの源流』, 日本経済新聞社, 1993.

金榮愨·深尾京司·牧野達治 「『失われた20年』の構造的原因」, RIETI, Policy Discussion Paper Series 10-P-004, 2010.

協調會, 『労働組合及労働争議統計』, 1935.

協調會調査部, 『我國に於ける労資調整機関の変遷』, 1940.

栗田健, 『日本の労働社会』東京大学出版会, 1994.

小池和男, 『仕事の経済学』, 東洋経済新報社, 1999.

厚生省労務調整課(各年度版), 『職業紹介統計』.

厚生労働省(各年度版), 『労働統計要覧』.

佐口和郎, 『日本における産業民主主義の前提』, 東京大学出版会, 1991.

産業福利協會, 『我國に於ける勞動委員會の概況』, 1934.

職業紹介事業協會(各月号), 『職業時報』.

総務省統計研修所(各年度版), 『日本の統計』総務省統計局.

武田晴人, 『日本経済の事件簿』, 日本経済評論社, 2009.

竹前栄治, 『戦後労働改革』, 東京大学出版会, 1982.

橘木俊詔, 『格差社会』, 岩波書店, 2006.

中央職業紹介事務局(各年度版), 『職業紹介年報』.

東京大学社会科学研究所編, 『経済危機の教訓』, 東京大学出版会, 2005 .

中嶋智之, 「DSGEモデルを用いた資産価格の分析」, 橘木俊詔編, 『日本経済の
　　　　実証分析: 失われた10年を乗り超えて』, 東洋経済新報社, 2007.

中野麻美, 『労働ダンピング: 雇用の多様化の果てに』岩波書店, 2006.

中村圭介, 『日本の職場と生産システム』, 東京大学出版会, 1996.

中村隆英, 『日本経済: その成長と構造』, 東京大学出版会, 1993.

西成田豊, 『近代日本労資関係史の研究』, 東京大学出版会, 1988.

仁田道夫, 『日本の労働者参加』, 東京大学出版会, 1998.

日本統計協会, 『日本長期統計総覧』, 2006.

橋本寿朗, 『大恐慌期の日本資本主義』, 東京大学出版会, 1984.

橋本寿朗編, 『日本企業システムの戦後史』, 東京大学出版会, 1996.

久本憲夫, 『企業内労使関係と人材形成』, 有斐閣, 1998.

兵藤釗, 『日本における労資関係の展開』, 東京大学出版会, 1971.

兵藤釗, 『労働の戦後史』上・下, 東京大学出版会, 1997.

南亮進・尾高煌之助, 『賃金変動:数量的接近』, 岩波書店, 1972.

三宅明正, 「戦後改革期の労資関係」『土地制度史学』, No.131, 1991.

村山重忠, 『日本勞働争議史』, 霞ヶ関書房, 1946.

安田浩, 『大正デモクラシー史論』, 校倉書房, 1994.

山垣真浩, 「日本型《労働組合主義》運動とその帰結」, 『大原社会問題研究所雑
　　　　誌』, No.498, 2000.

山本潔, 『東芝争議(1949年)』, 御茶の水書房, 1983.

労働省(各年度版), 『労使関係コミュニケーション調査結果報告書』.

NHKスペシャル「ワーキングプア」取材班編, 『ワーキングプア』, ポプラ社,
　　　　2010.

池田信,「工場委員會と社會政策構想」, 埼玉大学経済研究室, 『社會科学論集』
          44. 1979.12.

市原博, 『炭鉱の労働社会史』, 多賀出版, 1997.

大河内一男,「「主従の情誼」と勞動組合運動」, 『大河内一男集　第3巻 労使関係
          論』, 勞動旬報社, 1980a.

________,「日本的労使関係の原理」, 『大河内一男集　第3巻　労使関係論』. 勞
          動旬報社, 1980b.

協調會, 『我國に於ける勞動委員會制度』, 1926.

______. 『最近の社會運動』, 1932.

______. 『勞動組合及勞動争議統計』, 1935.

______調査部., 『我國に於ける労資調整機関の変遷』, 1940.

小林端五, 『日本勞動組合運動史』, 青木書店, 1986.

財團法人産業福利教會, 『我國に於ける勞動委員會の概況』,1934.

坂井隆治,「昭和11年社會運動概観」, 『社會政策時報』, 1937.2.

桜林誠. 『産業報國會の組織と機能』, 御茶の水書房, 1985.

佐々木聡. 『科学的管理法の日本的展開』, 有斐閣, 1998.

産業福利協會,「我國に於ける勞動委員會の概況」, 1934.

社會局勞動部,「我國に於ける勞動委員會の概況」, 1937.

鈴木文治, 『勞動運動二十年』, 1931.

添田敬一郎,「勞動委員會法制定の必要」, 『社會政策時報』,1921.11.

鐵道大臣官房現業調査課, 『全國各種工業委員會諸規約竝制度一覧』, 1921年12
          月10日現在.

__________________,「我國官業勞動者の組合状況」, 『現業調査資料』2-9,
          1928.9.

__________________,「我國における勞動委員會の概況」, 『現業調査資料』
          8-2, 1934.3.25.

__________________,「國有鐵道部内勞動問題日誌」(國鉄勞動問題資料第
          一編), 1942.9.1.

内藤義弘,「昭和八年に於ける勞動組合運動」, 『社會政策時報』, 1934.2.

西成田豊 ,「両大戦間期勞動組合法案の史的考察」, 一橋大学研究年報.『経済学研究』28, 1987.4.

＿＿＿＿＿＿＿,『近代日本労資関係史の研究』, 東京大学出版會, 1988.

西実,「勞動争議の概観」, 協調會,『社會政策時報』, 1937.3.

＿＿＿,「勞動争議の概観」, 協調會,『社會政策時報』, 1939.3.

＿＿＿,「勞動争議の概観」, 協調會,『社會政策時報』, 1940.3.

日本経営者團体連盟事務局,『わが國における工場委員會制度の沿革』, 1954.

日本工業倶楽部調査課,『本邦に於ける勞動團体の一般的状況』, 1930.

＿＿＿＿＿＿＿＿＿五十年史編纂委員會編.,『日本工業倶楽部五十年史』, 1972.

日本統計協會編集,『日本長期統計総覧』, 1987

板東慧.「職場における勞動組合と工場委員會機能」, 前川嘉一編,『労資関係の論理と展開』, 有斐閣, 1975.

兵藤釗,『日本における労資関係の展開』, 東京大學大出版會, 1980.

福本茂雄,「総同盟大阪連合會と勞動委員會：住友工場協議會の成立と展開 1、2」, 大阪府立大学歴史研究會,『大阪百年史紀要』2号. 3号, 大阪府史編集資料室, 1966.

三輪泰史,『日本ファシズムと勞動運動』, 校倉書房, 1988.

村山重忠,『日本勞動争議史』, 霞ヶ関書房, 1946.

勞動運動史料刊行委員會,『日本勞動運動史料 第10巻』, 勞動統計編, 1975.

勞動事情調査所編,『最近の我國社會運動』, 勞動事情調査所出版部, 1932.

吉野俊彦.「円の歴史」, 至誠堂, 1955.

조성재 외,『공공부문 정원관리의 한일비교』, 한국노동연구원, 2009.

昭和電工株式会社,『昭和電工五十年史』, 1977.

＿＿＿＿＿＿＿＿＿, 石川一郎文書, N9-2(昭和電工企業合理化 1947-49).

昭和電工株式会社川崎工場(未詳), 川崎工場史(稿).

昭和電工川崎工場労働組合,『組合五年史』, 1952.

＿＿＿＿＿＿＿＿＿＿＿,『組合十年史』, 1956.

＿＿＿＿＿＿＿＿＿＿＿,『組合三十年史』, 1977.

昭和電工川崎工場労働組合労働組合横浜支部,『組合十五年史』, 1962.

大河内一男編,『資料・戦後二十年史: 第4巻(労働)』, 日本評論社, 1966.

禹棕杬,『‘身分の取引’と日本の雇用慣行』, 日本経済評論社, 2003.

大蔵省理財局経済課編纂,『会社経理応急措置法・企業再建整備法―施行令: 施行
　　　規則, 省令, 告示―』, 大蔵財務協会, 1947.

神代和欣・連合総合生活開発研究所編,『戦後50年 産業・雇用・労働史』, 日本労
　　　働研究機構, 19950

経営研究所編,『企業整備の理論と実際』, 中文館書店, 1948.

経営史編集室,『戦後経営史』, 日本生産性本部, 1965.

経営者団体連合会,『経営者団体連合会の意見』(1947),『経営者』, 1948年 2月号.

経済安定本部, 経済現況報告, 1950년도판.

経済団体連合会化学工業聯盟,『戦補打切と企業再建: 関係法令解説』, 1946.

経済同友会,「国家補償処理に関する声明」,『経済同友会五年史』, 1951.

古賀専,『企業整備と労働組合』, (経営研究所編, 1948, 企業整備の理論と実際, 中
　　　文館書店), 1947.

産別記念会編,『産別会議・全労連機関誌: 労働戦線・労働新聞・労働者』, 労働旬
　　　報社, 1973.

戦後経済政策資料研究会編,『経済安定本部戦後経済政策資料』, 第38巻, 労働(1),
　　　日本経済評論社, 1996.

宣在源,「日本の雇用制度: 復興期(1945-49)の雇用調整」(東京大学経済学会), 経済
　　　学論集, 第64巻 第1号, 1998.

通商産業省編,『商工政策史』, 第二巻、総説(下), 商工政策史刊行会, 1985.

中村隆英,『日本経済: その成長と構造』, 第3版, 東京大学出版会, 1993.

永田正臣,『経済団体発展史』, 小藤書店, 1956.

National Center史研究会編,『日本のナショナルセンター: 産別会議・総評・同
　　　盟・統一労組懇の歴史と展望』, 学習の友社, 1985.

日本産業協議会産業部,「整理人員調査について」,『日産協月報』, 1947. 2.

日本産業協議会理財部,「軍需補償打切りと企業の整備再建: 企業再建整備方策
　　　の決定まで」,『日産協月報』, 1946年 8・9月 合併号.

二村一夫,「戦後社会の起点における労働組合運動」, 坂野潤治他編,『シリーズ
　　　日本近現代史　構造と変動』, 第4巻,『戦後改革と現代社会の形成, 岩波
　　　書店』, 1994.

林健久・今井勝人編,『日本財政要覧』, 第4版, 東京大学出版会, 1994.

法政大学大原社会問題研究所編,『社会・労働運動大年表』, 新版, 労働旬報社,
　　　1995.

松尾弘・山岡喜久男編,『戦後日本経済政策史年表』, 増補版, 勁草書房, 1969.

三宅明正,「東芝争議(1945-46年): 敗戦と従業員組合の生成」, 労働争議史研究会
　　　編,『日本の労働争議(1945-80年)』, 東京大学出版会, 1991.

宮崎正康,「企業財務」, 大蔵省財政史室編,『昭和財政史: 終戦から講和まで』, 第
　　　13巻, 東洋経済新報社, 1983.

歴史学研究会編,『日本史史料』, 第5巻, 現代, 岩波書店, 1997.

『労働戦線』, (産別記念会編, 1973,『産別会議・全労連機関誌―労働戦線・労働新
　　　聞・労働者―』, 労働旬報社, 1947年 9月 9日).

김삼수,「노동조합 조직체계와 교섭구조의 변화」, 임상훈 외,『한국형 노사관
　　　계 모델』(Ⅰ), 한국노동연구원, 2005.

______,「일본」, 전명숙 외,『복수노조 환경하의 노사관계 연구』, 한국노동연
　　　구원, 2006.

______,「일본기업의 최근 임금교섭 동향」, 한국경총,『임금연구』, 1994년 봄
　　　호.

石田英夫,『日本の労使関係と賃金決定』, 東洋経済新報社, 1976.

遠藤公嗣,『日本占領と労資關係政策の成立』, 東京大學出版會, 1989.

上田修,「三菱長崎造船の『組合分裂』(1965年)」, 労働争議史研究会編,『日本の
　　　労働争議(1945－80年)』, 東京大学出版会, 1991.

上田眞士,「労働・労使関係政策の展開－規制と誘導の体系」, 玉井金吾・久本
　　　憲夫編,『高度成長の中の社会政策－日本における労働家族システム
　　　の誕生』, ミネルヴァ書房, 2003.

上井喜彦,『労働組合の職場規制』, 東京大学出版会, 1993.

河西宏祐,「「電産二七年爭議」論」, 清水愼三編著,『戰後勞動組合運動史論』, 日
　　　本評論社, 1982.

木元進一郎,『労働組合の「経営参加」』(新訂増補), 森山書店(초판은 1964년), 1987.

久米郁男,『日本型労使関係の成功』, 有斐閣, 1998.

栗田健,『日本の労働社会』, 東京大學出版會, 1994.

小池和男,『仕事の経済学』, 東洋經濟新報社, 1989.

春闘研究会編,『春闘かわるのか』, エイデル研究所, 1989.

白井泰四郎・花見忠・神代和欣,『勞動組合讀本(第2版)』, 東洋經濟新報社, 1986.

鈴木玲,『協調的労働運動の政治的側面－鉄鋼労働運動における少数派と組合
　　　政治』, 1998.

______,「戰後日本労働運動の政策志向の分析」,『生活経済政策』, No.543, 2007.

田端博邦,「現代日本社會と勞使關係」, 東京大學社會科學研究所編,『現代日本
　　　社會5, 構造』, 東京大學出版會, 1991.

東京大學社會科學研究所編,『戰後勞動組合の實態』, 東京大學出版會, 1950.

南雲智映,「使用者団体の活動」, 久本憲夫編,『労使コミュニケーション』, ミ
　　　ネルヴァ書房, 2009.

中窪裕也 他,『労働法の世界』, 有斐閣, 1994.

仁田道夫, 「労働組合」, 仁田道夫・久本憲夫編, 『日本的雇用システム, ナカニ
　　　　シヤ出版』, 2008.
二村一夫, 「日本労使関係の歴史的特質」, 『社会政策学会年報 第32集: 日本の労
　　　　使関係の特質』, 1987.
久本憲夫, 『企業内労使関係と人材形成』, 有斐閣, 1998.
平井陽一, 「三池争議とは」, 『大原社会問題研究所雑誌』No. 631, 2011.
濱田桂一郎, 『新しい労働社会ー新しい雇用システムの再構築へ』, 岩波新書,
　　　　2009.
兵頭淳史, 「企業内労働組合体制の成立」, 『地域と労働運動』第124号, 2011.
兵藤ツトム, 『労働の戦後史(上)』, 東京大学出版会, 1997.
　　　　　, 「職場の労使関係と労働組合」, 清水慎三編著, 『戦後労働組合運動
　　　　史論』, 日本評論社, 1982.
兵藤ツトム・下山房雄, 「「日本的労資関係」と労働運動」, 『講座今日の日本資本
　　　　主義 4: 日本資本主義の支配構造』, 大月書店, 1982.
宮田義二, 『組合ざっくばらん』, 東洋経済新報社, 1982.
松崎義, 「鉄鋼争議(1957,59年)」, 労働争議史研究会編, 『日本の労働争議(1945-80
　　　　年)』, 東京大学出版会, 1991.
森建資, 「労使関係の現在ー制度を取り巻く国家と慣行ー」, 『日本労働研究雑誌』
　　　　477号, 2000.

김삼수, 「고도성장기 일본의 노사관계 : 기업별조합체제의 성립을 중심으로」, 『韓日経商論集』, 제55권, 2012.

정진성, 「무역자유화와 일본의 종합 에너지정책」, 박태호·박철희 엮음, 『동아시아의 로칼리즘, 내셔널리즘, 리저널리즘』, 인간사랑, 2007.

__________, 「전후 부흥기 일본의 석탄산업 : 석탄통제 철폐 이후의 시기를 중심으로」, 한국방송통신대학교 『논문집』 48집, 2009.

市原博, 『炭鉱の労働社会史』, 多賀出版, 1997.

神代和欣·連合總合生活開發研究所編, 『戦後50年 産業·雇用·労働史』, 日本労働研究機構, 1995.

河西宏祐, 企業別組合の理論, 『もう一つの日本的労使関係』, 日本評論社, 1989.

小堀 聡, 『日本のエネルギー革命―資源小国の近現代』, 名古屋大学出版会, 2010.

__________, 「エネルギー供給体制と需要構造」, 武田晴人編, 『高度成長期の日本経済』, 有斐閣, 2011.

雇用促進事業団, 『雇用促進事業団十年史』, 雇用促進事業団, 1971.

産炭地域振興事業団, 『産炭地域振興事業団十年史』, 産炭地域振興事業団, 1972.

島西智輝, 『日本石炭産業の戦後史―市場構造変化と企業行動』, 慶応義塾大学出版会, 2011.

清水慎三, 「三井三池争議」, 藤田若雄·塩田庄兵衛, 『戦後日本の労働争議』, お茶の水書房, 1963.

__________, 「三池争議小論―八〇年代からの再論」, 清水慎三編, 『戦後労働組合運動史論』, 日本評論社, 1982.

__________編, 『戦後労働組合運動史論』, 日本評論社, 1982.

石炭経済研究所, 『石炭鉱業の諸問題―新石炭政策の背景』, 石炭経済研究所, 1962.

石炭鉱業合理化事業団編, 『団史』(整備·近代化編), 石炭鉱業合理化事業団, 1976.

石炭鉱業合理化政策史研究会, 『石炭鉱業合理化政策史』, 石炭鉱業合理化政策史研究会, 1990.

大同通信社, 『石炭年鑑』(各年版)、大同通信社.

丁振聲, 「高度経済成長期の石炭産業調整政策―生産維持と雇用調整を中心として」, 『社会経済史学』, 第72巻 第2号, 2006.

通商産業省編, 『通商産業政策史』第10巻, 東京: 通商産業調査會, 1990.

________編, 『通商産業政策史』第7卷, 東京: 通商産業調査會, 1991.

通商産業省石炭局編, 『高炭価問題と合理化の方向』, 石炭経済研究所, 1953.

戸塚秀夫・兵藤釗編, 『地域社会と労働組合』, 日本経済評論社, 1995.

原彬久, 『戦後史のなかの日本社会党』, 中央公論社, 2000.

兵藤釗, 『労働の戦後史』(上), 東京大学出版会, 1997.

______, 「職場の労使関係と労働組合」, 清水慎三編, 『戦後労働組合運動史論』,
　　　　 日本評論社, 1982.

平井陽一, 『三池争議―戦後労働運動の分水嶺』, ミネルヴァ書房, 2000.

______, 「三井三池争議(1960年)―人員整理の「質」と三鉱連離脱問題」, 労働争
　　　　 議史研究会編, 『日本の労働争議(1945-80年)』, 東京大学出版会, 1991.

藤田若雄・塩田庄兵衛, 『戦後日本の労働争議』, お茶の水書房, 1963.

日本石炭鉱業経営者協議会篇, 『石炭労働年鑑』(各年版), 日本石炭鉱業経営者協
　　　　 議会.

日本炭鉱労働組合篇, 『炭労十年史』, 日本炭鉱労働組合, 1964.

________________, 『炭労四十年史』, 日本炭鉱労働組合, 1991.

三池炭鉱労働組合, 『みいけ20年』, 労働旬報社, 1967.

三井鉱山株式会社, 『資料 三池争議』, 三井鉱山株式会社, 1963.

労働省編, 『資料労働運動史』(各年版), 労務行政研究所.

労働争議史研究会編, 『日本の労働争議(1945―80年)』, 東京大学出版会, 1991.

김삼수, 「일본에서의 안정적 노사관계의 성립」, 『한일경상논집』 제11호, 1995, 14~15.

石井徹, 「1980年代の日本的労使関係の特質」, 『つくば国際大学研究紀要』 No.2, 1996, 129.

石田光男, 『賃金の社会科学』, 中央経済社, 1990.

神代 和欣·連合綜合生活開発研究所 編, 『戦後50年産業·雇用·労働史』, 1995.

乾 彰夫, 『日本の教育と企業社会』, 大月書店, 1990.

河西宏祐, 「戦後労使関係史研究の方法」, 『日本労働社会学会年報(第1号)』, 1990, 25~27.

木元進一朗, 『動揺する日本的労使関係』, 新日本出版社, 1995.

________, 「職能給·職能資格制度と人事考課」, 『経営論集』 43巻3·4合併号, 明治大学, 1996, 5.

木元進一朗, 『能力主義と人事考課』, 新日本出版社, 1998.

栗田 健, 『日本の労働社会』, 東京大学出版会, 1994.

黒田兼一, 「戦後日本の労務管理と競争的職場秩序」, 『世界経済構造の変動と企業経営の課題：経営学論集第2集』, 千倉書房, 1992, 258.

厚生労働省 労働組合基礎調査 各年度.

厚生労働省 労働争議統計調査 各年度.

幸田浩文, 「戦後わが国にみる賃金体系合理化の史的展開(4)」, 『経営論集』 東洋大学 第63号, 2004, 37.

高木郁朗, 『労働経済と労使関係』, 第一書林, 2002.

高橋洸·小松隆二·二神恭一, 『日本労務管理史』, 中央経済社, 1998.

田端博邦, 「現代日本社会と労使関係」, 『現代日本社会5、構造』, 東京大学社会科学研究所編, 東京大学出版会, 1991.

戸木田 嘉久, 「戦後日本資本主義の蓄積過程と搾取緒形態の展開」, 『日本資本主義と労働者階級』, 1987.

杉山直, 「職能資格制度と人事·賃金制度の今後-日経連政策を中心に して-」, 『中京経営研究』 第12巻 第2号, 2003, 144.

鈴木良治, 『日本的生産システムと企業社会』, 北海道大学図書刊行会, 2001.

永山武夫, 『労働経済-日本的経営と労使関係』, ミネルヴァ書房, 1992.

新川敏光, 「もう一つの五十五年体制」, 『北大法学論集』 47巻 第1号, 1996, 16, 27.

西成田　豊,「日本的労使関係の史的展開(下)」,『一橋論集』第114巻 第6号, 1995, 26.

日経連,『賃金問題研究会員会報告』, 日経連能力主義管理研究会報告(1969),『能力
　　　主義管理-その理論と実践-』, 日経連広報部, 1997.

日本労働研究機構 編,『労働組合』, 友人社, 2001.

猪木武徳樋口善雄 編,『日本的雇用システムと労働市場』, 日本経済新聞社, 1995.

長谷川広,「戦後日本の労務管理の歩みと特徴-日本的労務管理のアメリカ化を
　　　めぐって-」,『名城論叢』第3巻 第4号: 2003, 3.

原田実・安井恒則・黒田謙一,『新・日本的経営と労務管理』, ミネルヴァ書房,
　　　2000.

久谷與四郎,「春闘の意味と役割、今後の課題」,『日本労働研究雑誌』No.597,
　　　2010, 84, 89쪽.

兵藤釗,『労働の戦後史(上)』, 東京大学出版会, 1997a.

＿＿＿,『労働の戦後史(下)』, 東京大学出版会, 1997b.

兵藤釗・下山房雄,「日本的労使関係と労働運動」,『講座 今日の日本資本主義
　　　4：日本資本主義の支配構造』, 大月書店, 1982.

福田泰雄,「日本的経営と労務管理」,『一橋大学研究年報　経済学研究』39,
　　　1998, 63, 82.

青山茂樹,「日本的経営の再編と日本的労使関係」,『日本的経営の変遷と労使
　　　関係』, 牧野富夫外, 新日本出版社, 1998.

松本正徳,『日本的経営と合理化』, 中央大学出版部, 1985.

三井逸友 編,『日本的生産システムの評価と展望』, ミネルヴァ書房, 1999.

山田 孝,「危機への巨大企業と政府の対応」,『日本資本主義の危機の構造』, 大
　　　月書店, 1981.

渡辺治,『豊かな社会日本の構造』, 労働旬報社, 1990.

石田光男, 『仕事の社会科学―労働研究のフロンティア―』, 京都: ミネルヴァ書房, 2003.

石田光男・富田義典・三谷直紀, 『日本自動車企業の仕事・管理・労使関係: 競争力を維持する組織原理』, 東京: 中央経済社, 2009.

伊藤正晴, 「DIR資本市場分析レポート)銀行を中心に、株式持ち合いの解消が進展―株式持ち合い構造の推計: 2010年版―」, 大和総研, 2010年11月.

禹宗杬, 『「身分の取引」と日本の雇用慣行―国鉄の事例分析―』, 東京: 日本経済評論社, 2003.

______, 「日本の労働者にとっての会社―『身分』と『保障』を中心に―」, 『歴史と経済』, 第51第3号, 2009年4月, 3-13.

______, 「人事労務管理の変容―自動車3社の事例を中心に―」, 橘川武郎・久保文克編著『(講座日本経営史第6巻)グローバル化と日本型企業システムの変容: 1985~2008』, 京都: ミネルヴァ書房, 2010, 157-197쪽.

______, 「雇用政策の再構築に向けて」, 埋橋孝文・連合総合生活開発研究所編, 『連帯と参加のセーフティネット―ディーセントな社会への提言―』, 京都: ミネルヴァ書房, 2010, 45-76.

______, 「福祉社会の変貌と労働組合」, 『社会政策』2巻1号, 2010年6月, 5-16.

梅崎修・南雲智映, 「(特集: 企業別労働組合の現在と未来)交渉内容別に見た労使協議制度の運用とその効果―『問題探索型』労使協議制の分析」, 『日本労働研究雑誌』第591号, 2009年10月, 25-40.

大竹文雄, 『日本の不平等―格差社会の幻想と未来―』, 東京: 日本経済新聞社, 2005.

金井郁, 「非正規労働者の処遇改善と企業別組合の取り組み―ジェンダーへのインパクトに着目して―」, 『大原社会問題研究所雑誌』633号, 2011年7月, 1-19.

カルロスゴーン・フィリップリエス, 『カルロス・ゴーン経営を語る』, 高野優訳, 東京: 日本経済新聞社, 2005.

厚生労働省, 「労働組合基礎調査」, 各年.

__________, 「平成19年就業形態の多様化に関する総合実態調査」, 2008

__________, 「平成20年所得再分配調査結果の概要」, 2009.

__________, 「平成21年労使コミュニケーション調査結果の概況」, 2010.

__________, 「第1回非正規雇用のビジョンに関する懇談会」, 2011.

__________, 「平成22年労働組合活動実態調査結果の概況」, 2011.

__________, 「平成22年度福祉行政報告例の概況」, 2011.

__________, 「平成22年労働争議統計調査の概況」, 2011.

__________, 「平成23年賃金構造基本統計調査(全国)結果の概要」, 2012

国税庁, 「平成22年分民間給与実態統計調査結果について」, 2011.

佐藤俊樹, 『不平等社会日本—さよなら総中流—』, 東京：中央公論新社, 2000.

証券取引所, 「平成22年度株式分布状況調査の調査結果について」, 2013.

総務省, 「労働力調査(詳細集計)平成23年平均(速報)結果」, 2012.

高須裕彦, 「労働組合運動の新展開—社会運動ユニオニズムの可能性・日米を比較して—」, 『社会政策』2巻1号, 2010年6月, 51-63.

橘木俊詔・浦川邦夫, 『日本の貧困研究』, 東京：東京大学出版会, 2006.

調査部, 「失われた10年・春闘はどう変貌したか—失われたもの、動揺しているもの、生まれたもの」, 『ビジネス・レーバー・トレンド』, 2004, 2-7쪽.

東京大学社会科学研究所編, 『「失われた10年」を超えて　経済危機の教訓』, 東京：東京大学出版会, 2005.

富田義典, 「企業別組合の基本的機能」, 『社会政策』2巻1号, 2010年6月, 17-26쪽.

内閣府, 『平成23年度年次経済財政報告(経済財政政策担当大臣報告)—日本経済の本質的な力を高める—』, 2011, 133-134.

中村圭介・石田光男編, 『ホワイトカラーの仕事と成果—人事管理のフロンティアー』, 東京:東洋経済新報社, 2005.

中村圭介著・連合総合生活開発研究所編, 『壁を壊す』, 東京：教育文化協会, 2009.

二村一夫, 「日本労使関係の歴史的特質」, 社会政策学会編『(社会政策学会年報第31集)日本の労使関係の特質』, 東京：御茶の水書房, 1987, 77-95쪽.

橋元秀一, 「企業別組合における非正規従業員の組織化事例の示すこと」, 『日本労働研究雑誌』, 591号, 2009年10月, 41-50.

湯浅誠, 『反貧困—「すべり台社会」からの脱出—』, 東京：岩波書店, 2008.

労働政策研究・研修機構, 『(研究報告書No.33)変貌する人材マネジメントとガバナンス・経営戦略』, 東京:労働政策研究・研修機構, 2005.

__________________, 『(労働政策研究報告書No.74)企業のコーポレートガバナンス・CSRと人事戦略に関する調査研究報告書』, 東京：労働政策研究・研修機構, 2007.

Jacoby, Sanford M., 「(特集—コーポレートガバナンスと人事戦略)コーポレートガバナンスと雇用関係の日米比較」, 『ビジネス・レーバー・トレンド』, 2007年4月, 3-8.

Krugman, Paul., *The Conscience of a Liberal*, New York: W. W. Norton & Co., 2007

OECD, *Growing Unequal? Income Distribution and Poverty in OECD Countries*, 2008.

Reich, Robert B., *Aftershock: The Next Economy And America's Future*, New York: AlfredA. Knopf., 2010.

Stiglitz, Joseph E., *Making Globalization Work*, New York: W.W. Norton, 2006.

A社, 「有価証券報告書」, 各年度.

A社労組, 「大会議案書」, 各年.

A社労組, 「第41回大会議案書」, 2005.

A社労組, 「第42回大会議案書」, 2006.

A社労組, 「第43回大会議案書」, 2007.

A社労組, 「第44回大会議案書」, 2008.

A社労組, 「第46回大会議案書」, 2010.

JAMA(日本自動車工業会): http://jamaserv.jama.or.jp/newdb/index.html.

自動車総連, 「第78回中央委員会議案書」, 2011.

全日本金属産業労働組合協議会, 「IMF-JC加盟各組合労働諸条件一覧」, 各年度.

連合, 「定期大会議案書」, 各年度.

連合, 「第11回定期大会議案書」, 2009.

連合, 「賃金レポート2009」(http://www.jtuc-rengo.or.jp/roudou/shuntou/2009/shuukei_bunseki/23chingin_5-9.html)

榎一江, 「「完全雇用」政策と労働市場の変容」, 武田晴人 編, 『高度成長期の日本経済——高成長実現の条件は何か』, 有斐閣, 2011.

______, 「戦間期の繊維産業と労働市場の変容」, 『大原社会問題研究所雑誌』635・636, 2011.

______, 「近代日本の企業福祉と労働者家族」, 法政大学大原社会問題研究所・原伸子 編, 『福祉国家と家族』, 法政大学出版局, 2012.

遠藤公嗣, 「雇用の非正規化と労働市場規制」, 大沢真理 編, 『ジェンダー社会科学の可能性2承認と包摂へ: 労働と生活の保障』, 岩波書店, 2011.

大槻奈巳「扉を開いた女性たち: 女性正規雇用者の軌跡」, 大門正克 外 編, 『成長と冷戦への問い(高度成長の時代3)』, 大月書店, 2011.

川口章, 『ジェンダー経済格差: なぜ格差が生まれるのか、克服の手がかりはどこにあるのか』, 勁草書房, 2008.

木本喜美子, 『家族・ジェンダー・企業社会: ジェンダー・アプローチの模索』, ミネルヴァ書房, 1995.

木島昇, 「女子の結婚退職制とたたかう住友セメント労働組合」, 『労働法律旬報』574, 1956.

小西國友, 「結婚退職」, 『ジュリスト』500, 1972.3.

塩沢美代子, 『結婚退職後の私たち: 製糸労働者のその後』, 岩波書店, 1971.

塩沢美代子, 「結婚退職後の「婦人労働者」」, 『労働経済旬報』852, 1972.

塩田咲子, 「高度経済成長期の技術革新と女子労働の変化」, 中村政則 編, 『技術革新と女子労働』, 東京大学出版会, 1985.

菅山真次, 『「就社」社会の誕生: ホワイトカラーからブルーカラーへ』, 名古屋大学出版会, 2011.

竹内敬子, 「労働力の女性化と企業」, 『成蹊大学文学部紀要』28, 1992.

寺村絵里子, 「日本における女性労働者への退職慣行: 歴史とその変容」, 『国際短期大学紀要』24, 2009.

野村正實, 『日本的雇用慣行——全体像構築の試み』, ミネルヴァ書房, 2007.

萩原久美子, 『「育児休職」協約の成立: 高度成長期と家族的責任』, 勁草書房, 2008.

橋本寿朗, 『戦後日本経済の成長構造: 企業システムと産業政策の分析』, 有斐閣, 2001.

婦人少年局婦人労働課, 「男女別定年制・結婚退職制改善状況について」, 『労働

　　　時報』7月号, 1980.
法政大学大原社会問題研究所,『日本労働年鑑』第47集, 労働旬報社, 1978.
法政大学大原社会問題研究所,『日本労働年鑑』第36集, 1966.
法政大学大原社会問題研究所 編,「特集: 現代日本の女性労働」,『日本労働年鑑』
　　　第63集, 労働旬報社, 1993.
増田仁,「「高度成長期」における女子「労働者」の産出過程: 高校商業教育にお
　　　けるカリキュラムの諸実践をめぐって」,『ソシオロジ』48(1), 2003.
宮下さおり・木本喜美子,「女性労働者の1960年代:「働き続ける」ことと「家庭」
　　　とのせめぎあい」, 大門正克 外 編,『復興と離陸(高度成長の時代1)』,
　　　大月書店, 2011.

Janet Hunter, *Women and the Labour Market in Japan's Industrialising Economy:
The Textile Industry before the Pacific War*, Routledge, 2003.

Abstract

Ⅰ. Development of Japanese Labor-Management Relations and Labor Relations Commission System in the Prewar Period

Chaisung Lim

This paper analyzes the organization and operation of labor relations commissions and sheds light on the process in which Japanese labor-management relations were transformed during the 1920s and the 1930s. In the early 1920s, the number of labor relations commissions was increased due to government policies as well as collective movements for bargaining right acquisition by the labor unions. Labor relations commissions were concentrated in Kansai area, nearby state-owned businesses and large-scale firms. Though labor relations commissions were usually advisory organs, working conditions such as salary were also discussed in the conferences. There was also a movement for the enactment of laws related to labor relations commissions. However, it was not realized because of the opposition by proprietors and the laborers. Even though the utility of labor relations commission was partly recognized in the 1920s, labor relations commission was the antipode of labor union. On the contrary, in the 1930s, because Labor Union Act was never enacted and labor movement in general took a rightward shift, the value of labor relations commissions was reconsidered by both labor and management sides. From the 1930s on, labor relations commissions began to focus mainly on big cities and private enterprises. To conclude, a labor relations commission played a key role in cooperative labor-management relations in the 1930s.

Keywords: Labor Relations Commission, Labor Union, Adversarial Labor-Management Relation, Cooperative Labor-Management Policy, Industrial Patriotic Movement

II. Restructuring Policy and Industrial Relations
in the Immediate Postwar of Japan

Jaewon Sun

This paper examines how the rules and the method for the employment adjustment (*koyochosei*) were formed immediately after the end of the Second World War in Japan. We focused on the case of the Showadenko Company which clearly shows the strategy of personnel retrenchment (jininseiri). The results of examination are as follows:

First, the rules for an employment adjustment of the Showadenko Company had undoubtedly been established by 1949. Those rules were based on the 'work ability (*gyomunoryoku*),' which was determined by age, length of service, and work performance, and they needed to be accepted by employees. It is also important to pay attention to the fact that, in relation to the retirement age, the union understood 'near fifty' rule suggested by the management side. In 1949, the great transformation of the rules for employment adjustment of the Showadenko Company took place.

Second, the management of the Showadenko Company conducted the 'voluntary retirement (*jihatsutaishoku*)' and paid 'retirement allowance (*taishokukin*)' and 'extra-wage (*rinjikyuyokin*)' in order to alleviate the friction between the management and the employees. The management also made the promise to avoid repeated personnel retrenchment and engage in prior consultation before turnover. It is possible to observe the framework of Japan's employment adjustment method which is often argued to have been established after the high-performance period.

Keywords: restructuring policy, industrial relations, volunteer retirement, Showadenko Company

Ⅲ. Industrial Relations in Japan during the Period of High Economic Growth

Samsoo Kim

In the immediate aftermath of the WWII, labour relations in Japan was quite unstable and was even hostile. During this period, there were number of cases where even the management right was not thoroughly secured. It is during the period of economic high growth-from 1955 to 1973-when the industrial relations was drastically stabilized. A great number of large-scale and prolonged labour disputes occurred in this process of stabilization.

Enterprise-based union has been one of the distinct characteristics of Japanese industrial relations. This paper aims to clarify the formation process of 'stable and cooperative' industrial relations during the period of high economic growth. It investigates the formation process and functional characteristics of the post-war enterprise unionism which resulted directly from the collapse of 'the cross-enterprise industrial union movement' and labor struggles ('Shokuba-Toso') in the 1950's and the 60's. In particular, the functions of enterprise union and its changes are discussed under the theoretical framework which differentiates the concept of 'joint consultation' from 'collective bargaining'.

Keywords: enterprise unionism, industrial union movement, shopfloor struggle ('Shokuba-Toso'), Spring Offence, work council system('Keiei -Kyogikai-sei')

Ⅳ. The Labor Movement of Japanese Coal-Mining Industry
during the Energy Revolution
: A Case Study of Tanro's Struggle for Coal Policies

Jin—Sung Chung

Tanro, the largest and the most robust labor union in the Japanese coal-mining industry, fiercely resisted the radical rationalization of coal-mining companies during the Energy Revolution. Two separate labor struggles characterized this resistance. First, the *Miike* Dispute(1959~1960), the biggest labor dispute after WWII, set the stage for the Struggle for Coal Policies(*Seisaku-tenkan-touso*, 1960~1963). At the *Miike* Dispute, full-time employment was the most important issue, while at the Struggle for Coal Policies, protection from the competition with substitute energy, i.e. petroleum, as well as the support for unemployed miners and their communities were the central issues. In this way, the Struggle for Coal Policies was the first labor movement to acknowledge the decline of the industry. However, the Struggle for Coal Policies failed to protect the industry. Although the struggle resulted in some support for the unemployed miners and their communities, these changes unintentionally accelerated the retirement and outflow of miners to other industries, weakening the labor movement. The Struggle for Coal Policies focused on government negotiations and resulted in union stagnation, failing to maximize the incentives for laborers at the workplace.

Keywords: labor union, labor movement, *Tanro*, *Miike* Disbute, the Struggle for Coal Policies, coal mining industry, declining industry

Ⅴ. A Study on Unrest and Reorganization of the Japanese Industrial Relations during the Period of Low Economic Growth

Yangtae Kim

In general, Japanese industrial relations refers to the labor-management relations that is founded upon company-based labor unions, whose basic attitudes can be characterized as collaborationist. As its components, such relations assumes lifetime employment, a seniority system, and a house union system. It is often referred to as management leadership model, and the labor-management relations is characterized by the principle of union-management cooperation. The system was established in the mid-1960s during rapid economic growth period, after the laborers and management experienced a period of intense opposition during the 1950s.

However, the Japanese-style labor-management relations was forced to reorganize as the Japanese economy was hit by two oil shocks in the 1970s. The improvement measures implemented by private enterprises in order to overcome these oil crises had a direct influence.

I recognize that the first oil crisis in 1973 is an important turning point in Japanese management-labor relations, and this article re-examines the reorganization process at the time. Particularly, it is crucial to shed light comprehensively on the transformation process of the labor-management relations during this period, which, in some ways, enabled Japan's fast recovery from these economic crises. This paper attempts analyze the mechanism which embodied both sacrifices and economic accomplishments, and the consequences it has on Japan's economic system today.

Key Words: Lifetime Employment, Seniority Payment, Meritocracy Management, Cooperative Labor Union

VI. Globalization and Enterprise Unions
: The Paradox of 'Employees as an Important Stakeholder'

Jongwon Woo

In the age of globalization, the polarization has made rapid progress in Japan. This paper examines how the Japanese enterprise unions dealt with the impact of globalization, why the unions could not put a stop to the polarization, and what consequence of union behaviors to the unions themselves.

Japanese companies chose their strategy which did not encourage investment or innovation, but rather they reinforced cost-cutting measurements which, as a result, brought about the decrease of regular workers, the increase of irregular workers, and the desparity in earnings. The enterprise unions that comprised with important stakeholders of corporations tolerated this kind of behavior. However, the cost cutting strategy and the following practices of employment/compensation management, which impair the workshop communication and take workshops of time to carry out the Kaizen plan, might lead to the erosion of workshops' Kaisen-Power, as seen in the case study of A-Company.

The Paradox of 'employees as an important stakeholder' implies: It is not enough to blame the 'egoistic' behaviors of enterprise unions from the viewpoint of solidarity and justice. On the contrary, it is necessary to investigate the reality that such behaviors might weaken the Kaisen-Power of the workshops, the very base of an important stakeholder.

Key word : globalization, enterprise unions, employees as an important stakeholder, Kaizen Power of workshop.

Ⅶ. Japanese Employment Practices and Gender
: The Case of Post-Marriage Retirement of Women

Enoki Kazue

This paper examines the relationship between Japanese labor-management relations and gender by tracking the origin of the system of retirement after marriage. In Japan, female workforce appeared before World War Ⅱ, and has been advancing since. Thus, no system had ever imposed coercive retirement on married women. It was only when the modern lifestyle that politically sets up married women, or wives, as the primary worker within the household, and the common practice of limiting female employment to young and unmarried women became established. This practice continued during the post-war times, and it is still in practice even to this day.

The institutionalization of post-marriage retirement was implemented also because of the worsening of the labor market in terms of job opportunity during Japan's rapid economic growth period. The institutionalized practice can be seen as a result of the post-WWⅡ circumstances that sought the formation of a long-term employment system in order to secure full-time workforce. For companies that were equipped with a developing internal labor market, it was 'necessary' to exclude in advance those women who were deemed likely to retire early upon marriage. Accordingly, this system maintained its economic logic and persisted as an unwritten code in the workplace, notwithstanding the termination of its legal support.

Considering historical records, Japanese companies have consistently sought workers who could devote themselves exclusively to the production labor, without any consideration given to their familial responsibilities. It can be said that ideas of gender distinctions inherent in Japan's employment practices continue to persist in effect today in ways unseen.

Keyword : Female labor, post-marriage retirement, internal labor market, non-regular employment, gender.

141, 189, 205, 217, 223
기업 재건정비 정책   26, 80, 83, 89, 92, 95, 113
기업별 노동조합   29, 30, 35, 38, 60, 193, 199, 200, 222
기업별조합   25, 30, 38, 115, 119, 120, 122, 123, 125, 131, 135, 140, 143, 149, 199, 219, 222, 227, 231, 232, 240, 243, 244, 249, 250, 257, 265, 266
기업별조합 체제   116, 117
김삼수   30, 199
김양태   33

【ㄴ】

나카무라 케이스케   36
남녀고용기회균등법 215, 285, 292
노동 개혁   12, 23, 25, 201
노동운동   12, 17, 20, 24, 30, 33, 37, 45, 49, 63, 65, 74, 75, 76, 90, 92, 110, 117, 128, 140, 143, 147, 151, 168, 170, 186, 188, 190, 194, 195, 199, 200, 217, 222, 247, 250, 275
노동의 유연화 214, 215, 216, 223
노동쟁의   16, 17, 20, 30, 32

37, 41, 46, 49, 50, 53, 54, 61, 64, 72, 73, 89, 121, 149, 158, 166, 196, 197, 204, 242
노동쟁의조정법   50, 67
노동조합 11, 15, 17, 18, 22, 26, 28, 29, 30, 31, 32, 33, 34, 35, 36, 37, 38, 39, 42, 46, 50, 53, 54, 57, 60, 63, 65, 67, 68, 71, 75, 76, 80, 87, 92, 100, 102, 113, 117, 120, 124, 134, 137, 142, 148, 150, 157, 158, 174, 190, 193, 198, 203, 205, 216, 220, 225, 231, 241, 242, 244, 246, 257, 262, 279
노동조합법   25, 41, 50, 53, 61, 76, 88, 109, 117, 120
노동조합운동   18, 29, 30, 39, 49, 66, 74, 124, 131, 135, 170, 191, 205, 232, 250
노동조합평의회   48
노동협약 기준안   122, 128
노동협약에 관한 기본 협정서 103
노사협의   33, 87, 100, 104, 118, 120, 136, 144, 202, 220, 242, 249
노사협의제   30, 33, 120,

현대일본생활세계총서 5

협조적 노사관계의 행방
: 전후 일본의 노동과 경영의 변용

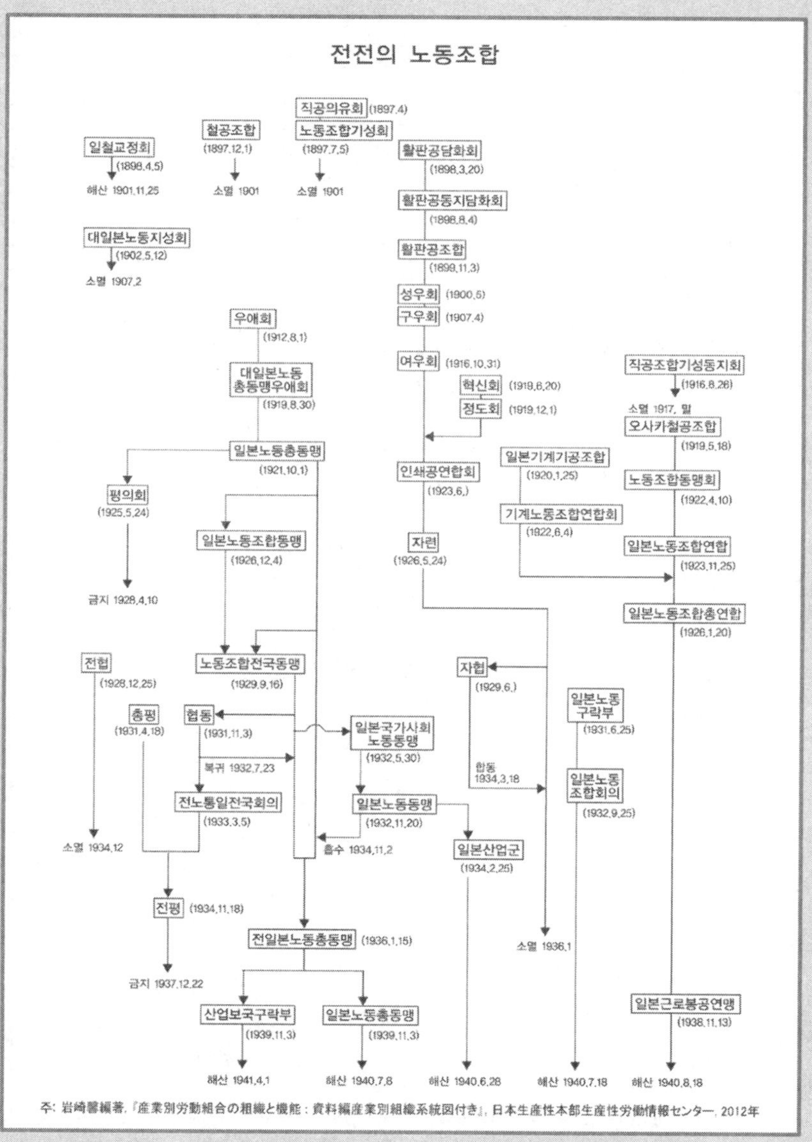

전전의 노동조합
직공의유회 (1897.4)
철공조합 (1897.12.1)
노동조합기성회 (1897.7.5)
활판공담화회 (1898.3.20)
일철교정회 (1898.4.5)
해산 1901.11.25
소멸 1901
소멸 1901
활판공동지담화회 (1898.8.4)
대일본노동지성회 (1902.5.12)
소멸 1907.2
활판공조합 (1899.11.3)
성우회 (1900.5)
구우회 (1907.4)
우애회 (1912.8.1)
여우회 (1916.10.31)
직공조합기성동지회 (1916.8.26)
대일본노동총동맹우애회 (1919.8.30)
혁신회 (1919.6.20)
정도회 (1919.12.1)
소멸 1917. 말
오사카철공조합 (1919.5.18)
일본노동총동맹 (1921.10.1)
인쇄공연합회 (1923.6.)
일본기계기공조합 (1920.1.25)
노동조합동맹회 (1922.4.10)
평의회 (1925.5.24)
기계노동조합연합회 (1922.6.4)
일본노동조합연합 (1923.11.25)
금지 1928.4.10
일본노동조합동맹 (1926.12.4)
자련 (1926.5.24)
일본노동조합총연합 (1926.1.20)
전협 (1928.12.25)
노동조합전국동맹 (1929.9.16)
자협 (1929.6.)
일본노동구락부 (1931.6.25)
총평 (1931.4.18)
협동 (1931.11.3)
복귀 1932.7.23
일본국가사회노동동맹 (1932.5.30)
합동 1934.3.18
일본노동조합회의 (1932.9.25)
소멸 1934.12
전노통일전국회의 (1933.3.5)
일본노동동맹 (1932.11.20)
일본산업군 (1934.2.25)
흡수 1934.11.2
진평 (1934.11.18)
전일본노동총동맹 (1936.1.15)
소멸 1936.1
금지 1937.12.22
일본근로봉공연맹 (1938.11.13)
산업보국구락부 (1939.11.3)
일본노동총동맹 (1939.11.3)
해산 1941.4.1
해산 1940.7.8
해산 1940.6.28
해산 1940.7.18
해산 1940.8.18
주: 岩崎馨編著,『産業別労動組合の組織と機能 : 資料編産業別組織系統図付き』, 日本生産性本部生産性労働情報センター, 2012年

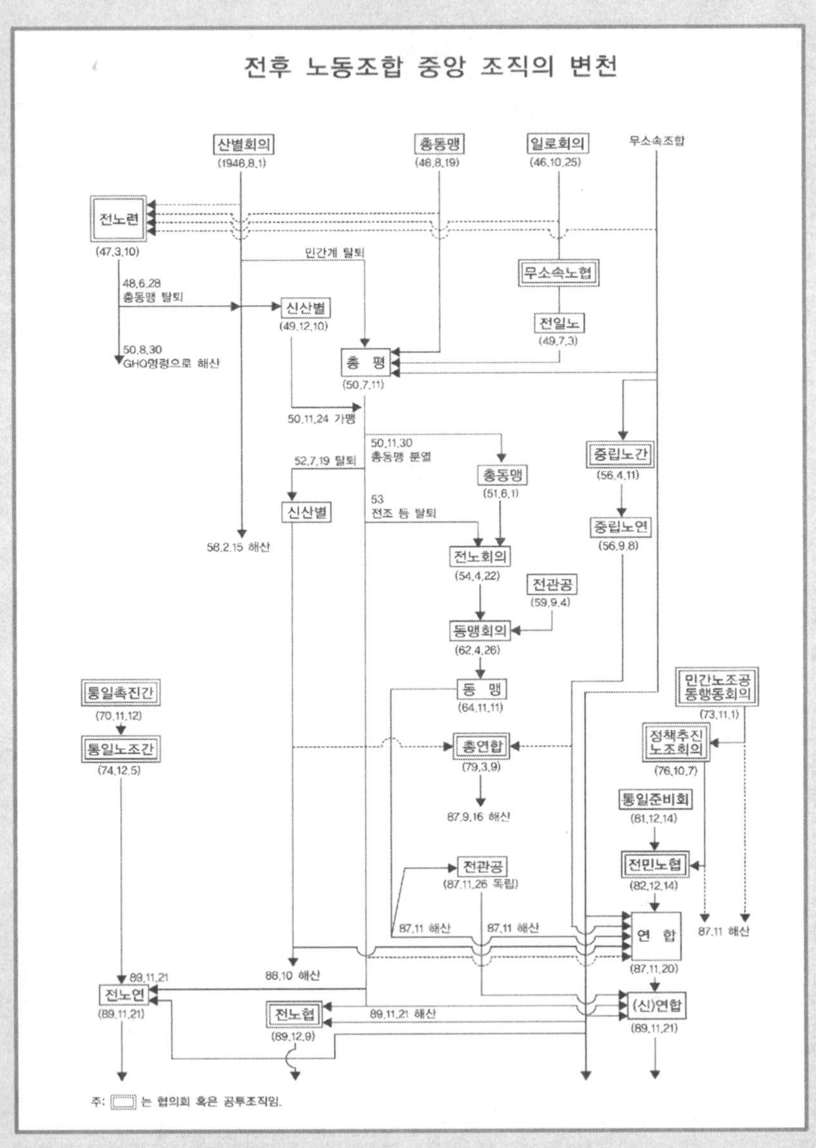

전후 노동조합 중앙 조직의 변천
산별회의
(1946.8.1)
총동맹
(46.8.19)
일로회의
(46.10.25)
무소속조합
전노련
(47.3.10)
민간계 탈퇴
48.6.28
총동맹 탈퇴
50.8.30
GHQ명령으로 해산
신산별
(49.12.10)
무소속노협
전일노
(49.7.3)
총 평
(50.7.11)
50.11.24 가맹
50.11.30
총동맹 분열
52.7.19 탈퇴
신산별
53
전조 등 탈퇴
58.2.15 해산
총동맹
(51.6.1)
중립노간
(56.4.11)
중립노연
(56.9.8)
전노회의
(54.4.22)
전관공
(59.9.4)
동맹회의
(62.4.26)
동 맹
(64.11.11)
통일촉진간
(70.11.12)
통일노조간
(74.12.5)
민간노조공
동행동회의
(73.11.1)
총연합
(79.3.9)
정책추진
노조회의
(76.10.7)
87.9.16 해산
통일준비회
(81.12.14)
전관공
(87.11.26 독립)
전민노협
(82.12.14)
87.11 해산
87.11 해산
연 합
(87.11.20)
87.11 해산
89.11.21
88.10 해산
전노련
(89.11.21)
전노협
(89.12.9)
89.11.21 해산
(신)연합
(89.11.21)
주: ☐ 는 협의회 혹은 공투조직임.

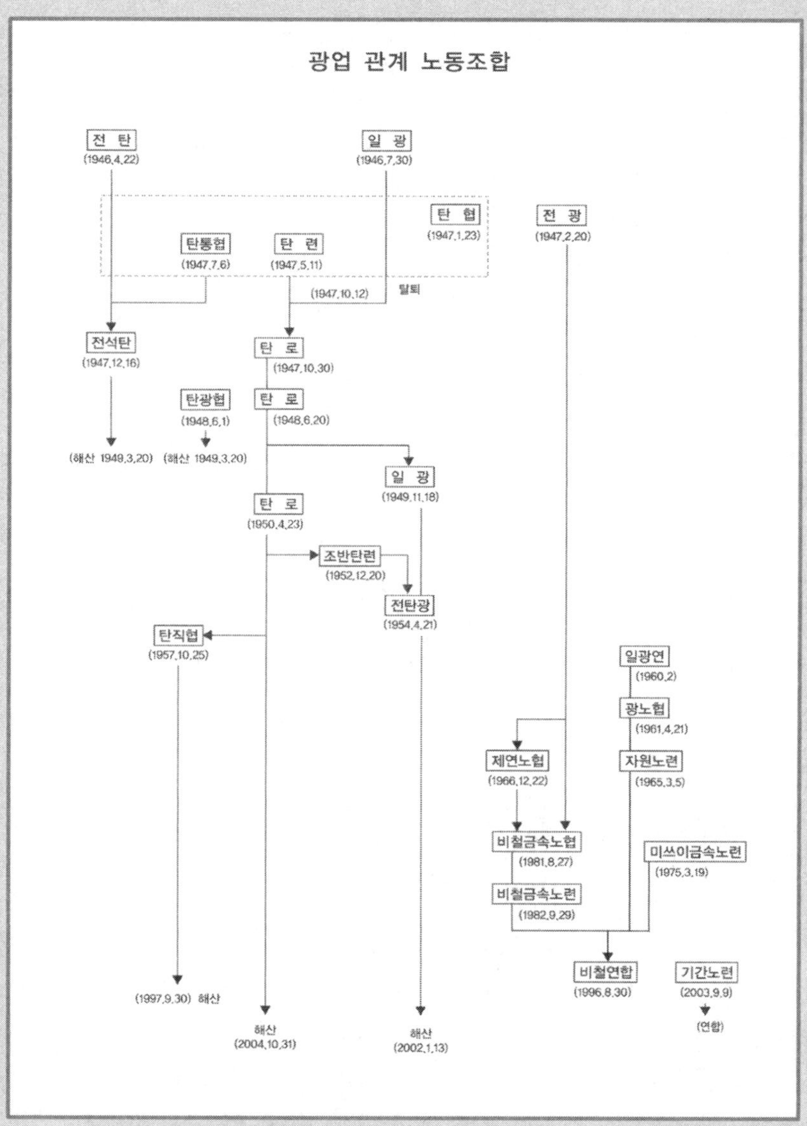

광업 관계 노동조합
전 탄 (1946.4.22)
일 광 (1946.7.30)
탄 협 (1947.1.23)
전 광 (1947.2.20)
탄통협 (1947.7.6)
탄 련 (1947.5.11)
(1947.10.12) 탈퇴
전석탄 (1947.12.16)
탄 로 (1947.10.30)
탄광협 (1948.6.1)
탄 로 (1948.6.20)
(해산 1949.3.20)
(해산 1949.3.20)
일 광 (1949.11.18)
탄 로 (1950.4.23)
조반탄련 (1952.12.20)
전탄광 (1954.4.21)
탄직협 (1957.10.25)
일광연 (1960.2)
광노협 (1961.4.21)
자원노련 (1965.3.5)
제연노협 (1966.12.22)
비철금속노협 (1981.8.27)
미쓰이금속노련 (1975.3.19)
비철금속노련 (1982.9.29)
비철연합 (1996.8.30)
기간노련 (2003.9.9)
(연합)
(1997.9.30) 해산
해산 (2004.10.31)
해산 (2002.1.13)

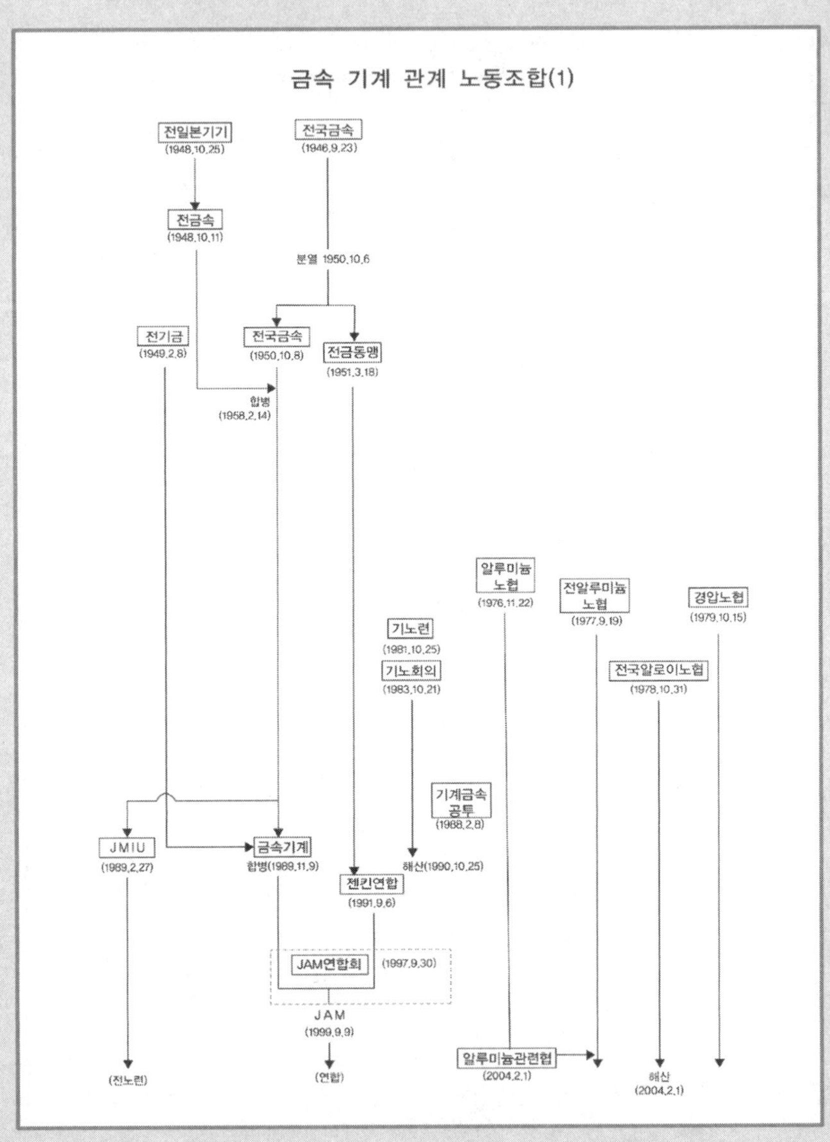

금속 기계 관계 노동조합(1)
전일본기기
(1948.10.25)
전국금속
(1946.9.23)
전금속
(1948.10.11)
분열 1950.10.6
전기금
(1949.2.8)
전국금속
(1950.10.8)
전금동맹
(1951.3.18)
합병
(1958.2.14)
알루미늄
노협
(1976.11.22)
전알루미늄
노협
(1977.9.19)
경압노협
(1979.10.15)
기노련
(1981.10.25)
기노회의
(1983.10.21)
전국알로이노협
(1978.10.31)
기계금속
공투
(1988.2.8)
JMIU
(1989.2.27)
금속기계
합병(1989.11.9)
해산(1990.10.25)
젠킨연합
(1991.9.6)
JAM연합회
(1997.9.30)
JAM
(1999.9.9)
알루미늄관련협
(2004.2.1)
해산
(2004.2.1)
(전노련)
(연합)

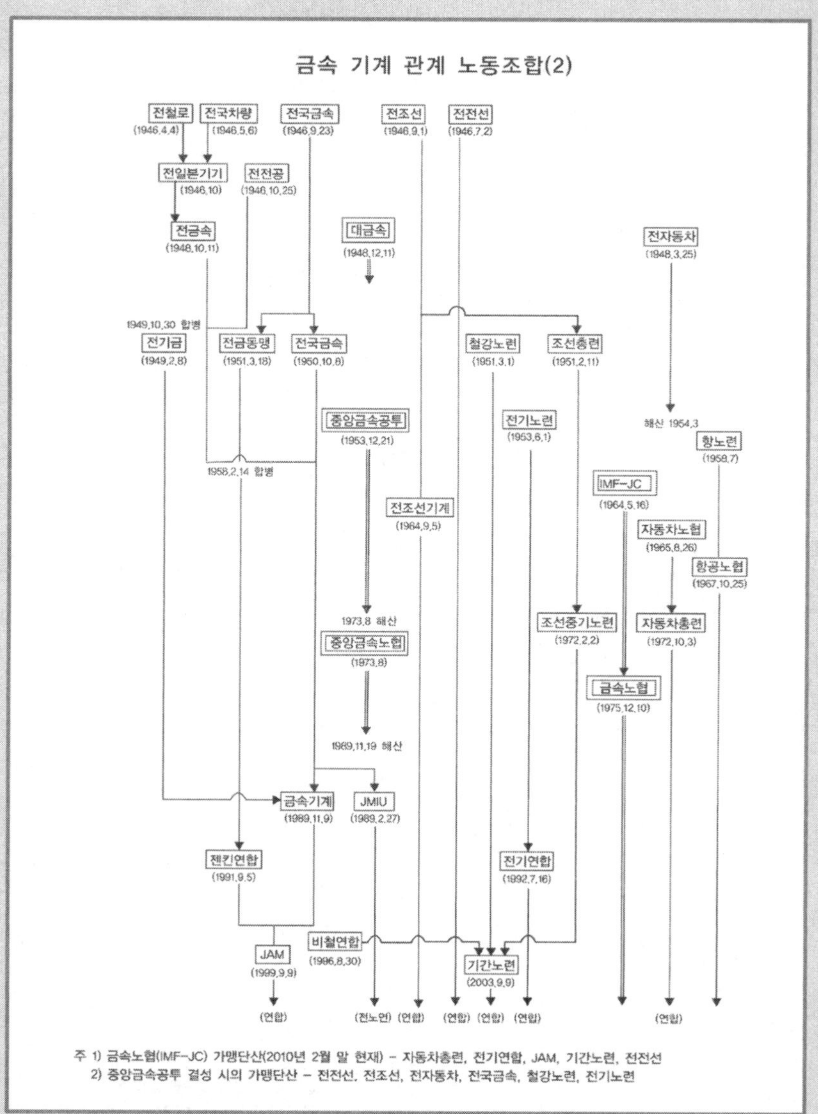

금속 기계 관계 노동조합(2)
전철로 (1946.4.4)
전국차량 (1946.5.6)
전국금속 (1946.9.23)
전조선 (1946.9.1)
전전선 (1946.7.2)
전일본기기 (1946.10)
전전공 (1946.10.25)
대금속 (1948.12.11)
전자동차 (1948.3.25)
전금속 (1948.10.11)
1949.10.30 합병
전기금 (1949.2.8)
전금동맹 (1951.3.18)
전국금속 (1950.10.8)
철강노련 (1951.3.1)
조선총련 (1951.2.11)
1958.2.14 합병
중앙금속공투 (1953.12.21)
전기노련 (1953.6.1)
해산 1954.3
항노련 (1958.7)
IMF-JC (1964.5.16)
전조선기계 (1964.9.5)
자동차노협 (1965.8.26)
항공노협 (1967.10.25)
1973.8 해산
조선중기노련 (1972.2.2)
자동차총련 (1972.10.3)
중앙금속노협 (1973.8)
금속노협 (1975.12.10)
1989.11.19 해산
금속기계 (1989.11.9)
JMIU (1989.2.27)
젠킨연합 (1991.9.5)
전기연합 (1992.7.16)
JAM (1999.9.9)
비철연합 (1996.8.30)
기간노련 (2003.9.9)
(연합)
(전노연) (연합)
(연합) (연합) (연합)
(연합)
주 1) 금속노협(IMF-JC) 가맹단산(2010년 2월 말 현재) - 자동차총련, 전기연합, JAM, 기간노련, 전전선
2) 중앙금속공투 결성 시의 가맹단산 - 전전선, 전조선, 전자동차, 전국금속, 철강노련, 전기노련

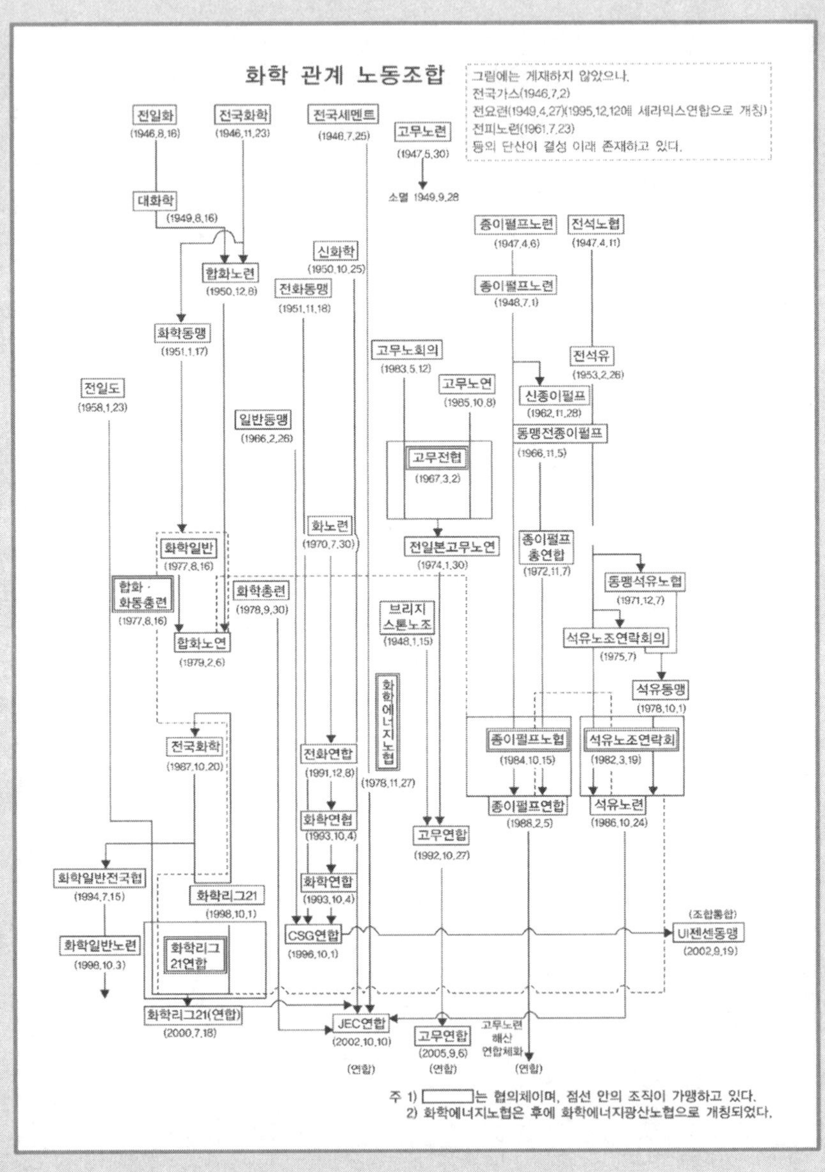

화학 관계 노동조합
그림에는 게재하지 않았으나,
전국가스(1946.7.2)
전요련(1949.4.27)(1995.12.12에 세라믹스연합으로 개칭)
전피노련(1961.7.23)
등의 단산이 결성 이래 존재하고 있다.
전일화 (1946.8.16)
전국화학 (1946.11.23)
전국세멘트 (1946.7.25)
고무노련 (1947.5.30)
소멸 1949.9.28
대화학 (1949.8.16)
종이펄프노련 (1947.4.6)
전석노협 (1947.4.11)
신화학 (1950.10.25)
종이펄프노련 (1948.7.1)
합화노련 (1950.12.8)
전화동맹 (1951.11.18)
전석유 (1953.2.26)
화학동맹 (1951.1.17)
고무노회의 (1983.5.12)
신종이펄프 (1962.11.28)
전일도 (1958.1.23)
고무노연 (1985.10.8)
동맹전종이펄프 (1966.11.5)
일반동맹 (1966.2.26)
고무전협 (1967.3.2)
화학일반 (1977.8.16)
화노련 (1970.7.30)
종이펄프 총연합 (1972.11.7)
동맹석유노협 (1971.12.7)
합화·화동총련 (1977.8.16)
화학총련 (1978.9.30)
전일본고무노연 (1974.1.30)
석유노조연락회의 (1975.7)
합화노연 (1979.2.6)
브리지스톤노조 (1948.1.15)
석유동맹 (1978.10.1)
화학에너지노협
전국화학 (1987.10.20)
전화연합 (1991.12.8)
종이펄프노협 (1984.10.15)
석유노조연락회 (1982.3.19)
화학연협 (1993.10.4)
(1978.11.27)
종이펄프연합 (1988.2.5)
석유노련 (1986.10.24)
화학일반전국협 (1994.7.15)
화학연합 (1993.10.4)
고무연합 (1992.10.27)
화학리그21 (1998.10.1)
(조합통합)
화학일반노련 (1998.10.3)
화학리그21연합
CSG연합 (1996.10.1)
UI젠센동맹 (2002.9.19)
화학리그21(연합) (2000.7.18)
JEC연합 (2002.10.10)
고무연합 (2005.9.6)
고무노련 해산 연합체화
(연합)
(연합)
(연합)
주 1) [   ]는 협의체이며, 점선 안의 조직이 가맹하고 있다.
2) 화학에너지노협은 후에 화학에너지광산노협으로 개칭되었다.

식품 산업 관계 노동조합

전일본수산식품 (1946.6)
해산
수종협 (1947.3.27)
전수노 (1948.4.2)
수노협 (1952.9.20)
수노련 (1962.10.23)
해산 1985.10
전장노연 (1946.6)
전국장미노연 (1948.3)
노다간장노조
전탕노협 (1961.4)
일부가맹
1968.3 해산
전식품동맹 (1947.10.6)
전식노협 (1954.11.11)
제유노간 (1947.7)
전과노협 (1954.2.9)
전유노 (1961.1.4)
전연초 (1948.4.13)
전전매노조 (1948)
전전매 (1948.4.24)
전맥노련 (1949.5.19)
(1958.10 전국맥주로 개칭)
전국전매국직조 (1946.8.20)
전전매 (1949.6.26)
(가맹 1950)
(탈퇴 1953)
전분노회의 (1952.2.2)
전분노연 (1955.5.17)
유노협 (1963.8.1)
식품노련 (1965.9.29)
가맹
가맹
전국사탕 (1971.9)
감미공투 (1975.5.1)
SDR (1974.8.29)
전담배 (1985.4.1)
식품노협 (1999.12.10)
감미노협 (1993.4)
브릿지 가입
가맹
식품연합 (1991.11.15)
제유노연 (1995.11)
식품연맹 (2000.11.14)
브릿지 가입 2002.6
브릿지 해소 2003.6
해산 2005.5
JEC연합
푸드연합 (2002.11.19)
(연합)
해산 (2008.10.10)
해산 (2001.5)

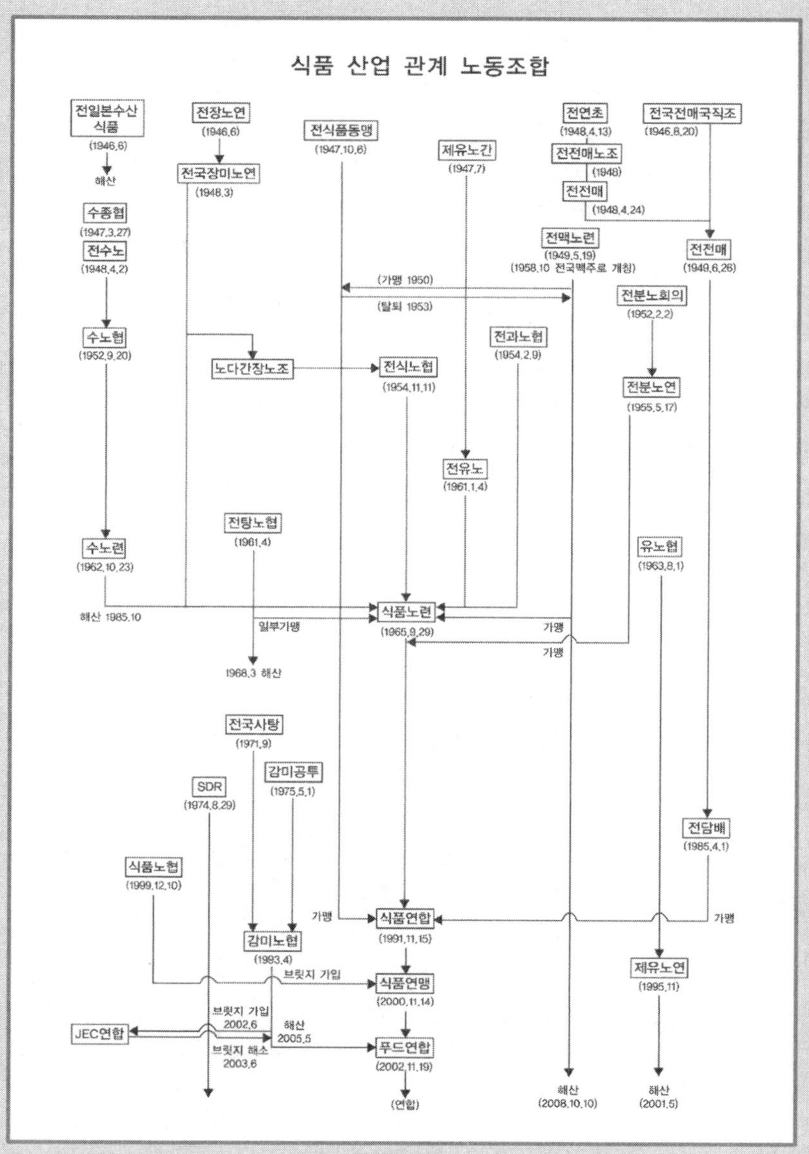

임채성

현재 서울대학교 일본연구소 부교수(HK)로 재직하고 있다. 도쿄대학대학원 경제학연구과 박사(2002), 귀국 후 현대경제연구원 연구위원, 대통령자문정책기획위원회 전문위원, 배재대학교 일본학과 조교수를 거쳐, 현직에 근무 중이다. 주된 관심 분야는 동아시아 전시경제의 전개, 인프라스트럭처의 형성과 성장 등에 관한 연구이며, 최근에는 한중일 3국의 철도 부문 생산성, 노동위생, 노사관계에 주목하여 분석을 진행하고 있다. 주요 업적은 『戦時経済と鉄道運営: 「植民地」朝鮮から「分断」韓国への歴史的経路を探る』(東京大学出版会, 2005), "The Development of Labor Hygiene in Colonial Korea, 1910-1945: The Health Conditions of Korean National Railways (KNR) Employees"(Seoul Journal of Korean Studies, 24-1, 2011), 『중일전쟁과 화북교통: 중국 화북에서 전개된 일본제국의 수송전과 그 역사적 의의』(일조각, 2012) 등이다.

선재원

현재 평택대학교 일본학과에서 일본의 경제와 기업 경영에 대해 강의하고 있다. 서울시립대학교 무역학과를 졸업하고 도쿄대학대학원 경제학연구과에서 석사 및 박사 학위를 취득하였다. 도쿄대학 경제학부 조수와 하버드대의 라이샤워일본학연구소 및 경제학부 객원 연구원을 거쳐 현직에 재직하고 있다. 연구 주제는 인구와 노동이며, 서양과 비교한 한국과 일본 노사관계의 역사적 분석이 주요 주제이다. 주요 저서로는 『復興期の日本経済』(공저, 東京大學出版會, 2002), 『近代朝鮮の雇用システムと日本: 制度の移植と生成』(東京大學出版會, 2006), 『高度成長始動期の日本経済』(공저, 日本経済評論社, 2010), 『高度成長展開期の日本経済』(공저, 日本経済評論社, 2012), 『일본의 기업과 경영』(공저, 한국방송대학출판부, 2012), 『韓国経済発展への経路: 解放・戦争・復興』(편저, 日本経済評論社, 2013)가 있다.

김삼수

현재 서울과학기술대학교 경영학과 교수로 있다. 서울대학교 경제학과를 졸업하였으며, 도쿄대학대학원 경제학연구과를 수료하고 동 대학원에서 경제학 박사 학위를 취득하였다. 한국개발연구원 연구위원을 역임하였다. 주로 노동경제와 노사관계를 전공으로 하고 있으며, 한국과 일본의 노사관계와 노동정책 등을 주된 연구 주제로 해왔다. 주요 저서로는 『韓国資本主義国家の成立過程』(東京大学出版会, 1993), 『東アジア経済協力の現状と可能性』(공저, 慶応義塾大学出版会, 2001), 『개발독재와 박정희시대』(공저, 창작과비평사, 2003; *Developmental Dictatorship and the Park Chung-Hee Era*, Homa & Sekey Books, 2006), 『일본의 기업과 경영』(공저, 한국방송통신대학교, 2004), 『한국형노사관계 모델(1)』(공저, 한국노동연구원, 2005) 등이 있다. 주요 논문으로는 「일본의 직업교육 훈련 제도의 특성과 최근의 변화」(『노동경제논집』, 2003), 「1960, 70년대 한국전력산업의 작업조직과 노동」(『산업노동연구』, 2005) 등이 있다.

정진성

서울대학교 경제학과와 동 대학원을 졸업했다. 쓰쿠바대학대학원 역사·인류학연구과 박사과정을 수료했고 문학박사 학위를 받았다. 한국개발연구원(KDI) 연구위원과 배재대학교 조교수를 거쳐, 현재 한국방송통신대학교 일본학과 교수(일본경제론 담당)로 있다. 주로 일본 근대의 경제사·경영사, 일본재벌사, 일본 석탄산업사 등을 연구 주제로 삼아왔다. 주요 저서로는 『일본의 기업과 경영』(공저, 한국방송대학출판부 2012), 『일본인의 경제생활』(공저, 한국방송대출판부, 2007), 『현대일본경제의 이해』(공저, 한국방송대학출판부, 2010)가 있으며 역서로는 『일본경영사』(미야모토 마타오 외 지음, 한울, 2001)가 있다. 주요 논문으로는 「재벌비판을 통해 본 일본의 반기업정서」(현대일본학회, 『日本研究論叢』 제27호, 2008), 「高度経済成長期の石炭産業調整政策—生産維持と雇用調整を中心に—」(『社会経済史学』 第72巻 第2号, 2006), 「노사관계에서 본 아메리카나이제이션-일본생산성본부의 활동을 중심으로-」(서울대일본연구소 『일본비평』 창간호, 2009) 등이 있다.

김양태

일본 도호쿠 가쿠인 대학을 졸업하고 메이지대학에서 인사·노무관리, 노사관계를 전공하여 경영학박사 학위를 취득했다. 한국외국어대학교 강사, 강남대학교 강사를 거쳐 현재 성공회대 사회과학부 강사로 재직하고 있다. 자동차 산업의 노사관계, 임금체계, 숙련 형성 등을 연구 주제로 삼아왔다. 주요 논문으로는 「韓国の職業訓練-事業内職業訓練分担金制度の変化を中心に-」(日本労務理論学会, 『労務理論学会誌』第15号, 2006), 「韓国自動車産業の労使関係-H自動車会社の「昼間連続2交替勤務制度」と「月給制」要求を中心に」(明治大学 『経営学研究論集』第25号, 2006), 「韓国自動車産業の労使関係-H自動車会社における雇用不安の拡大、再生産構造について-」(明治大学 『経営学研究論集』第27号, 2007), 「글로벌 환경규제와 일본 자동차회사의 대응전략」(한국동북아경제학회 『동북아경제연구』제23권 제4호, 2011), 「저성장기 일본노사관계 재편과정의 재검토-1970년대 및 1980년대를 중심으로-」(한국동북아경제학회, 『동북아경제연구』제24권 제2호, 2012), 「1990년대 한국A자동차회사의 인사제도개혁에 관한 연구」(한일경상학회, 『한일경상논집 제59호, 2013』) 등이 있다.

우종원

서울대학교 사회과학대학 경제학과를 졸업하고 도쿄대학대학원 경제학연구과에서 현대경제 전공으로 박사 학위를 취득했다. 현재 사이타마대학 경제학부 교수로 재직중이다. 고용관행 및 고용정책의 국제비교에 관심을 갖고 있으며, 주요 저서로는 『'신분의거래'와 일본의 고용관행』(『「身分の取引」と日本の雇用慣行』, 東京：日本経済評論社, 2003, 沖永賞 및 社会政策学会奨励賞 수상), 『도요타DNA』(공저, 서울: 중앙books, 2009), 『한국의 경영과 노동』(편저, 『韓国の経営と労働』, 東京: 日本経済評論社, 2010), 『중국민영기업의 고용관계와 기업간 관계』(공저, 『中国民営企業の雇用関係と企業間関係』, 東京: 明石書店, 2013) 등이 있다.

에노키 가즈에(榎一江)

　현재 일본 호세이대학 오하라사회문제연구소(法政大学 大原社会問題研究所) 준교수로 재직하고 있다. 규슈대학대학원 비교사회문화연구과에서 박사 학위를 받은 이후 일본학술진행회 특별연구원, 도쿄대학대학원 경제학연구과 연구거점형성 특임연구원, 고베대학대학원 경영학연구과 준교수를 거쳐, 현직에 근무 중이다. 주된 관심 분야는 근대 일본의 섬유산업노동사이지만, 경영과 노동의 역사적 전개에 관해서도 연구 중이다. 특히, 일본 기업의 노무관리 제도 형성사와 노동 형태의 변천에 주목하고 있다. 주요 업적은 「『模範的工場』の労働史的研究—江口章子の『女工解放』を手がかりとして」(『日本歴史』651, 2002年8月), 『近代製糸業の雇用と経営』(吉川弘文館, 2008) 등이며, 2009년에 第15回社会政策学会賞奨励賞受賞(『近代製糸業の雇用と経営』)을 한 바 있다.

◐IJS 서울대학교 일본연구소

현대일본생활세계총서 **5**

협조적 노사관계의 행방
: 전후 일본의 노동과 경영의 변용

초판 1쇄 발행 2013년 12월 01일
초판 2쇄 발행 2014년 09월 05일

저 자 임채성 외
발행인 윤석현
발행처 도서출판 박문사
등 록 제2009-11호
전 화 (02)992-3253(대)
전 송 (02)991-1285
주 소 서울시 도봉구 창동 624-1 북한산현대홈시티 102-1106

편 집 자 주수련·주은혜
책임편집 김선은
전자우편 bakmunsa@hanmail.net
홈페이지 http://www.jncbms.co.kr

ⓒ 서울대학교 일본연구소, 2014. Printed in Seoul KOREA.

ISBN 978-89-98468-13-2 93320   **정가** 19,000원

·저자 및 출판사의 허락 없이 이 책의 일부 또는 전부를 무단복제·전재·발췌할 수 없습니다.
·잘못된 책은 바꿔 드립니다.

이 저서는 2008년 정부(교육과학기술부)의 재원으로 한국연구재단의 지원을 받아 수행된 연구임
(NRF-2008-362-B00006)